Schöningh

EinFach Deutsch

Unterrichtsmodell

Arthur Schnitzler

Reigen

Von
Roland Kroemer

Herausgegeben von
Johannes Diekhans

Baustein 4: Der Epochenumbau um 1900 (S. 89–126 im Modell)			
4.1	Friedrich Nietzsche	ges. Text S. 82–83	Textarbeit Tafelskizze Arbeitsblätter 23–25
4.2	Das Problem der Moral	ges. Text S. 44–50	Textarbeit Schreibauftrag Tafelskizze Arbeitsblatt 26
4.3	Sprach- und Ich-Skepsis	S. 70–81	Textarbeit Schreibauftrag Tafelskizze Arbeitsblätter 27–29
4.4	„Freie Geister"	S. 96–100	Textarbeit Schreibauftrag Tafelskizze Arbeitsblatt 30

Baustein 5: Psychoanalytische Interpretation (S. 127–151 im Modell)			
5.1	Sigmund Freud und die Psychoanalyse	ges. Text	Textarbeit Schreibauftrag Tafelskizze Arbeitsblätter 31–33
5.2	Freuds Aufsatz „Über die allgemeinste Erniedrigung des Liebeslebens"	ges. Text	Textarbeit Schreibauftrag Tafelskizze Arbeitsblätter 34–36
5.3	Der „Reigen" aus psychoanalytischer Perspektive	S. 6–10 S. 11–17 S. 18–23 S. 24–41 S. 42–51	Textarbeit Tafelskizze Schreibauftrag
5.4	Freud und Schnitzler: Zwei Doppelgänger?	S. 183–185 S. 182–183	Textarbeit Tafelskizze Schreibauftrag Arbeitsblatt 37

Reigen

Baustein 1: Die Frage des Einstiegs (S. 18–27 im Modell)

1.1	Das Gespräch über erste Leseeindrücke und mögliche Bedenken	ges. Text	
1.2	Der Titel „Reigen“	ges. Text	Textarbeit Tafelskizze Arbeitsblatt 1 Arbeitsblatt 15
1.3	Williams Hogarths Kupferstiche „Vorher und Nachher“	S. 130 S. 18–23	Textarbeit Schreibauftrag Tafelskizze Arbeitsblätter 2–3

Baustein 2: Hintergründe (S. 28–60 im Modell)

2.1	Arthur Schnitzler und seine Zeit	S. 117–122 S. 159–162 S. 162–166 ges. Text	Textarbeit Schreibauftrag Tafelskizze Arbeitsblätter 4–7
2.2	Der Streit um den „Reigen“	S. 133–140 S. 143–147 S. 147–149 S. 149–153 S. 153–155 S. 155–158 ges. Text	Textarbeit Schreibauftrag Tafelskizze Arbeitsblätter 8–14

Baustein 3: Formale Analyse (S. 61–88 im Modell)

3.1	Der Aufbau und die Personenkonstellation	ges. Text S. 6–10	Textarbeit Schreibauftrag Tafelskizze Arbeitsblätter 15–16
3.2	Die Figuren	S. 7–19 S. 199–200	Textarbeit Schreibauftrag Tafelskizze
3.3	Der Vergleich mit einem klassischen Drama	ges. Text	Textarbeit Tafelskizze Arbeitsblatt 17
3.4	Der „Reigen“ als Totentanz	ges. Text S. 8 S. 108 S. 63 S. 68	Textarbeit Schreibauftrag Tafelskizze Arbeitsblätter 18–22

Bildnachweis:

S. 9: © ddp – **S. 22, 23, 26, 27:** © picture-alliance/imagestate/HIP – **S. 25:** © picture-alliance/akg-images – **S. 45:** © akg-images GmbH – **S. 52:** Zeichnungen von Emil Orlik (1870–1932) – **S. 59:** © picture-alliance/dpa – **S. 81:** Aus einem Prospekt anno 1842 entnommen: „Ausführliche Beschreibung und Abbildung des Todtentanzes in der St. Marien-Kirche zu Lübeck. Käuflich zu erwerben beim Küster, Mengstraße 206." Das Bild nach der Kopie 1701 von Anton Wortmann. Wikipedia Commons – **S. 90:** Verlagsarchiv Schöningh

www.schoeningh-schulbuch.de
Schöningh Verlag, Jühenplatz 1–3, 33098 Paderborn

Druck 5 4 3 2 1 / Jahr 2017 16 15 14 13
Die letzte Zahl bezeichnet das Jahr dieses Druckes.

Umschlaggestaltung: Jennifer Kirchhof
Druck und Bindung: westermann druck GmbH, Braunschweig

ISBN 978-3-14-022546-5

Vorwort

Der vorliegende Band ist Teil einer Reihe, die Lehrerinnen und Lehrern erprobte und an den Bedürfnissen der Schulpraxis orientierte Unterrichtsmodelle zu ausgewählten Ganzschriften und weiteren relevanten Themen des Faches Deutsch bietet.
Im Mittelpunkt der Modelle stehen Bausteine, die jeweils thematische Schwerpunkte mit entsprechenden Untergliederungen beinhalten.
In übersichtlich gestalteter Form erhält der Benutzer/die Benutzerin zunächst einen Überblick zu den im Modell ausführlich behandelten Bausteinen.

Es folgen:

- Hinweise zu den Handlungsträgern
- Zusammenfassung des Inhalts und der Handlungsstruktur
- Vorüberlegungen zum Einsatz des Buches im Unterricht
- Hinweise zur Konzeption des Modells
- Ausführliche Darstellung der einzelnen Bausteine
- Zusatzmaterialien

Ein besonderes Merkmal der Unterrichtsmodelle ist die Praxisorientierung. Enthalten sind kopierfähige Arbeitsblätter, Vorschläge für Klassen- und Kursarbeiten, Tafelbilder, konkrete Arbeitsaufträge, Projektvorschläge. Handlungsorientierte Methoden sind in gleicher Weise berücksichtigt wie eher traditionelle Verfahren der Texterschließung und -bearbeitung.
Das Bausteinprinzip ermöglicht es dabei den Benutzern, Unterrichtsreihen in unterschiedlicher Weise und mit unterschiedlichen thematischen Akzentuierungen zu konzipieren. Auf diese Weise erleichtern die Modelle die Unterrichtsvorbereitung und tragen zu einer Entlastung der Benutzer bei.

Das vorliegende Modell bezieht sich auf folgende Textausgabe:
Arthur Schnitzler: Reigen. Paderborn: Schöningh Verlag 2012. Best.-Nr. 022545-8

Arbeitsfrage

Einzelarbeit

Partnerarbeit

Gruppenarbeit

Unterrichts-gespräch

Schreibauftrag

szenisches Spiel, Rollenspiel

Mal- und Zeichenauftrag

Bastelauftrag

Projekt, offene Aufgabe

Inhaltsverzeichnis

Reigen

Szene aus Max Ophüls' Verfilmung von 1950

„Ich weiß zwar von nix – aber ich werd ihr's Geld aufs Nachtkastel legen ... und Servus ... Wenn man nicht wüsst, was sie ist! Ich hab viel kennt, die haben nicht einmal im Schlafen so tugendhaft ausg'sehn. Meiner Seel ... also der Lulu möcht wieder sagen, ich philosophier, aber es ist wahr, der Schlaf macht auch schon gleich, kommt mir vor; – wie der Herr Bruder, also der Tod ... Hm, ich möcht nur wissen, ob ... Nein, daran müsst ich mich ja erinnern ... Nein, nein, ich bin gleich da auf den Divan herg'fallen ... und nichts is g'schehn ... Es ist unglaublich, wie sich manchmal alle Weiber ähnlich schauen ... Na gehn wir."

Arthur Schnitzler: Der Reigen. Paderborn: Schöningh Verlag 2012, S. 108 (Graf im 10. Dialog)

Personen

Die Dirne: Die Prostituierte **Leocadia** steht in der sozialen Rangfolge auf der untersten Stufe. Obwohl sie erst 19 Jahre alt ist, scheint sie keine großen Erwartungen an das Leben zu haben. Auch ihren gesellschaftlich tabuisierten Beruf übt sie aus, ohne darunter zu leiden oder eine andere Tätigkeit finden zu wollen. Im Großen und Ganzen scheint sie mit ihrem Schicksal zufrieden zu sein. Sie eröffnet den „Reigen" in der **1. Szene** mit einer intimen Begegnung mit dem Soldaten und wird ihn schließlich mit einem Dialog mit der sozial am höchsten stehenden Figur, dem Grafen, beenden.

Der Soldat: Als einfacher Soldat gehört auch **Franz** der Unterschicht an. Dementsprechend grob und ungehobelt ist sein Charakter. Obwohl er stets gehetzt wirkt, lässt er sich doch immer wieder auf Liebeleien mit Frauen ein, die er aber – ist er erst einmal zu seinem Ziel gelangt – unfreundlich und abweisend behandelt. Nachdem er zunächst von der Dirne angesprochen worden ist, mit der er direkt am Donauufer Geschlechtsverkehr hat, wird er in der **2. Szene** mit dem Stubenmädchen, ebenfalls in der freien Natur, intim.

Das Stubenmädchen: Wie die beiden vorangegangenen Figuren ist auch das Stubenmädchen **Marie** eine Vertreterin der Unterschicht. Vor allem in ihrem Auftreten gegenüber dem Soldaten wird deutlich, dass sie sich nach Liebe und Geborgenheit bei einem Mann sehnt. Kurz nach der Begegnung mit dem Soldaten werden die beiden, so erfährt es der Leser nebenbei durch eine Regieanweisung, tatsächlich ein Paar. Dies hält das Stubenmädchen freilich nicht davon ab, in der darauffolgenden **3. Szene** mit dem jungen Herrn zu schlafen.

Der junge Herr: Als Repräsentant der bürgerlichen Mittelschicht zeigt der junge Herr **Alfred** ein durchaus höfliches und vornehmes Verhalten. Auch das Stubenmädchen behandelt er respektvoll, seine etwas unbeholfenen Verführungsversuche ihr gegenüber lassen aber erkennen, dass er noch keine große Erfahrung mit Frauen gesammelt hat. Wie schüchtern er in intimen Dingen ist, wird in der **4. Szene** noch deutlicher, in der er sich mit der jungen Frau zu einem Techtelmechtel in einem eleganten Salon trifft. Vor Aufregung treten in dieser Situation bei ihm sogar Potenzprobleme auf. Im Gegensatz zu den meisten anderen männlichen Figuren im „Reigen" scheint es ihm bei der Begegnung mit dem weiblichen Geschlecht keineswegs nur um sexuelle Befriedigung, sondern um wirkliche Liebe zu gehen.

Die junge Frau: Ebenfalls zur bürgerlichen Mittelschicht gehörend, sucht die junge Frau **Emma** in ihrer Affäre mit dem jungen Herrn Erotik, aber auch Zuneigung, die sie bei ihrem Ehemann allzu häufig vermisst. Scheinbar schüchtern und prüde, weiß sie doch ganz genau, was sie von den Männern will. Als der junge Herr ihr gegenüber ängstlich wird und Erektionsprobleme hat, verwandelt sie sich zur modernen, selbstbewussten Frau, die ihn schließlich durch ihre Frechheit verführt. Auch in der **5. Szene** ordnet sie sich ihrem männlichen Gegenüber, hier dem Ehegatten, nur scheinbar unter. In Wirklichkeit macht sie sich über dessen Moralpredigt lustig, weiß sie doch insgeheim, wie verlogen die Situation zwischen ihr und ihrem Mann ist.

Der Ehemann: Auch der Ehemann **Karl** gehört der bürgerlichen Mittelschicht an. Wie keine andere Figur im „Reigen" verkörpert er verlogene, selbstgefällige Doppelmoral. Er schwärmt von der „Heiligkeit" der Ehe und hält seiner Gattin einen langen Vortrag über unanständige und untreue Frauen, erklärt aber zugleich, in seiner Jugend mit ebensolchen Frauen verkehrt zu haben. Seine Moralpredigt erscheint vor allem deshalb so heuchlerisch, weil der Ehemann in der darauffolgenden **6. Szene** mit dem süßen Mädel schläft und dieses sogar als künftige heimliche Geliebte zu gewinnen versucht.

Das süße Mädel: Zur Unterschicht gehörend und erst 19 Jahre alt, ist das süße Mädel die ideale Geliebte für den Ehemann. Offensichtlich hat sie schon einige sexuelle Erfahrungen gesammelt. Die Männer scheinen sich dabei aber kaum für ihre eigentliche Person zu interessieren, sie nutzen sie vielmehr als Projektionsfläche für die eigenen Wünsche und Sehnsüchte. So genießt der Ehemann das Treffen mit ihr, weil sie ihn ganz allgemein an die sexuellen Abenteuer in seiner Jugend erinnert. Wie sehr das süße Mädel von den Männern funktionalisiert wird, wird in der **7. Szene** noch deutlicher, in der sie der Dichter zum Spiegel seiner narzisstischen Fantasien und Ängste degradiert.

Der Dichter: Der Dichter **Robert** gehört dem außerhalb der bürgerlichen Gesellschaft stehenden Künstlertum an. Obwohl erfolgreich und berühmt, ist er keineswegs glücklich, leidet offenbar unter einem gestörten Selbstwertgefühl. Immer wieder imaginiert er Fantasiewelten, um aus der tristen Realität zu entfliehen. Da er nicht weiß, wer er eigentlich ist, nutzt er andere Menschen als Spiegel für seine Persönlichkeit. Während das süße Mädel dieses Spiel noch mitmacht und seine narzisstischen Bedürfnisse erfüllt, wird er in der **8. Szene** von der Schauspielerin für seine Eitelkeit verlacht.

Die Schauspielerin: Wie der Dichter ebenfalls zum Künstlertum gehörend, steht auch die Schauspielerin außerhalb der bürgerlichen Gesellschaft, was auch durch ihr Auftreten deutlich wird. Sie ist eine durchaus moderne Frau, die den Männern selbstbewusst, mitunter sogar frech und fordernd gegenübertritt. Bürgerliche Moralvorstellungen bedeuten ihr wenig, ohne schlechtes Gewissen lebt sie ihre Sinnlichkeit aus. Dabei sehnt sie sich aber auch nach einer tieferen Beziehung, nach Liebe. Dass auch sie nicht glücklich ist und keinen wirklichen Sinn im Leben sieht, wird in der **9. Szene** im Gespräch mit dem Grafen deutlich.

Der Graf: Der Graf repräsentiert die oberste Gesellschaftsschicht, die Aristokratie. Als Mensch der Moderne hat er den Glauben an traditionelle Werte und Ideale wie Religion, Moral, Leben, Glück und Liebe längst verloren. Auch die Menschen bedeuten ihm nichts mehr, insgeheim scheint er auf alle, die noch fest und unreflektiert in alten Lebensstrukturen verankert sind, herabzublicken. Als „Philosoph" hat er die Relativität aller Wahrheiten und Standpunkte erkannt und verfolgt daher keine übergeordneten Ziele mehr. Sein Handeln ist nicht mehr idealistisch, sondern rein pragmatisch und hedonistisch ausgerichtet: Es zielt auf den Augenblick, auf das Jetzt. So sucht der Graf keine Erfüllung in der Zukunft, sondern die kurzfristige Befriedigung, beispielsweise den sexuellen Genuss. In der **10. Szene** kann er sich nicht mehr daran erinnern, ob er mit der Dirne intim geworden ist, da er sie im Vollrausch mit nach Hause begleitet hat.

Inhalt

Ort: Wien

Zeit: Um 1900

Handlung: Zum Reigen formieren sich zehn Personen unterschiedlichen Standes, die paarweise sexuelle Beziehungen zueinander haben. Dabei wird nach jedem Beisammensein der eine Partner ausgetauscht, der dann wiederum die nächste Beziehung knüpft:

1. Die Dirne holt sich den Soldaten.
2. Der Soldat vernascht das Stubenmädchen.
3. Das Stubenmädchen ist dem jungen Herrn dienlich.
4. Der junge Herr hat eine Liaison mit der verheirateten jungen Frau.
5. Die junge Frau schläft mit ihrem Ehemann.
6. Der Ehemann betrügt seine Frau mit dem süßen Mädel.
7. Das süße Mädel hat ein schwärmerisches Abenteuer mit dem Dichter.
8. Der Dichter ist in Leidenschaft entbrannt zu der Schauspielerin.
9. Die Schauspielerin verführt den Grafen.
10. Der Graf ist Kunde der Dirne. –

Der Reigen hat sich geschlossen. Einer der Partner führt also immer den Reigen fort, vom Donauufer übers Chambre séparée ins eheliche Gemach, von der Dichterklause über das pompöse Himmelbett der Schauspielerin ins triste Dachkämmerlein des Straßenmädchens. Zehn Dialoge, die allesamt unmissverständlich auf das Eine abzielen, die allesamt Variationen ein und desselben Themas sind. Zehnmal Koketterie und Zärtlichkeit, Zynismus und Melancholie, Lüsternheit und Heuchelei, Triebhaftigkeit und Frivolität. Zehnmal Lust und Leid der Paarung.

Schnitzler belässt seine zehn Figuren in der Anonymität ihres Standes oder ihres Typs. Im Geschlechtsakt schwinden ohnehin alle Unterschiede der gesellschaftlichen Stellung. Nur die Motiväußerungen, Rituale und Reaktionen davor und danach sind verschieden. Diese vielfältigen menschlichen Verhaltensweisen zwischen ehrlicher Zuneigung und oberflächlichem Amüsement sollen demonstriert werden, ohne dass sich individuelle Charaktere dabei darstellen und herausbilden können.

Die diversen Paarungen dieses erotischen Bilderbogens durchlaufen einen Kreis vom niederen sozialen Milieu bis hinaus in die sogenannte feine Gesellschaft und wieder zurück. Dabei werden, der gesellschaftlichen Hierarchie entsprechend, die Rituale umso komplizierter und die Verstellungen und Verlegenheiten umso raffinierter, je höher in der Gesellschaft die Figuren angesiedelt sind. Schnitzler gelingt damit auch ein Porträt seiner Zeit, der dekadenten Gesellschaft im Wien der Jahrhundertwende mit ihrer Doppelmoral, ihrer Bigotterie.

Die einzelnen Szenen des *Reigens*, „Dialoge" nennt sie Schnitzler, treiben jeweils unmissverständlich dem Höhepunkt zu, der in der Buchausgabe mit Gedankenstrichen markiert ist. Es ist ein Höhepunkt der Leere, nicht nur äußerlich im gedruckten Text, auch inhaltlich, an dem das Gefühl des höchsten Glückserlebens sofort umschlägt in das Bewusstsein der Einsamkeit. So wie der Geschlechtsakt im Text selber ausgespart bleibt, so wenig ist das, was sich dabei abspielt, auf der Bühne darstellbar (was auch für den Film gilt). Denn wenn zwei Menschen miteinander schlafen, ist das, was sie empfinden, für einen Zuschauer gar nicht wahrnehmbar. Schnitzler aber kommt es gerade auf diese Empfindung an. Man soll spüren, wie die Erwartung auf das sexuelle Erlebnis und ihre Erfüllung die Menschen verändert, wie teuer dieses Erleben manchmal bezahlt werden muss, in welche Leere es die Menschen zurückstößt, wie ehrliches Gefühl, Intimität und Zärtlichkeit nachher brutal weggeräumt werden.

Keiner ist dem anderen treu. Beteuerungen sind nie ernst gemeint, jeder spielt das Spiel der Verstellung. Die auf das rein Körperliche reduzierten Beziehungen sind erfüllt mit Ungenügen und innerer Hohlheit und bedingen die zwanghafte Suche nach einem neuen Partner. Die Hoffnung auf eine Beziehung, die nicht wieder so herzlos und gefühlskalt endet wie die soeben erfahrene, hält den Reigen in Gang.

Aus: Klaus Jürgen Seidel: dtv junior Schauspielführer.

Vorüberlegungen zum Einsatz des Dramas im Unterricht

Schnitzlers „Reigen" im Unterricht? Zunächst schwer vorstellbar. Und für manche Lehrkraft wohl eine Aufgabe, auf die sie gerne verzichten würde. Wie soll man Jugendliche auch für ein vor über 100 Jahren entstandenes Drama interessieren, das aus zehn (fast) gleich aufgebauten Dialogen besteht, in denen es immer nur „um das Eine" geht? Nämlich um Sex zwischen den zwei jeweils im Dialog auftretenden Figuren. Oder genauer: um das „Vorher" und „Nachher" – denn für den eigentlichen Geschlechtsakt steht im Drama nur ein Platzhalter in Form einer Reihe von Gedankenstrichen. Dass dieses Stück damals bei seiner Aufführung für Skandale sorgte und schließlich sogar aufgrund seiner angeblichen Pornografie in Gerichtsprozessen verhandelt wurde, werden die Schülerinnen und Schüler in Zeiten von frei verfügbarer Internet-Pornografie und auf dem Pausenhof getauschten Handy-Sexclips kaum nachvollziehen können. Und auch die Dialoge zwischen den Figuren gehören zweifellos einer anderen Epoche an. Keine Frage also: Auf den ersten Blick scheint Schnitzlers Drama unserer heutigen Lebenswelt zu fremd und zu fern zu sein, als dass sich Heranwachsende von ihm angesprochen fühlen könnten.

Auf den zweiten Blick aber birgt gerade diese Problematik ungeahnte Chancen für den Deutschunterricht. Die Beschäftigung mit Schnitzlers Stück bietet den Lernenden die Möglichkeit, sich einer vergangenen Kultur als distanzierte, möglichst neutrale Beobachter zu nähern und ihre charakteristischen Merkmale, Besonderheiten und auch Skurrilitäten kennenzulernen. Schnitzler selbst hat den Wert seines Stücks vor allem darin gesehen, dass es, „nach ein paar hundert Jahren ausgegraben, einen Theil unsrer Cultur eigentümlich beleuchten würde"[1]. So gewährt der „Reigen" einen direkten Einblick in das Wien um 1900 und damit in eine Zeit, die von soziokulturellen Umbrüchen in allen gesellschaftlichen Bereichen – ob nun der Moral, Religion, Kunst, Politik u.v.m. – geprägt ist. Schnitzlers Stück eignet sich für eine solche „Zeitreise" besser als jedes Geschichtsbuch, weil es diese untergegangene Kultur nicht nur – idealtypisch – abbildet, sondern auch selbst ein künstlerisches Produkt dieser Kultur ist und dem Rezipienten somit eine doppelte, nämlich eine historische und eine ästhetische, Perspektive eröffnet.

Haben die Schülerinnen und Schüler eine solche Beobachterposition aber erst einmal eingenommen, so wird es ihnen auch möglich, ihre eigene Lebenswelt aus einer größeren Distanz zu betrachten. Der konkrete Vergleich einer vergangenen Kultur mit der Kultur, in der man lebt und die daher meist wie eine selbstverständliche, starre, nicht zu verändernde Faktizität erscheint, weckt das Bewusstsein für Kontingenz und Variabilität jeder gesellschaftlichen Ordnung, also das Bewusstsein dafür, dass jede Gesellschaft auch anders strukturiert sein könnte und einem permanenten Prozess des Wandelns unterliegt. Ein solcher Kulturvergleich sollte die Analyse von Schnitzlers „Reigen" während des gesamten Unterrichtsverlaufs begleiten. Der Fokus kann sich dabei auf die verschiedensten Themenkomplexe richten: angefangen von der Hinterfragung moralisch-sittlicher Normen, die in einer bestimmten Gesellschaft herrschen und etwa die allgemeine Einstellung zu Intimität und Sexualität bestimmen, über Gender-Themen, also beispielsweise die Frage nach weiblichen und männlichen (Figuren-)Konstruktionen, bis hin zur Diskussion über die (rechtlichen und ethischen) Grenzen der Freiheit der Kunst.

Der Unterricht sollte allerdings nicht bei der bloßen Beschreibung einer vergangenen und der eigenen Kultur stehen bleiben, sondern die Lernenden auch dazu motivieren, ihre eige-

[1] Arthur Schnitzler und Olga Waissnix: Liebe, die starb vor der Zeit. Ein Briefwechsel. Hrsg. von Therese Nickl und Heinrich Schnitzler. Wien: Molden 1970, S. 317

ne kritische Position zu gesellschaftlichen Fragen zu finden und entsprechend zu verteidigen. So könnte die Analyse des „Reigen" beispielsweise dazu beitragen, dass die Heranwachsenden eine Sensibilität gegenüber Doppelmoral und Verlogenheit gewinnen und ganz allgemein ihre Toleranz gegenüber anders denkenden und lebenden Menschen stärken.

Besondere Sensibilität und Toleranz ist aber auch aufseiten der Lehrkraft gefordert, behandelt Schnitzlers Stück doch ein Thema, das bei Jugendlichen – noch mehr als bei Erwachsenen – mit mannigfaltigen (bewussten und unbewussten) Gefühlen von Ängsten, Schamgefühlen und genereller Unsicherheit verbunden ist. So sollte es beispielsweise selbstverständlich sein, dass alle Schülerinnen und Schüler jederzeit das Recht haben, sich aus Unterrichtsgesprächen über sexuelle Inhalte herauszuhalten. Und noch selbstverständlicher muss es sein, dass sie sich nur freiwillig über eigene Erlebnisse und Gefühle mitteilen. Die Achtung ihrer Privat- und Intimsphäre muss stets Priorität haben und über jedem didaktischen Ziel stehen.

Bereits vor dem Unterrichtsbeginn können zeitaufwendigere **Schülerreferate** verteilt werden, die später in der jeweiligen Unterrichtseinheit zum Einsatz kommen können. Hierfür bieten sich insbesondere folgende Themen an:

- Wien um 1900 (Baustein 2)
- Der Theoretiker der Moderne: Hermann Bahr (Baustein 2)
- „Entartete Kunst" im Dritten Reich (Baustein 2)
- Die Geschichte des Totentanzes (Baustein 3)
- Die Geschlechtskrankheit Syphilis (Baustein 3)
- Friedrich Nietzsche und seine Philosophie (Baustein 4)
- Immanuel Kant und die Aufklärung (Baustein 4)
- Sprachskepsis um 1900 (Baustein 4)
- Sigmund Freud und die Psychoanalyse (Baustein 5)
- Die Sexualentwicklung des Kindes nach Freud (Baustein 5)

Vorschläge für Klausuren und Facharbeiten sind im Zusatzmaterial 2 aufgelistet.

Grundlagenliteratur

Fliedl, Konstanze: Arthur Schnitzler: Reigen. In: Dramen des 20. Jahrhunderts. Interpretationen. Band 1. Stuttgart: Reclam 1996, S. 25–39

Fliedl, Konstanze: Arthur Schnitzler. Stuttgart: Reclam 2005

Janz, Rolf-Peter und Klaus Laermann: Arthur Schnitzler: Zur Diagnose des Wiener Bürgertums im Fin de Siècle. Stuttgart: Metzler 1977

Keller, Ursula: Böse Dinge, hübsche Formel. Das Wien Arthur Schnitzlers. Frankfurt a. M.: Fischer 2000

Koebner, Thomas: Arthur Schnitzler. Reigen. Erläuterungen und Dokumente. Stuttgart: Reclam 1997

Kohn, Hans: Karl Kraus, Arthur Schnitzler, Otto Weininger. Aus dem jüdischen Wien der Jahrhundertwende. Tübingen: Mohr 1962

Lorenz, Dagmar: Wiener Moderne. Stuttgart: Metzler 1995

Perlmann, Michaela L.: Arthur Schnitzler. Stuttgart: Metzler 2004

Pfoser, Alfred, Kristina Pfoser-Schwewig und Gerhard Renner: Schnitzlers ‚Reigen'. Band 1: Der Skandal. Frankfurt a. M.: Fischer 1993

Pfoser, Alfred, Kristina Pfoser-Schwewig und Gerhard Renner: Schnitzlers ‚Reigen'. Band 2: Die Prozesse. Frankfurt a. M.: Fischer 1993

Scheible, Hartmut: Arthur Schnitzler. Reinbek bei Hamburg: Rowohlt 1976

Schnitzler, Arthur: Jugend in Wien. Eine Autobiographie. Frankfurt a. M.: Fischer 2006

Schnitzler, Heinrich, Christian Brandstätter und Reinhard Urbach (Hg.): Arthur Schnitzler. Sein Leben und seine Zeit. Frankfurt a. M.: Fischer 1981

Sprengel, Peter: Reigen. Zehn Dialoge. Die ungeschriebenen Regeln der Liebe. In: Hee-Ju Kim und Günter Saße (Hg.): Arthur Schnitzler. Dramen und Erzählungen. Stuttgart: Reclam 2007, S. 101–116

Wagner, Renate: Wie ein weites Land. Arthur Schnitzler und seine Zeit. Wien: Amalthea 2006

Konzeption des Unterrichtsmodells

Das vorliegende Unterrichtsmodell versucht mithilfe unterschiedlicher Verfahren, Schülerinnen und Schülern einen Zugang zu Schnitzlers Drama „Reigen" zu vermitteln. Textanalytische Zugriffe spielen dabei in gleicher Weise eine Rolle wie handlungs- und produktionsorientierte Verfahren. Insbesondere wurde bei der Konzeption der Bausteine darauf geachtet, durch geeignete Aufgabenstellungen, Diskussionsanregungen etc. eine Beziehung zwischen dem vor über 100 Jahren erschienenen Theaterstück und der Lebenswelt heutiger Jugendlicher herzustellen.

Mit dem **Baustein 1** werden zunächst unterschiedliche Methoden vorgestellt, einen Einstieg in die Erarbeitung des Dramas zu gestalten. Zum einen geht es um ein Unterrichtsgespräch über die ersten Leseeindrücke sowie über mögliche Bedenken, die die Lernenden angesichts des besonderen Themas des „Reigen", nämlich der Sexualität, haben könnten. Andererseits werden Methoden vorgeschlagen, durch die schnell an den Titel des Stückes und an den Aufbau der Einzeldialoge herangeführt werden kann.

Baustein 2 versucht, ein differenziertes Hintergrundwissen zum „Reigen" und seiner Entstehungs- und Rezeptionsgeschichte zu vermitteln. Dabei geht es zunächst um Informationen über Leben und Werk Arthur Schnitzlers und die Zeit des Fin de Siècle. Danach richtet sich der Fokus auf den Skandal, den die Aufführungen des Stücks verursachten. Nicht zuletzt sollen die Schülerinnen und Schüler hier zur Reflexion und Diskussion über die (rechtlichen und ethischen) Grenzen der Freiheit der Kunst motiviert werden.

Im **Baustein 3** rücken formale Aspekte des Dramas ins Zentrum. Nach der Analyse der Struktur des Gesamtstücks sowie der Einzelszenen und der Betrachtung der auftretenden Figuren soll Schnitzlers „Reigen" mit einem klassischen Drama verglichen werden. Abgeschlossen wird der Baustein mit der Untersuchung, inwiefern der „Reigen" Elemente des vor allem im Mittelalter, aber auch noch in der Neuzeit aufgeführten Totentanzes enthält. An dieser Stelle soll auch auf die wichtige Problematik von Geschlechtskrankheiten – in der heutigen Zeit insbesondere von Aids – eingegangen werden.

Baustein 4 stellt den „Reigen" in den Zusammenhang mit dem Epochenwandel um 1900, der mit einem tief greifenden, alle soziokulturellen Bereiche erfassenden Sinnverlust verbunden ist. Zur Vertiefung dienen hier insbesondere Gedanken und Aphorismen Friedrich Nietzsches, des für diese Krisenzeit wichtigsten Philosophen. Besondere Gewichtung erhalten bei den detaillierten Textanalysen die Themen „Moral", „Sprach- und Ich-Skepsis" und „Freie Geister".

Baustein 5 stellt eine Möglichkeit vor, wie das Stück, insbesondere das unterschiedliche Verhalten der in den Dialogen auftretenden Männer und Frauen vor und nach dem Geschlechtsakt, vor dem Hintergrund psychoanalytischer Erkenntnisse interpretiert werden könnte. Sigmund Freuds Aufsatz „Über die allgemeinste Erniedrigung des Liebeslebens" steht dabei im Zentrum. Abgeschlossen wird dieser Baustein durch eine nähere Betrachtung der auffälligen Parallelen zwischen dem Dichter Schnitzler und dem Psychologen Freud.

Das Unterrichtsmodell ist so konzipiert, dass die Kenntnis und Lektüre des Dramas vor dem Beginn der Erarbeitung vorausgesetzt wird.

Die thematischen Bausteine des Unterrichtsmodells

Baustein 1

Die Frage des Einstiegs

Der Baustein 1 soll dazu beitragen, dass die Schülerinnen und Schüler Interesse für ein Drama gewinnen, das einigen von ihnen vermutlich zunächst fremd und aufgrund der geschlossenen, sich stark ähnelnden Einzelszenen auch monoton und langweilig erscheint. Daher wurde bei den hier vorgeschlagenen Unterrichtseinstiegen besonderer Wert darauf gelegt, dass die Lernenden rasch erkennen, dass dem Stück einerseits eine überaus kunstvolle Struktur zugrunde liegt und es andererseits Themen behandelt, die bis heute nichts von ihrer Aktualität und Brisanz verloren haben. Die vorgestellten Unterrichtsschritte bauen nicht aufeinander auf, können also auch separat und in anderer Reihenfolge verwendet werden. Voraussetzung bei allen drei Einstiegen ist, dass die Schülerinnen und Schüler den „Reigen" gelesen haben. Im Einzelnen geht es um:

- ein Unterrichtsgespräch über die ersten Leseeindrücke und mögliche Bedenken der Lernenden angesichts der besonderen Thematik von Schnitzlers Stück,
- den Titel „Reigen",
- den Vergleich von William Hogarths Kupferstichen „Vorher und Nachher" mit dem „Reigen".

1.1 Das Gespräch über erste Leseeindrücke und mögliche Bedenken

Schnitzlers „Reigen" kreist um menschliche Intimität und Sexualität, um ein Thema also, das bei der Behandlung im Unterricht besondere Sensibilität erfordert.[1] Viele der Schülerinnen und Schüler stehen diesem Thema wahrscheinlich mit großen Unsicherheiten gegenüber, einigen ist es sicherlich auch unangenehm, über sexuelle Dinge zu sprechen. Außerdem ist zu bedenken, dass manche der Heranwachsenden bereits sexuelle Erfahrungen gemacht haben, andere aber noch nicht. Mehr oder weniger bewusste Schamgefühle könnten etliche der Jugendlichen bei der Thematik empfinden. Vor diesem Hintergrund empfiehlt sich ein Einstieg, der den Schülern und Schülerinnen die Möglichkeit bietet, offen über ihre Leseeindrücke und später auch über mögliche Bedenken und Ängste angesichts der kommenden Unterrichtsphase zu sprechen.
Für die Einleitung und Weiterführung eines ersten Gesprächs sind beispielsweise folgende Frageimpulse denkbar:

[1] Vgl. auch die Vorüberlegungen zum Einsatz des Dramas im Unterricht.

- *Berichten Sie über Ihre Leseeindrücke von Schnitzlers „Reigen". Was halten Sie vom Stück? Hat Ihnen die Lektüre Spaß gemacht? Waren Ihnen manche Textpassagen unangenehm? Warum?*
- *Wann und wo spielt der „Reigen"? Halten Sie das Stück noch für zeitgemäß? Immerhin ist es vor mehr als 100 Jahren entstanden – inwiefern könnte es dennoch auch etwas über unsere eigene Zeit sagen?*
- *Was halten Sie von den auftretenden Figuren? Sind sie realistisch gestaltet? Begründen Sie Ihre Meinung.*
- *Was halten Sie davon, dass der „Reigen" im Unterricht behandelt wird? Was erwarten Sie von den nächsten Unterrichtsstunden? Welchen Sinn könnte eine Analyse des Stücks haben?*

Vermutlich haben die Schülerinnen und Schüler ein mehr als gespanntes Verhältnis zu Schnitzlers Drama. Einige werden es wahrscheinlich aufgrund der abgeschlossenen Einzeldialoge, die jeweils ähnlich aufgebaut sind, langweilig finden. Auch die nicht mehr zeitgemäße Sprache der Figuren, die obendrein wienerisch gefärbt ist, wird vielen der Lernenden den Zugang zum Stück erschweren. So ist zu erwarten, dass etliche von ihnen, wenn nicht die Mehrheit, den Einsatz des Dramas im Unterricht überaus kritisch sehen. Es ist wichtig, dass die Schülerinnen und Schüler die Gelegenheit haben, offen und ausführlich über ihre Skepsis gegenüber dem Stück zu sprechen, zumal dessen Behandlung im Unterricht durchaus nicht unproblematisch und selbstverständlich ist. Auf der anderen Seite sollten aber auch die Chancen des Unterrichts besprochen werden. So bietet die Beschäftigung mit Schnitzlers Stück die Möglichkeit, sich einer vergangenen Kultur als distanzierter, möglichst neutraler Beobachter zu nähern und ihre charakteristischen Merkmale kennenzulernen. Schnitzler selbst hat den Wert seines Stücks vor allem darin gesehen, dass es, „nach ein paar hundert Jahren ausgegraben, einen Theil unsrer Cultur eigentümlich beleuchten würde"[1]. Der „Reigen" gewährt einen direkten Einblick in das Wien um 1900 und damit in eine Zeit, die von soziokulturellen Umbrüchen in allen gesellschaftlichen Bereichen – ob nun der Moral, Religion, Kunst, Politik u. v. m. – geprägt ist. Haben die Schülerinnen und Schüler eine solche Beobachterposition aber erst einmal eingenommen, so wird es ihnen auch möglich, ihre eigene Lebenswelt aus einer größeren Distanz zu betrachten. Der konkrete Vergleich einer vergangenen Kultur mit der Kultur, in der man lebt und die daher meist wie eine selbstverständliche, unhinterfragte Tatsache erscheint, weckt das Bewusstsein dafür, dass jede gesellschaftliche Ordnung auch anders sein könnte und sich stets verändern kann.
Um die Diskussion allmählich auf die persönlichen Bedenken der Lernenden bzgl. der sexuellen Thematik des Stücks zu lenken, bietet sich zunächst folgender Frageimpuls an:

- *Während der ersten Aufführungen des „Reigen" kam es zu tumultartigen Protesten in den Theaterhäusern. Kurz darauf wurde die angebliche Pornografie des Stückes bzw. der Inszenierung sogar in Gerichtsprozessen verhandelt. Können Sie die öffentlichen Reaktionen von damals nachvollziehen? Halten Sie das Stück ebenfalls für pornografisch? Begründen Sie Ihre Meinung.*

Aller Voraussicht nach werden die Schülerinnen und Schüler den damaligen Skandal um den „Reigen" nicht wirklich nachvollziehen können. In Zeiten von frei verfügbarer Internet-Pornografie und auf dem Pausenhof getauschten Handy-Sexclips werden sie das Stück, in dem der eigentliche Geschlechtsakt ja niemals gezeigt wird, vermutlich keineswegs für pornografisch halten.

---

1 Arthur Schnitzler und Olga Waissnix: Liebe, die starb vor der Zeit. Ein Briefwechsel. Hrsg. von Therese Nickl und Heinrich Schnitzler. Wien: Molden 1970, S. 317

Diese Einstellung schließt aber nicht aus, dass die Lernenden dennoch gewisse Bedenken oder sogar Ängste hinsichtlich der Behandlung des Dramas im Unterricht haben. Es ist wichtig, über diese Bedenken im Vorfeld zu sprechen. Eine diesbezügliche Frage sollte möglichst allgemein gestellt werden, um die Hemmschwelle, offen zu antworten, möglichst niedrig zu halten:

- *Sehen Sie mögliche Probleme bei der Behandlung des „Reigen" im Unterricht? Inwiefern könnten manche Mitschülerinnen und Mitschüler die Behandlung des Stücks als unangenehm empfinden? Was könnten wir alle gegen diese Bedenken unternehmen?*

Nachdem die Bedenken angesichts des im „Reigen" behandelten Themas der Sexualität ausführlich besprochen worden sind, sollten mit den Lernenden gemeinsame Regeln des kommenden Unterrichts vereinbart werden. So sollte es beispielsweise selbstverständlich sein, dass alle jederzeit das Recht haben, sich aus Unterrichtsgesprächen über sexuelle Inhalte herauszuhalten. Und noch selbstverständlicher muss es sein, dass sie niemals aufgefordert werden, sondern immer nur auf freiwilliger Basis die Möglichkeit haben sollten, eigene Erlebnisse und Gefühle mitzuteilen. Die Achtung der Privat- und Intimsphäre jedes Einzelnen muss stets Priorität haben und über jedem didaktischen Ziel stehen.

Zum Abschluss dieses Einstiegs bietet sich folgender produktiver Auftrag an:

- *Schreiben Sie einen fiktiven Brief an das Kultusministerium, in dem Sie Stellung beziehen für oder gegen den Einsatz von Schnitzlers „Reigen" im Deutschunterricht. Begründen Sie Ihren Standpunkt.*

1.2 Der Titel „Reigen"

Dieser Einstieg richtet das Augenmerk der Schüler und Schülerinnen auf den Titel „Reigen", der bereits wichtige strukturelle und inhaltliche Hinweise zu Schnitzlers Stück gibt. Das Unterrichtsgespräch kann mit folgendem Frageimpuls eingeleitet werden:

- *Was versteht man unter einem Reigen? Wenn Sie es nicht genau wissen, welche Assoziationen haben Sie bei dem Wort?*

Nachdem die Antworten der Lernenden besprochen worden sind, kann das **Arbeitsblatt 1**, S. 25, ausgeteilt werden, auf dem sich das Bild und die Beschreibung eines Reigens befinden. Bei einem Reigen handelt es sich also um einen häufig kreisförmig angelegten Tanz, wobei die Tänzer und Tänzerinnen kettenförmig zusammenstehen. Das Unterrichtsgespräch kann wie folgt fortgesetzt werden:

- *Bei einem Reigen handelt es sich also um einen bestimmten Tanz. Beschreiben Sie seine Regeln mit eigenen Worten.*
- *Warum wohl hat Schnitzler sein Stück „Reigen" genannt? Welche Gemeinsamkeiten erkennen Sie zwischen dem Drama und einem Reigentanz?*

Zur Beantwortung der Frage nach den Gemeinsamkeiten zwischen einem Reigentanz und Schnitzlers Drama können je nach zur Verfügung stehender Zeit Elemente aus dem Baustein 3.1 herangezogen werden. Es ist auch denkbar, an dieser Stelle zunächst nur die auf dem

Arbeitsblatt 15, S. 78, dargestellte Gesamtstruktur und Personenkonstellation des „Reigen" zu besprechen, um den Lernenden die auffälligen Parallelen zu der Tanzform vor Augen zu führen. Sie werden den Aufbau des Stückes vermutlich schnell erfassen: Es besteht aus zehn Szenen, wobei in jeder Szene jeweils zwei Figuren, nämlich ein Mann und eine Frau, auftreten. Die einzelnen Dialoge sind kettenförmig miteinander verknüpft, weil jeweils eine Figur in der nächsten Szene erneut auftritt. Da in der letzten Szene erneut die erste Figur, nämlich die Dirne, erscheint und damit eine Verknüpfung zur ersten Szene herstellt, hat das Drama die Struktur eines geschlossenen Kreises, seine Handlung könnte wieder von Neuem beginnen. So erinnert der Aufbau von Schnitzlers Stück tatsächlich an einen Reigentanz. Über diese strukturellen Aspekte hinaus lassen sich noch weitere Gemeinsamkeiten erkennen. So liegt sowohl dem Drama als auch dem Tanz eine bestimmte Choreografie zugrunde, an deren Regeln sich die Beteiligten halten müssen, um im „Spiel zu bleiben": Die Figuren im Theaterstück müssen sich nach den gesellschaftlichen Konventionen der sexuellen Annäherung richten, die Tänzer müssen die vorgegebenen Tanzschritte befolgen. Eine weitere Gemeinsamkeit zwischen Drama und Tanz ist außerdem deren erotischer Inhalt (da ein Tanz ja meist auch eine gesellschaftlich ritualisierte Art des „Vorspiels" zur Intimität zwischen Mann und Frau darstellt).

Die Ergebnisse des Unterrichtsgesprächs können stichpunktartig an der Tafel gesichert werden:

Parallelen von Schnitzlers Stück mit einem Reigentanz

- kreisförmige Anordnung, Handlung „dreht sich immer weiter"
- Choreografie (Figuren müssen bestimmten Regeln/„Tanzschritten" folgen)
- in jeder Szene ein Paar Mann/Frau
- Paar wechselt von Szene zu Szene, wobei immer jeweils eine Figur weitergeht
- erotischer Inhalt (Tanz ist eine Art gesellschaftl. „Vorspiel" zur Intimität)

Zum Abschluss dieses Unterrichtsschritts ist folgende Hausaufgabe sinnvoll, damit die Schülerinnen und Schüler eine genauere Vorstellung von einem Reigentanz gewinnen:

- *Suchen Sie in Büchern und/oder im Internet nach weiteren Informationen zum Reigen-Tanz. Vielleicht finden Sie auf YouTube oder anderen Videoportalen auch Filme, in denen dieser Tanz gezeigt wird?*

1.3 William Hogarths Kupferstiche „Vorher und Nachher"

Einen originellen und schnellen Einstieg in die Analyse von Schnitzlers Drama ermöglicht die gemeinsame Betrachtung der zwei Kupferstiche „Before and After" („Vorher und Nachher") des berühmten englischen Künstlers William Hogarth aus dem Jahr 1736. Vieles spricht dafür, dass Schnitzler Hogarths Bilderserie gekannt hat und sich von ihr zur Niederschrift des „Reigen" inspirieren ließ.

Die Schülerinnen und Schüler sollen Hogarths Bilder (Textausgabe, S. 130, oder **Arbeitsblatt 2**, S. 26) zunächst eine Weile lang betrachten und auf sich wirken lassen. Im Anschluss daran bieten sich folgende Fragen und Aufträge an:

- *Beschreiben Sie jeweils die abgebildete Situation auf den zwei Kupferstichen. Was passiert gerade zwischen den beiden Figuren? Achten Sie auf jedes Detail.*
- *Inwiefern unterscheiden sich die beiden Bilder voneinander? Was hat sich verändert? Was ist in der Zeit zwischen den beiden Situationen geschehen?*

Die Lernenden werden vermutlich rasch erkennen, dass Hogarths Kupferstiche die Situation vor und nach dem Geschlechtsakt zwischen Mann und Frau darstellen, wobei der Akt selbst nicht zu sehen ist. In der Szene „Vorher" bedrängt der Mann die Frau, die sich von ihm abwendet und sich gegen seine Zudringlichkeit zu wehren versucht. Während er sie mit beiden Händen am Rock hält, sie offensichtlich zu entkleiden versucht, stößt sie sich mit ihrer Linken von ihm ab. In der Szene „Nachher" haben sich alle Vorzeichen umgekehrt. Nun hält die Frau sich am Mann fest, scheint ihn vom Gehen abhalten zu wollen. Während er sich noch seine Hose schließt, weist seine teilnahmslose Körperhaltung bereits darauf hin, dass er das Interesse an der Frau nun verloren, sich innerlich schon aus der Situation verabschiedet hat. Auch die Details auf den Bildern sind vielsagend: So ist der kleine Tisch während des Handgemenges umgekippt; der heruntergefallene und zerbrochene Spiegel gibt den Blick frei auf ein zweites Gemälde an der Wand: Nun wird deutlich, dass der darauf abgebildete Amor eine Rakete steigen lässt – Sinnbild für das Feuerwerk des stattgefundenen Geschlechtsakts.
Damit die Schülerinnen und Schüler sich in die Perspektive der Figuren versetzen können, erhalten sie das **Arbeitsblatt 3**, S. 27, mit folgendem Schreibauftrag:

- *Was sagen und denken die Figuren wohl in den beiden Situationen? Füllen Sie die Sprech- und Denkblasen mit passenden Aussagen.*

Vermutlich haben die Lernenden problemlos passende Sprech- und Denkblasentexte für die beiden Situationen gefunden. Auf dem Overhead-Projektor kann folgendes Beispiel gezeigt werden:

William Hogarths Bilder „Vorher und Nachher" als Comic:

Nachdem die Schülerinnen und Schüler sich eingehend mit den Bildern beschäftigt haben, kann das Unterrichtsgespräch durch folgenden Frageimpuls auf die auffälligen Parallelen zwischen Hogarths Kupferstichen und den einzelnen Szenen von Schnitzlers „Reigen" gelenkt werden. Die folgenden Aufgaben bieten sich für eine Gruppenarbeit an:

- *Wahrscheinlich wurde Arthur Schnitzler unter anderem von Hogarths Kupferstichen zur Niederschrift des „Reigen" inspiriert. Welche Parallelen sehen Sie zwischen den Bildern und den meisten Dialogen des Dramas? Denken Sie dabei sowohl an thematische als auch an strukturelle Aspekte.*
- *Beschreiben Sie die Parallelen stichpunktartig anhand des 3. Dialogs.*

Vermutlich erkennen die Schülerinnen und Schüler rasch, dass die einzelnen Szenen des „Reigen" den gleichen Inhalt haben wie die zwei Kupferstiche Hogarths. Alle Dialoge beschreiben das „Vorher" und das „Nachher" eines Geschlechtsakts, wobei dieser selbst im Drama nur durch eine Reihe von Schrägstrichen angedeutet ist. Für eine erste Analyse dieser Analogien eignet sich insbesondere der 3. Dialog, und zwar nicht nur aufgrund seines noch überschaubaren Umfangs, sondern auch weil er ebenfalls in einem vornehmen Raum spielt und weil sich die beiden Figuren ganz ähnlich verhalten wie die Figuren bei Hogarth. Da es sich hier noch um den Einstieg in den Unterricht handelt, soll es im gemeinsamen Gespräch weniger um eine detaillierte Textanalyse gehen, sondern vielmehr um eine erste Darstellung der auffälligen Struktur des Dialogs. So sollen die Lernenden insbesondere erkennen, dass sich das Verhalten des Mannes und der Frau vor und nach dem Sexualakt diametral verändert: Wie auf den Kupferstichen versucht auch der junge Herr bei Schnitzler, die Frau zu verführen, während sich diese zunächst gegen die Annäherungen wehrt. Nachdem die beiden miteinander geschlafen haben, ist es nun der Mann, der sich distanziert, während die Frau alles daransetzt, die Nähe und Intimität zum Mann beizubehalten.

Folgendes Tafelbild fasst die Parallelen zwischen Hogarths Kunstwerken und Schnitzlers Einzelszene in Form einer Grafik zusammen:

	Vorher:	**Sexualakt:**	**Nachher:**
Hogarth:			
Schnitzler/ 3. Dialog:	Dialog „Vorher" Mann nähert sich Frau Frau wehrt sich	- - - - - - -	Dialog „Nachher" Frau klammert sich an Mann Mann distanziert sich

Zum Abschluss dieses Unterrichtsschritts ist es sinnvoll, mit den Lernenden darüber zu diskutieren, ob die bei Hogarth und Schnitzler dargestellten Verhaltensweisen von Frau und Mann noch zeitgemäß sind oder ob sie sich verändert haben:

- *Wir haben gesehen, dass sich bei Hogarth und Schnitzler das Verhalten von Frau und Mann bzgl. des Geschlechtsakts diametral unterscheidet. Was meinen Sie: Ist es heute noch immer so oder hat sich etwas in unserer Gesellschaft verändert?*

Aller Voraussicht nach fallen die Antworten sehr unterschiedlich aus. Einerseits werden die Schüler und Schülerinnen vermutlich betonen, dass der Umgang mit Sexualität in unserer Gesellschaft noch freier geworden ist als zu Zeiten Schnitzlers und sich die Verhaltensweisen von Frau und Mann dementsprechend geändert haben. So ist es heute durchaus nicht mehr ungewöhnlich, dass die Frauen „die Initiative ergreifen" und den ersten Schritt auf den Mann zu machen. Die gesellschaftliche Rollenerwartung schreibt ihnen nicht mehr vor, dass sie sich bei einer sexuellen Anbahnung zunächst zu „zieren" haben. Andererseits könnten manche der Lernenden auch der Meinung sein, dass der bei Hogarth und Schnitzler dargestellte Unterschied im männlichen und weiblichen Verhalten bzgl. sexueller Dinge grundsätzlicher Natur ist, gewissermaßen in der menschlichen Disposition liegt und daher auch in der heutigen Gesellschaft – wenngleich vielleicht subtiler – anzutreffen ist.[1] Das Unterrichtsgespräch soll und kann selbstverständlich nicht zum Ziel haben, die „richtige Antwort" zu finden, da beide Thesen – je nach Perspektive und Argumentation – mehr oder weniger plausibel erscheinen.

Notizen

[1] Siehe dazu auch die psychoanalytische Perspektive in Baustein 5.

Der Reigentanz

Henry Tenre: Ein Rundtanz (um 1905)

Als **Reigen** (auch: Reien, Reihen, Reihentanz, aus altfranzösisch raie, „Tanz") werden verschiedene Tänze bezeichnet, die von mehreren sich einheitlich bewegenden Tänzern gemeinsam geschritten oder gesprungen werden. Die Tänzer stehen dabei in Ketten oder Kreisen (Kreisreigen, Ringelreihen), in zwei sich gegenüberstehenden Reihen (Frontreigen) oder paarweise hintereinander. Auch die dabei angestimmten Lieder und Gesänge selbst wurden Reihen oder Reien genannt.

Aus: Wikipedia: Stichwort „Reigen"

- *Bei einem Reigen handelt es sich also um einen bestimmten Tanz. Beschreiben Sie seine Regeln mit eigenen Worten.*
- *Warum wohl hat Schnitzler sein Stück „Reigen" genannt? Welche Gemeinsamkeiten erkennen Sie zwischen dem Drama und einem Reigentanz?*

AB 2

William Hogarths Kupferstiche „Vorher und Nachher“

- Beschreiben Sie jeweils die abgebildete Situation auf den zwei Kupferstichen. Was passiert gerade zwischen den beiden Figuren? Achten Sie auf jedes Detail.
- Inwiefern unterscheiden sich die beiden Bilder voneinander? Was hat sich verändert? Was ist in der Zeit zwischen den beiden Situationen geschehen?

BS 1

William Hogarths Bilder „Vorher und Nachher“ als Comic

■ *Was sagen und denken die Figuren wohl in den beiden Situationen? Füllen Sie die Sprech- und Denkblasen mit passenden Aussagen.*

Baustein 2

Hintergründe

Ziel dieses Bausteins ist es, den Schülerinnen und Schülern das notwendige Hintergrundwissen zu vermitteln, mit dem der „Reigen" differenzierter interpretiert werden kann. Das Verständnis eines literarischen Textes ist natürlich nicht von der Kenntnis seiner kulturellen und historischen Entstehungsbedingungen abhängig, kann aber dadurch an Tiefe und Detailschärfe gewinnen. Die einzelnen Erarbeitungsschritte dieses Bausteins sind so konzipiert, dass sie weder komplett noch in der hier gewählten Reihenfolge behandelt werden müssen. Im Einzelnen geht es um folgende Aspekte:

- Arthur Schnitzler und seine Zeit,
- den durch den „Reigen" ausgelösten Skandal.

2.1 Arthur Schnitzler und seine Zeit

Dieser Unterrichtsschritt soll den Schülerinnen und Schülern zunächst einen Überblick über Leben und Werk Arthur Schnitzlers geben und ihnen damit ermöglichen, den „Reigen" auch im biografischen Kontext zu lesen. Um erste Informationen über Arthur Schnitzler zu erlangen, bietet sich eine Rechercheaufgabe für zu Hause an:

- *Recherchieren Sie nach Informationen zu Arthur Schnitzler, beispielsweise in Lexika oder im Internet. Schreiben Sie die wichtigsten Stationen seines Lebens und die Titel seiner zentralen Werke heraus. Informieren Sie sich auch über den Inhalt von mindestens drei seiner Werke.*

Alternativ oder zusätzlich dazu kann der Lexikonartikel (**Arbeitsblatt 4**, S. 45) über Arthur Schnitzler herangezogen werden, auf dem die Eckdaten seines Lebens und ein paar erste Informationen über sein Werk zu finden sind:

- *Lesen Sie den Lexikonartikel über Arthur Schnitzler und unterstreichen Sie sowohl wichtige Daten zu seinem Leben als auch erste Informationen zu seinem Werk.*

Ausführlichere Informationen zu Arthur Schnitzler finden die Lernenden im Lexikonartikel in der Textausgabe auf S. 117–122, der sich aufgrund seines Umfangs für die Lektüre zu Hause anbietet.

Nach dem Unterrichtsgespräch kann eine Zusammenfassung der wichtigsten Informationen über Arthur Schnitzler und sein Werk stichpunktartig auf einer Overhead-Folie präsentiert werden (siehe **Arbeitsblatt 5**, S. 46).

In den meisten seiner Theaterstücke und Erzählungen hat Schnitzler das Wien seiner Zeit dargestellt. Sein Werk vermittelt wie kaum ein anderes literarisches Werk einen plastischen Eindruck von der sozio-kulturellen Atmosphäre, die in der österreichischen Hauptstadt um die Jahrhundertwende und in den ersten Jahrzehnten des 20. Jahrhunderts geherrscht hat.

Nicht zuletzt der „Reigen" spiegelt diese Atmosphäre – wenn auch pointiert, wie in einem Zerrspiegel – wider. Damit sich die Schülerinnen und Schüler ein erstes Bild von diesem historischen Kontext machen können, in dem Schnitzlers Stück entstanden ist, bietet sich die gemeinsame Lektüre von Hans Kohns Text (Textausgabe, S. 159–162) an. Die Lernenden erhalten folgenden Auftrag:

- *Lesen Sie Hans Kohns Text „Über Wien um 1900" und unterstreichen Sie die wichtigsten Informationen. Wie würden Sie das damalige Wien mit eigenen Worten beschreiben?*

Nachdem einige der Antworten der Lernenden vorgetragen und miteinander besprochen worden sind, kann noch einmal auf die zentrale Stellung Wiens in der Kultur Europas um 1900 hingewiesen werden. Die österreichische Hauptstadt war damals eine Art „Schmelztiegel" für die unterschiedlichsten nationalen wie kulturellen Gruppen und damit eine Quelle für eine Vielzahl avantgardistischer Strömungen in Kunst und Literatur. Vor diesem Hintergrund ist das damalige Wien in seiner Bedeutung durchaus mit dem New York unserer Zeit vergleichbar.
Die Ergebnisse des Unterrichtsgesprächs können stichpunktartig an der Tafel gesichert werden:

Wien um 1900

- Mittelpunkt und Herzstück Österreichs
- um 1900 führende kulturelle Stellung im europäischen Denken
- einerseits sehr traditionell-österreichisch / andererseits kosmopolitisch
- Assimilationszentrum, „melting pot"
- aber auch: wachsende nationalistische und antisemitische Stimmung

Als vertiefender Auftrag für zu Hause bietet sich folgende Aufgabe an:

- *Recherchieren Sie im Internet nach weiteren Informationen über Wien um 1900. Suchen Sie in Büchern und/oder im Netz auch nach Fotografien, die einen guten Eindruck von der damals herrschenden gesellschaftlichen Atmosphäre vermitteln.*

Ein zusätzlicher oder alternativer Auftrag, der die Lernenden einen Schritt an die Wiener Stadt heranführen soll, könnte so lauten:

- *Suchen Sie im „Reigen"-Text nach den genannten Wiener Adressen (Straßennamen und Gebäude) und tragen Sie diese auf einem Wiener Stadtplan ein. Sie können für die Recherche auch einen Stadtplan aus dem Internet herunterladen.*

Die Entstehung des „Reigen" (1896/97) fällt in das sog. Fin de Siècle (frz. für „Ende des Jahrhunderts"), einer kurzen künstlerischen Epoche in Europa von ca. 1890 bis 1914. Sie ist geprägt von einer allgegenwärtigen Dekadenz, also einem kulturellen Verfall aller Werte und Normen. Diesen Verfall hat die Fin-de-Siècle-Kunst zum Gegenstand ihres Schaffens gemacht. Auch Schnitzlers „Reigen" lässt sich als ein Drama des Fin de Siècle auffassen.
Zum Einstieg bietet sich zunächst die Analyse der Fin-de-Siècle-Gedichte von Wilhelm Weigand und Rainer Maria Rilke an, die auf dem **Arbeitsblatt 6**, S. 47, abgedruckt sind. Nach der gemeinsamen Lektüre erhalten die Schülerinnen und Schüler folgende Schreibaufträge:

- *Lassen Sie beide Gedichte auf sich wirken. Welche Gefühle rufen sie in Ihnen wach? Vermitteln die zwei Gedichte unterschiedliche Stimmungen? Beschreiben Sie diese Stimmungen.*
- *Welches der beiden Gedichte gibt die damalige Stimmung zur Jahrhundertwende Ihrer Meinung nach passender wieder?*

Die Lernenden tragen ihre Ergebnisse vor und besprechen sie miteinander. Sie sollten erkannt haben, dass sich die beiden Gedichte insbesondere durch ihre vermittelte Stimmung unterscheiden: Weigands Gedicht handelt vom Ende einer Zeit, von Abschied und Trennung, und vermittelt somit eine traurige, wehmütige Stimmung, während Rilkes Gedicht vom Aufbruch in eine neue Zeit handelt und somit Neugier und Zuversicht ausstrahlt. Damit repräsentieren die zwei Gedichte die beiden Seiten des Fin de Siècle, eines höchst ambivalenten Zeitabschnitts, der zwischen den Polen von Müdigkeit und Erwachen, von Abschied und Aufbruch, von Altem und Neuem oszilliert.
Falls die Schülerinnen und Schüler Schwierigkeiten hatten, (Stimmungs-)Unterschiede zwischen den zwei Gedichten zu erkennen, ist folgender Schreibauftrag sinnvoll:

- *Schreiben Sie die zentralen Begriffe aus beiden Gedichten heraus und stellen Sie sie einander gegenüber. Inwiefern unterscheiden sich die zwei Begriffsreihen voneinander?*

Die Ergebnisse des Unterrichtsgesprächs können an der Tafel stichpunktartig gesichert werden:

Zwei Gedichte des Fin de Siècle

Wilhelm Weigands Gedicht		**Rainer Maria Rilkes Gedicht**
„Trauerlieder"		„Ich lebe grad"
„Jahrhundert legt sich nieder"		„Man fühlt den Wind"
„Sterben"	⇔	„von einem großen Blatt"
„Weihrauch"		„hoch in fremden Händen"
„müde Seelen"		„Glanz von einer neuen Seite"
„Herzens Bruch"		„... noch alles werden kann"
„Flüchten"		„die stillen Kräfte"
„irren"		
„die alten, wirren Labyrinthe"		
„Trauermette"		
Thema: Abschied, Schmerz, Trauer		Aufbruch, Neugier, neue Zeit
Grundstimmung: Pessimismus, Angst		Optimismus, Zuversicht

➡ beide Stimmungen typisch für die Zeit des Fin de Siècle: **ambivalente Stimmung**

Danach bietet sich die gemeinsame Lektüre des Lexikonartikels auf dem **Arbeitsblatt 7**, S. 48, an, auf dem die wichtigsten Merkmale des Fin de Siècle zusammengefasst sind:

- *Lesen Sie den Lexikonartikel und unterstreichen Sie die zentralen Merkmale des Fin de Siècle.*

Ergänzend zu diesem Lexikonartikel ist auch die gemeinsame Lektüre des Textes „Über die Literatur der Wiener Moderne" (Textausgabe, S. 162–166) sinnvoll, in dem weitere Informationen über die im damaligen Wien entstandene Literatur zu finden sind. Darüber hinaus empfiehlt sich auch ein Schülerreferat zu Hermann Bahr, dem wichtigsten Theoretiker und Kritiker der Wiener Moderne.[1]

Im anschließenden Unterrichtsgespräch werden die gefundenen Merkmale des Fin de Siècle besprochen, durch weitere Informationen ergänzt und an der Tafel oder auf einem Plakat stichpunktartig gesichert:

Das Fin de Siècle

Allgemeines:	• frz. für „Jahrhundertwende" • Bezeichnung für Wende 19./20. Jahrhundert • außerdem Bezeichnung für Endzeitstimmung zwischen Lebensüberdruss und Genusssucht • ambivalent: einerseits Verfall, andererseits Bewusstsein fürs Elitäre und für eine neue Zeit • Menschen orientierungs- und haltlos, keine Ziele mehr
Gründe für bes. Atmosphäre:	• Verstädterung • wachs. Dominanz v. Wissenschaft & Technik • extreme gesellschaftliche Beschleunigung • immer komplexer werdende Gesellschaft • Erschütterung aller bisherigen Grundwerte • Selbstverständlichkeiten wie Subjekt und Sprache werden plötzlich hinterfragt ➜ epochale Verunsicherung
zentrale Denker:	• Friedrich Nietzsche (Tod Gottes) • Sigmund Freud (Dominanz des Unbewussten) • Ernst Mach (Das Ich ist unrettbar) • Hermann Bahr (Betonung der psych. Innenwelt)
Kunst und Literatur:	• Dekadenzkunst • Flucht vor Realität: L'art pour l'art • Abbildung von Seelenvorgängen • …

Nachdem die Schülerinnen und Schüler einige zentrale Merkmale des Fin des Siècle kennengelernt haben, kann der Fokus auf den „Reigen" gerichtet werden. Die Lernenden sollen diskutieren, ob und inwiefern Schnitzlers Stück ein typischer Vertreter der Literatur dieser Epoche ist. Der Kurs wird in Arbeitsgruppen aufgeteilt, die folgenden Auftrag erhalten:

- *Welche Merkmale des Fin de Siècle erkennen Sie auch in Schnitzlers „Reigen"? Begründen Sie Ihre Antwort anhand konkreter Textstellen.*

[1] Siehe u. a. die zwei in der Textausgabe abgedruckten Texte Hermanns Bahrs: „Das unrettbare Ich" (S. 166–168) und „Die Moderne" (S. 168–171).

Mögliche Antworten in aller Kürze:

- **Lebensüberdruss und Genusssucht:** Alle im „Reigen“ auftretenden Figuren sind in ihrem Lebensüberdruss und der damit verbundenen Genusssucht typisch für die Zeit des Fin de Siècle. Sie scheinen nichts mehr vom Leben zu erwarten und suchen in ihren sexuellen Abenteuern eine kurze Ablenkung vom tristen Alltag. Freilich erfüllt sie diese Intimität mit anderen, die nur äußerlich, rein körperlich bleibt, nicht wirklich – sodass sie sich bald wieder auf eine neue Begegnung mit einem anderen fremden Menschen einlassen müssen.
- **Erschütterung aller bisherigen Grundwerte:** Eng verbunden mit dem Lebensüberdruss der Figuren im „Reigen“ ist der allgemeine Werteverlust. Der Glaube an Gott spielt im Drama keine Rolle mehr, wird im Gegenteil an einer Stelle – nämlich im Dialog zwischen Dichter und Schauspielerin – sogar verspottet. (Vgl. Baustein 4.1) Die meisten der Personen, allen voran die beiden Eheleute, richten sich in ihrem Verhalten nicht nach moralisch-sittlichen Werten: Sie betrügen und belügen einander, handeln mithin scheinheilig und doppelmoralisch. (Vgl. Baustein 4.2)
- **Subjekt- und Sprachkritik:** Die um 1900 zunehmende Skepsis gegenüber Sprache und Subjekt, die sich in der Fin-de-Siècle-Literatur widerspiegelt, hat sich auch in Schnitzlers Drama eingeschrieben. Insbesondere der Dichter ringt im Dialog mit dem süßen Mädel immer wieder um die richtigen Worte und – mehr noch – um seine Identität. Er scheint das Gefühl für die Selbstverständlichkeit der Welt und des eigenen Ichs verloren zu haben und darunter zu leiden. Im Gespräch mit seinem Gegenüber bemüht er sich, sein labil und unsicher gewordenes Selbstbewusstsein zu fassen und zu festigen. (Vgl. Baustein 4.3)

2.2 Der Streit um den „Reigen“

Schnitzlers „Reigen“ ist nicht nur aufgrund seiner literarisch-ästhetischen Qualität zu Weltruhm gelangt, sondern auch – womöglich sogar in erster Linie – aufgrund des Streits, den er und seine Inszenierungen verursacht haben. In diesem Unterrichtsschritt geht es zunächst um die genauen Umstände dieses Skandals und die auf ihn folgenden Gerichtsprozesse. Anschließend sollen die Lernenden auf der Grundlage der damaligen Ereignisse, aber auch aktuellerer Geschehnisse im Kunstbetrieb ganz allgemein zur Reflexion über die Grenzen der Freiheit der Kunst angeregt werden.
Erst über 20 Jahre nach seiner Entstehung (1896/97) gelangte der „Reigen“ auf die Bühne: Im Dezember 1920 wurde er im kleinen Schauspielhaus Berlin uraufgeführt, kurz darauf feierte er auch in den Wiener Kammerspielen Premiere. Nachdem bereits die verschiedenen, durchaus erfolgreichen Buchpublikationen von Schwierigkeiten begleitet wurden – unter anderem wurde eine Ausgabe beschlagnahmt, eine öffentliche Lesung polizeilich verboten –, kam es im Zuge der Bühnenaufführungen zu einem der größten Skandale der Literaturgeschichte. Schon vor der Premiere wurde gegen das angeblich pornografische und sittenwidrige Stück protestiert, die Inszenierungen selbst wurden massiv gestört: Hunderte von Demonstranten stürmten wiederholt die Aufführungen, skandierten Schlachtrufe, demolierten die Einrichtung und warfen Stinkbomben. Der Streit um Schnitzlers Theaterstück wurde in den verschiedenen Zeitungen heftig und in teils polemischer Zuspitzung fortgeführt.
Eine gute Zusammenfassung der damaligen Ereignisse bietet die Chronologie in der Textausgabe auf S. 133–140. Die Schülerinnen und Schüler erhalten folgenden Auftrag:

- *Lesen Sie den „Überblick zur Werk- und Aufführungsgeschichte“ (Textausgabe, S. 133–140) und unterstreichen Sie die wichtigsten Stationen der damaligen Ereignisse.*

Ergänzend dazu kann auch der auf dem **Arbeitsblatt 8**, S. 49f., abgedruckte Text Ludwig Marcuses herangezogen werden, der einen sehr plastischen Eindruck von der prüden und scheinheiligen Atmosphäre vermittelt, die in der damaligen Gesellschaft herrschte. Nach der gemeinsamen Lektüre sollte die Aufmerksamkeit der Lernenden nicht zuletzt auch auf die nationalistischen und antisemitischen Stimmen gelenkt werden, die sich gegen den „Reigen“ und dessen jüdischen Autor Arthur Schnitzler erhoben. Zur Einleitung und Weiterführung des Gesprächs sind folgende Frageimpulse denkbar:

- *In welchen historischen Kontext stellt Ludwig Marcuse den Skandal um den „Reigen“?*
- *Inwiefern sieht der Autor im heftig geführten Streit um Schnitzlers Stück in Berlin bereits die Vorzeichen der kommenden Nazi-Diktatur? Welchen fundamentalen Unterschied gab es trotz allem in der Auseinandersetzung mit Kunst in der Weimarer Republik und im Dritten Reich?*
- *Wie verhielt sich die Polizei angesichts der Tumulte in den Theaterhäusern?*
- *Welche zwei Gruppen traten in den späteren Gerichtsprozessen gegeneinander an?*

Die damals herrschende nationalistische und antisemitische Einstellung wird auch in Erich Schlaikjers Zeitungsartikel (Textausgabe, S. 143–147) und vor allem in der antisemitischen Hetzschrift auf dem **Arbeitsblatt 9**, S. 51, deutlich, die in diesem Unterrichtsschritt ebenfalls gemeinsam gelesen und besprochen werden kann.
Die Chronologie des damaligen Skandals kann mit folgendem Tafelbild stichpunktartig zusammengefasst werden:

Chronologie des Skandals

• 1900:	Der „Reigen“ erscheint im Privatdruck
• April 1903:	Veröffentlichung im Wiener Verlag, bis 1904: 20.000 Stück verkauft
• November 1903:	Hermann Bahrs Lesung des „Reigen“ verboten
• März 1904:	Buch wird in Leipzig beschlagnahmt und kann vorerst nicht mehr ausgeliefert werden
• Januar 1905:	Auch in Berlin wird das Buch beschlagnahmt
• Dezember 1920:	Uraufführung des „Reigen“ in Berlin
• Februar 1921:	Premiere in Wien
• Februar 1921:	Hetzkampagne in den Zeitungen gegen die Aufführung
• Februar 1921:	In Wien antisemitisch motivierte Proteste gegen den „Reigen“ und seinen Autor
• Februar 1921:	Pogromartige Störung einer „Reigen“-Aufführung in Wien
• Februar 1921:	Kurz darauf auch Tumulte bei Berliner Aufführung
• 1922:	Angesichts des antisemitischen Hasses untersagt Schnitzler alle weiteren Aufführungen des „Reigen“

Spätestens nach der gemeinsamen Lektüre des Zeitungsartikels „Das arische Wien gegen jüdische Sittenlosigkeit“ (**Arbeitsblatt 9**, S. 51) werden die Schüler und Schülerinnen erkennen, dass der heftig geführte Streit um den „Reigen“ Anfang der 1920er-Jahre einen bit-

teren Vorgeschmack auf die restriktive, menschenverachtende Kulturpolitik der ein Jahrzehnt später in Deutschland an die Macht kommenden Nationalsozialisten gibt. Um die Lernenden dafür zu sensibilisieren, wie schnell eine kritische Einstellung gegenüber Kunst und Literatur bei entsprechendem Machtmonopol zur Diffamierung/Ausgrenzung bis hin zur physischen Vernichtung führen kann, empfiehlt sich an dieser Stelle ein Schülervortrag über den Umgang des Dritten Reiches mit (moderner) Kunst, in dem insbesondere auf die sog. „entartete Kunst" (zu der die Nazis sogar eine eigene Ausstellung konzipiert haben) und auf die Bücherverbrennung eingegangen werden sollte.
Zur Zeit des Streits um Schnitzlers „Reigen" war die Zivilisation noch nicht in Barbarei umgeschlagen, sodass rechtsstaatliche Gerichtsprozesse stattgefunden haben: Nachdem es bereits im Januar 1921 einen ersten „Reigen"-Prozess gegeben hat,[1] kam es im November des gleichen Jahres zum zweiten, größeren Prozess. Die Anklage wurde nicht gegen den Autor Schnitzler erhoben, sondern gegen die Schauspieler, die Direktion und den Regisseur der Berliner Uraufführung des „Reigen". Man warf den Schauspielern „Erregung öffentlichen Ärgernisses" durch ihr unzüchtiges Agieren auf der Bühne vor, der Direktion und dem Regisseur Anregung und Beihilfe dazu. Erste Informationen über den damaligen Prozess finden sich auf dem **Arbeitsblatt 10**, S. 52. Nach der gemeinsamen Lektüre kann das Unterrichtsgespräch durch folgende Fragen eingeleitet werden:

- *Worum genau ging es im zweiten „Reigen"-Prozess? Wer waren die Angeklagten? Was wurde ihnen vorgeworfen?*

Um den Schülerinnen und Schülern einen Eindruck von der damaligen Atmosphäre im Gerichtssaal zu vermitteln, die von Prüderie und Engstirnigkeit geprägt war, empfiehlt sich die Lektüre einer der Zeugenvernehmungen (Textausgabe, S. 147–149). Nachdem zwei Lernende dieses Gespräch zwischen vorsitzendem Richter und Zeugin in verteilten Rollen vorgelesen haben, sind folgende Frageimpulse denkbar:

- *Worum geht es in dieser Zeugenvernehmung? Was möchte der Richter durch die Befragung herausfinden?*
- *Worüber empört sich die Zeugin am meisten? Welche Werte und Ideale sieht sie durch die Theateraufführung verletzt? An welcher Stelle lässt sie in ihrer Aussage eine nationalistische Gesinnung erkennen?*
- *Beschreiben Sie ganz allgemein die Atmosphäre, die damals im Gerichtssaal vermutlich herrschte. Können Sie sich vorstellen, dass eine solche Zeugenvernehmung in dieser Form auch heute noch stattfinden könnte? Begründen Sie Ihre Meinung.*

Vermutlich werden die Schülerinnen und Schüler problemlos erkennen, dass der Richter durch die Vernehmung herausfinden will, ob die Schauspieler auf der Bühne tatsächlich unzüchtige Handlungen – also den Sexualakt – dargestellt haben. Nur in diesem Fall wäre die Anklage gegen sie wegen „Erregung öffentlichen Ärgernisses" berechtigt. Die Zeugin legt sich nicht fest, deutet aber immerhin an, dass der eigentliche Geschlechtsakt wohl meist durch den heruntergelassenen Theatervorhang nicht beobachtbar war. Dennoch fühlt sie sich durch die Aufführung in ihrem sittlich-moralischen Empfinden verletzt, da die gesamte Handlung um Sexualität zwischen den Figuren kreise. Durch die Darstellung werde unter anderem der Stand des Offiziers und des Schauspielers „in den Schmutz" gezogen. Insbesondere ist die Zeugin empört über den Dialog der Eheleute, die sich gegenseitig betrügen und damit das Gebot der Treue und den Stand der Ehe verhöhnen. Ihr religiöses

[1] Dieser Zivilprozess zwischen dem Berliner Theater und der Musikhochschule wurde durch einen Vergleich beendet, mit dem sich die Musikhochschule unter Angabe einiger Bedingungen einverstanden erklärte.

Empfinden wurde außerdem dadurch verletzt, dass sich die Eheleute (angeblich – in Wirklichkeit gibt es diesen Schwur im Drama gar nicht) gegenseitig „bei Gott dem Allmächtigen“ absolute Treue geschworen hätten. Eine nationalistische Gesinnung zeigt sie, wenn sie ihrem Zweifel Ausdruck verleiht, ob es sich bei Schnitzlers Stück wirklich um „deutsche Kunst“ handle.
Die Ergebnisse des Unterrichtsgesprächs können in Form einer Übersicht an der Tafel gesichert werden:

Die Angeklagten und der Vorwurf im zweiten „Reigen“-Prozess (5.–18. Nov. in Berlin)

Angeklagte:	**Vorwurf:**
Schauspieler	Erregung öffentlichen Ärgernisses
Direktion	Bestimmung/Förderung der Schauspieler
Regisseur	Hilfestellung der Schauspieler für deren Vergehen
Kernfrage des Prozesses:	Haben die Schauspieler wirklich unzüchtige Handlungen auf der Bühne gezeigt?

Im Anschluss daran wird der Kurs in drei gleich große Gruppen aufgeteilt, von denen sich die erste mit der Argumentation des Staatsanwalts (Textausgabe, S. 149–153), die zweite mit jener des Verteidigers (Textausgabe, S. 153–155) und die dritte mit dem Urteilsspruch des Richters (Textausgabe, S. 155–158) auseinandersetzen soll:

- *Lesen Sie den Ihrer Gruppe zugeteilten Text und fassen Sie ihn stichpunktartig zusammen. Welche Argumentation verfolgt die Person, was ist ihr Ziel?*

Nach der Gruppenarbeit stellen die einzelnen Gruppen ihre Ergebnisse vor:

1) **Der Staatsanwalt** (vgl. Textausgabe, S. 149–153) beschuldigt die Angeklagten der „Erregung öffentlichen Ärgernisses“ aufgrund des auf der Bühne wiederholt zur Schau gestellten Beischlafs. Auch wenn sich manche Zuschauer dadurch nicht gestört fühlten, verletzten solche Darstellungen doch das Sittlichkeitsempfinden der Allgemeinheit. Im Gegensatz zu anderen Dramen (etwa „Romeo und Julia“), bei denen Beischlafszenen in die Gesamthandlung eingebunden seien und aus Liebe der Figuren zueinander geschähen, würden im „Reigen“ sexuelle Handlungen um ihrer selbst willen dargestellt und allein aus tierisch-animalischen Gründen stattfinden. Dem Staatsanwalt geht es nicht um den Nachweis, welcher einzelne Schauspieler sich auf der Bühne unzüchtig verhalten hat. Er argumentiert vielmehr, dass sich *alle* beteiligten Schauspieler schuldig gemacht hätten, da die gesamte Aufführung als unzüchtig zu betrachten sei. Dass der Theatervorhang während des angedeuteten Geschlechtsakts falle und dieser daher nicht zu sehen sei, ist nach Ansicht des Staatsanwalts keineswegs von Bedeutung, da jeder Zuschauer aufgrund der Handlung genau wisse, was im Moment auf der Bühne geschehen müsste. Der Beischlaf finde gleichsam in der Imagination des Zuschauers statt. Aufgrund dieser vorgebrachten Argumente sei das Stück unzüchtig, die Angeklagten seien daher schuldig und zu verurteilen.

2) **Der Verteidiger** (vgl. Textausgabe, S. 153–155) entgegnet dem Vortrag des Staatsanwalts, dass es in Schnitzlers „Reigen“ keineswegs – wie dieser behauptet hat – um die Schilderung des Beischlafs gehe, sondern vielmehr um das „Vorher“ und „Nachher“. Beim Stück handele es sich mithin nicht um ein unzüchtiges, pornografisches Stück, sondern um eine soziologische bzw. psychologische Studie. Vehement betont er, dass an keiner einzigen

Stelle der Aufführung die sexuelle Vereinigung zweier Menschen auf der Bühne gezeigt werde. Dass sie in der Vorstellung des Zuschauers stattfinde, wie der Staatsanwalt argumentiert hat, ist für den Verteidiger absolut irrelevant – schließlich sei die Anregung der Fantasie des Rezipienten ja ein zentrales Merkmal *jedes* literarischen Werkes. Keinem Kunstwerk könne man zum Vorwurf machen, was „zwischen den Zeilen" steht. Die Auseinandersetzung um den „Reigen" sei durch die Fantasie des Staatsanwalts und anderer Kritiker des Stückes erst entstanden. Gegen Ende seines Vortrags führt der Verteidiger einen weiteren Grund für den Streit an: Er verweist auf die zahlreichen nationalistischen und antisemitischen Stimmen, die sich gegen Schnitzler und sein Stück erhoben. Da der „Reigen" keineswegs unzüchtig sei und keine unzüchtigen Handlungen während der Aufführung dargestellt worden seien, fordert er die Freisprechung aller Angeklagten.

3) **Der Richter** (vgl. Textausgabe, S. 155–158) betont in seinem Urteil, dass den Angeklagten für einen Schuldspruch unzüchtige Handlungen während der Aufführung nachgewiesen werden müssten, denn eine unzüchtige Aufführung als Ganzes, wie sie der Staatsanwalt zum Vorwurf macht, kenne das Gesetz nicht. Daher könnten die Angeklagten auch nicht aufgrund ihrer bloßen Beteiligung am Stück verurteilt werden. Außerdem hält der Richter das Drama im Gegensatz zum Staatsanwalt keineswegs für unzüchtig, sondern vielmehr sogar für ethisch, sei es Schnitzler doch nicht darum gegangen, Lüsternheit zu erwecken, sondern die fahlen Seiten des Liebeslebens darzustellen. Für die konkrete Aufführung spreche, dass in ihr alles, was auf der Bühne anstößig und unzüchtig wirken könnte, gestrichen worden sei. Dezent verhielten sich auch die Darsteller, immer darauf bedacht, in ihrem Schauspiel nicht obszön zu erscheinen. Darüber hinaus könne ihnen auch deshalb kein unzüchtiges Verhalten vorgeworfen werden, da sie sich in ihrem Tun auch durch das Urteil zahlreicher Experten hätten bestätigt sehen können, welche die Aufführung ebenfalls für nicht unzüchtig hielten. Aus all diesen Gründen hält der Richter die Angeklagten für unschuldig: Sie werden freigesprochen.
Die Ergebnisse des Unterrichtsgesprächs können stichpunkartig an der Tafel gesichert werden:

Der zweite „Reigen"-Prozess

Staatsanwalt:

- Aufführung ist unzüchtig, da Beischlafszenen aus Selbstzweck, nicht aus Liebe zwischen den Figuren, sondern rein tierisch-animalisch
- alle Beteiligten sind schuldig, weil gesamte Aufführung unzüchtig ist
- fallender Theatervorhang kein Gegenargument, da Beischlaf klar aus Handlung hervorgeht
- Angeklagte sind wegen Erregung öffentlichen Ärgernisses zu verurteilen

Verteidiger:

- nicht der Beischlaf, sondern das „Vorher" und „Nachher" sind Thema im „Reigen"
- die sexuelle Vereinigung wird an keiner Stelle der Aufführung gezeigt
- für die Fantasietätigkeit des Zuschauers kann niemand verantwortlich gemacht werden
- der Streit um den „Reigen" ist auch aufgrund nationalistischer und antisemitischer Stimmung entstanden
- Angeklagte sind freizusprechen

Richter:

- eine unzüchtige Theateraufführung als Ganzes kennt das Gesetz nicht
- den Angeklagten müsste somit unzüchtiges Verhalten auf der Bühne nachgewiesen werden
- das Drama als Ganzes ist ohnehin nicht unzüchtig, sondern ethisch
- die Darsteller zeigen kein unzüchtiges Verhalten, sondern bleiben in ihrem Schauspiel stets dezent
- die Darsteller können sich in ihrem Tun auch auf Expertenurteil berufen

➔ **Prozess endet mit Freispruch aller Angeklagten, der „Reigen" darf weiter aufgeführt werden**

Nachdem die Schülerinnen und Schüler die Hintergründe des damaligen Gerichtsprozesses um Schnitzlers „Reigen" kennengelernt haben und auch in die Rollen des Anklägers, des Verteidigers und des Richters geschlüpft sind, sollte nun unbedingt auch nach ihrer eigenen Einschätzung gefragt werden:

- *Wie hätten Sie als Richter entschieden? Halten Sie es für gerechtfertigt, dass die Schauspieler in den damaligen Prozessen freigesprochen worden sind? Begründen Sie Ihre Meinung.*

Nachdem die Lernenden ihre Meinung vorgetragen und entsprechend verteidigt haben, kann der Fokus nun von der Bühnenaufführung auf Schnitzlers Textvorlage gelenkt werden. In den damaligen Gerichtsprozessen zum „Reigen" ging es, wie gesehen, um die Frage, ob es auf der Bühne zur Darstellung unzüchtiger Handlungen gekommen ist – das Buch selbst war nicht Gegenstand der Debatte. Allerdings wurde Schnitzler immer wieder von Kritikern in teils gehässig-polemischer Weise vorgeworfen, bei seinem „Reigen" handle es sich nicht

um Literatur, sondern um Pornografie. Man nannte das Stück, etwa in Rezensionen oder Karikaturen, wiederholt „Bühnenschmutz" und „Schweinerei".
In einem ersten Schritt werden die Lernenden zunächst nach ihrer eigenen Meinung gefragt:

- *Schnitzler wurde nach der Veröffentlichung des „Reigen" von vielen Seiten vorgeworfen, das Stück sei keine Kunst, sondern Pornografie und gehöre verboten. Was meinen Sie selbst: Ist der „Reigen" pornografisch? Begründen Sie Ihre Meinung.*

Nachdem die Lernenden ihre Meinungen vorgetragen und im Rahmen einer Diskussion entsprechend vertreten haben, kann in einem nächsten Schritt das **Arbeitsblatt 11**, S. 53, ausgeteilt werden, auf dem die zentralen Merkmale pornografischer Literatur dargestellt sind. Der Kurs wird in einzelne Gruppen aufgeteilt, die folgenden schriftlichen Auftrag erhalten:

- *Lesen Sie den Lexikonartikel über Pornografie und schreiben Sie deren zentrale Merkmale stichpunktartig heraus.*
- *Welche Probleme von Gesetzen gegen Pornografie werden im Lexikonartikel genannt?*

Die Ergebnisse des Unterrichtsgesprächs können folgendermaßen an der Tafel gesichert werden:

Pornografie

Merkmale:	• beschreibt geschlechtliche Vorgänge, oft in allen Details • Darstellung der Sexualität zum Selbstzweck • ästhetisch, stilistisch wertlos • kein Kunstanspruch • beabsichtigt sexuelle Stimulierung
Probl. von Pornografie-Gesetzen:	• schädliche Wirkung von Pornografie ist umstritten • Tabuisierung und Verbot verstärken den Reiz • Reizschwelle zum Unzumutbaren unterschiedlich • Pornografie historisch relativ, nicht allgemeingültig
Literatur im Ggs. zu Pornografie:	• kann auch sexuelle Dinge beschreiben, dann aber mit anderen Zielen: z.B. um an Tabus zu rütteln oder um menschl. Befinden aufzuzeigen

Im Anschluss daran kann erneut nach dem pornografischen Gehalt von Schnitzlers „Reigen" gefragt werden. Die Arbeitsgruppen erhalten folgenden Auftrag:

- *Wir haben nun die zentralen Merkmale pornografischer Literatur kennengelernt. Urteilen Sie noch einmal: Ist Schnitzlers „Reigen" pornografisch?*

Vermutlich sind die meisten Arbeitsgruppen nun der Meinung, dass Schnitzlers Stück keineswegs pornografisch ist. Und tatsächlich erfüllt der „Reigen" kein einziges der im Lexikonartikel (**Arbeitsblatt 11**, S. 53) aufgeführten Kriterien. Folgende Gegenüberstellung an der Tafel kann dies deutlich vor Augen führen:

Ist Schnitzlers „Reigen“ pornografische Literatur?

Pornografie

- beschreibt geschlechtliche Vorgänge
- Darstellung der Sexualität zum Selbstzweck
- Fokus auf Sexualität
- ästhetisch, stilistisch, kompositorisch wertlos
- kein Kunstanspruch
- beabsichtigt sexuelle Stimulierung

„Reigen“

- Geschlechtsakt wird nicht dargestellt
- thematisiert Sex zur ges. Diagnose
- Fokus auf „Vorher“ und „Nachher“
- versch. Sprachstile, durchdachte Struktur
- hoher Kunstanspruch, ästhetisch reizvoll
- keine sexuelle Stimulierung

→ **Der „Reigen“ hat mit pornografischer Literatur nichts zu tun!**

Nachdem die Schülerinnen und Schüler vermutlich mehrheitlich der Meinung waren, dass es sich beim „Reigen“ um keine pornografische Literatur handelt, und wohl auch die überwiegende Mehrheit des Kurses die damaligen Gerichtsprozesse für nicht gerechtfertigt hielt, kann der Fokus nun auf aktuellere Fälle gerichtet werden. Sicherlich nicht ganz unbedenklich für den Unterricht, aber durchaus zu vertreten und bei entsprechender Präsentation und Moderation sogar überaus sinnvoll, da zur kritischen Reflexion anregend, ist die gemeinsame Lektüre von Urs Allemanns Text „Babyficker“ (**Arbeitsblatt 12**, S. 54f.). Mit diesem surreal anmutenden Prosatext, in dem ein Ich-Erzähler in einer nicht enden wollenden Litanei den Satz „Ich ficke Babys“ variiert, löste der Schweizer Autor 1991 beim Ingeborg-Bachmann-Wettbewerb einen Skandal aus: Ein Juror verließ noch während der Lesung demonstrativ den Saal, in der späteren Diskussion der Jury warf man Allemann Zynismus vor und überlegte auch laut, ob der Text nicht ein Fall für den Staatsanwalt sei. Trotz – oder gerade wegen – dieser heftigen Kritik gewann der Text letztlich einen der Preise des Wettbewerbs, nämlich den Preis des Landes Kärnten.[1] Auch diese Preisverleihung wurde von der Presse und mehr noch von Teilen der Politik scharf angegriffen; einzelne Stimmen forderten gar Sanktionen gegen den Wettbewerb und seine Jury.
Der Einsatz dieses Textes im Unterricht ist gerade *wegen* seines provozierenden Inhalts zu empfehlen, da ihn viele der Schülerinnen und Schüler vermutlich ebenfalls für skandalös halten werden – und er ihnen damit eine Ahnung von der skandalösen Wirkung von Schnitzlers „Reigen“ etliche Jahrzehnte zuvor vermitteln kann.
Nach der gemeinsamen Lektüre des Textausschnitts aus Allemanns Erzählung „Babyficker“ (**Arbeitsblatt 12**, S. 54f.) kann das Unterrichtsgespräch durch folgende Frageimpulse eingeleitet und weitergeführt werden:

- *Was haben Sie bei der Lektüre von Urs Allemanns „Babyficker“ empfunden? Wie geht es Ihnen im Moment? Was halten Sie ganz allgemein von diesem Text?*
- *Worum geht es in dem Text? Wollte der Autor nur provozieren? Welche Absichten könnte er sonst noch gehabt haben?*
- *Was meinen Sie: Sollte dieser Text verboten werden? Sollte sein Autor für diesen Text angezeigt werden? Begründen Sie Ihre Meinung.*

[1] Diesen Preis gibt es seit 2000 nicht mehr (er wurde durch den Kelag-Preis ersetzt). Bezeichnenderweise verweigerte der damalige rechtspopulistische Landeshauptmann Jörg Haider seine Finanzierung wegen der allgemeinen, weit über die österreichischen Grenzen hinausreichenden Kritik an seiner konservativ-nationalistischen Kulturpolitik.

- *Handelt es sich bei diesem Text um Literatur oder um Pornografie? Was spricht dafür, was dagegen?*
- *Finden Sie es richtig, dass wir diesen Text im Unterricht lesen? Oder sind Sie der Meinung, dass hier eine Grenze überschritten worden ist?*

Es ist zu erwarten, dass die Mehrheit der Lernenden Urs Allemanns Text vehement ablehnt, da er eines der letzten gesellschaftlichen Tabus – Pädophilie – thematisiert, und dies keineswegs in kritischer Weise. Einige der Schülerinnen und Schüler halten das Gelesene vielleicht sogar für unerträglich und kritisieren die Lektüre im Rahmen eines Deutschunterrichts scharf. Nicht wenige werden dem Text voraussichtlich jeglichen künstlerisch-literarischen Wert absprechen und ihn für pornografisch halten. Es ist wichtig, dass diese Lernenden in der Diskussion zu Wort kommen und ihrer Kritik ohne Einschränkung Ausdruck verleihen dürfen. Vielleicht vermuten sie sogar und halten es für gerechtfertigt, dass die Erzählung aufgrund ihres provozierenden Inhalts juristisch verhandelt und schließlich verboten worden ist. Die Lehrkraft sollte zunächst noch nicht erklären, dass Allemann nicht sanktioniert, sondern ganz im Gegenteil sogar mit einem Preis für seinen Text ausgezeichnet wurde.
Voraussichtlich wird es allerdings auch einige Stimmen aus dem Kurs geben, die darauf hinweisen, dass Allemanns Erzählung keineswegs die zuvor erarbeiteten Kriterien von Pornografie erfüllt: Sie beschreibt den sexuellen Akt nicht wirklich, sondern deutet ihn nur an; auch wirkt die Lektüre abstoßend und nicht sexuell stimulierend. Bei unvoreingenommener Betrachtung kann man ihr darüber hinaus einen virtuosen Umgang mit Sprache kaum absprechen. Der Text wirkt überaus surreal und entzieht sich damit einer eindeutigen Interpretation. Sexualität scheint in ihm gar nicht im Vordergrund zu stehen. Vielmehr wirkt alles wie ein Fiebertraum eines einsamen, schwer gestörten Ichs, das – offensichtlich nach einer schmerzhaften Trennung von einer Frau namens Linda (vermutlich ist sie gestorben: „Zum Aufsgrabkotzen") – verzweifelt versucht, sich seiner Identität zu vergewissern: „Ich ficke Babys. Also bin ich vielleicht." (Dies als groteske Variation von René Descartes' berühmtem Satz „Ich denke, also bin ich".) Darüber hinaus lotet der Text die Grenzen der Möglichkeit der Sprache aus, immer wieder reflektiert er selbstreferenziell über seine eigenen verwendeten Wörter. Nicht zuletzt deshalb erweist er sich als durchaus literarischer, ästhetisch reizvoller Text.
Im Idealfall entsteht eine lebhafte Diskussion über Allemanns „Babyficker", in der die verschiedensten Meinungen und Positionen aufeinandertreffen. Natürlich kann es nicht darum gehen, zu klären, welche der Meinungen die richtige ist. Je nach Argumentation und Perspektive ist eine Mehrzahl unterschiedlichster Standpunkte plausibel.
Eine solche Meinungsvielfalt zeigte sich auch in der Diskussion der Jury nach Allemanns damaligem Vortrag. Nachdem die Lernenden erfahren haben, dass der Text ein Beitrag für den Ingeborg-Bachmann-Wettbewerb 1991 war, kann das **Arbeitsblatt 13**, S. 56f., ausgeteilt werden, auf dem ein paar der damaligen Juroren-Meinungen abgedruckt sind. Nach der gemeinsamen Lektüre erhalten die Schülerinnen und Schüler folgenden Schreibauftrag:

- *Fassen Sie die Meinung der einzelnen Juroren zu Allemanns Text stichwortartig zusammen. Welche grundsätzliche Haltung zum Text nehmen die Juroren jeweils ein?*

Die Ergebnisse des Unterrichtsgesprächs können stichpunktartig an der Tafel gesichert werden:

Die unterschiedlichen Positionen gegenüber Urs Allemanns Text „Babyficker

Peter von Matt:	ist schockiert vom Gehörten, psychisch wie körperlich getroffen; hält Text für abscheulich, ist unsicher, wie er ihn bewerten soll; sucht nach Möglichkeiten, wie der Text literarisch gerechtfertigt werden könnte **Haltung:** skeptisch, unsicher, reflektierend
Stefan Richter:	hält Text für große Literatur, da er die Grenzen der Möglichkeit der Sprache auslotet und einen Weg findet, das Unerträgliche allein durch Worte zu konstruieren **Haltung:** bejahend, begeistert
Andreas Isenschmid:	hält Allemanns Vortrag für ein Experiment mit der Jury: Wie weit kann der Autor gehen, wie werden die Juroren reagieren? **Haltung:** eher ablehnend, fühlt sich funktionalisiert
Karl Corino:	ist schockiert vom Gehörten; hält es für denkbar, dass der Text aufgrund seines pädophilen Inhalts ein Fall für den Staatsanwalt ist **Haltung:** ablehnend, moralisch empört

Mit folgendem Frageimpuls kann die Unterrichtsdiskussion noch einmal aufgenommen werden:

- *Welcher Juroren-Meinung würden Sie sich persönlich anschließen? Welche Haltung zu Allemanns Text gleicht Ihrer eigenen am meisten? Welche Argumente würden Sie gegen die anderen Juroren vorbringen?*

Reaktionen auf Allemanns Text kamen natürlich auch aus der Politik (siehe **Arbeitsblatt 13**, S. 56f.). Die rechte FPÖ (Freiheitliche Partei Österreichs, im Text nur „FP“) forderte sogar Konsequenzen für den Ingeborg-Bachmann-Wettbewerb: Juroren und Autoren sollten künftig sorgfältiger ausgewählt werden, auch sei zu überlegen, ob der Wettbewerb nur noch alle zwei Jahre stattfinden solle. Bezeichnend ist, dass die Kritik an Allemanns „Babyficker“ jener an Schnitzlers „Reigen“ etliche Jahrzehnte zuvor bis in die Wortwahl gleicht: So wurden Prosatext als auch Theaterstück wiederholt als „Schweinerei“ diffamiert. Nach der gemeinsamen Lektüre des Artikels kann das Unterrichtsgespräch durch folgende Frageimpulse eingeleitet und weitergeführt werden:

- *Fassen Sie den Zeitungsartikel mit eigenen Worten zusammen. Was halten Sie von damaligen Stimmen aus der österreichischen Politik, die Konsequenzen aus Allemanns Lesung für den Ingeborg-Bachmann-Wettbewerb bis hin zu seiner zeitweiligen Aussetzung forderten?*
- *Wovor wollte Hellmuth Karasek mit seiner Erinnerung an den Umgang der Nationalsozialisten mit moderner Kunst warnen? Wie beurteilen Sie diese Warnung: Halten Sie sie für berechtigt?*

Dass der Verweis auf die nationalsozialistischen Verbrechen in (Kultur-)Debatten durchaus auch problematisch sein kann, da er häufig als eine Art „Totschlagargument“ eingesetzt wird, behauptet Christian Seiler in seinem Artikel „Zynische Vernunft“ (**Arbeitsblatt 13**, S. 58): „Darf man zu einer Schweinerei ‚Schweinerei‘ sagen“, fragt er rhetorisch, „ohne dafür gleich eine braune Uniform verpasst zu bekommen?“ Er hält Allemanns Text für eine zynische Provokation und wehrt sich vehement dagegen, dass Kritiker des Textes in die rechte Ecke gerückt werden. Die Schülerinnen und Schüler erhalten nach der gemeinsamen Lektüre des Zeitungsartikels folgende Frageimpulse:

- *Fassen Sie Christian Seilers Argumentation zusammen. Welche Position bezieht er zu Allemanns Text und zu den Anfeindungen gegen ihn? Teilen Sie diese Argumente? Begründen Sie Ihre eigene Haltung.*

Auch in dieser Diskussion soll und kann es nicht das Ziel sein, mit den Lernenden die „einzig richtige" Position zu finden. Sie sollen vielmehr dazu motiviert werden, den eigenen Standpunkt reflektierend zu begründen und zu verteidigen, aber auch andere Standpunkte kennenzulernen und wenn möglich zu respektieren. Da in vielen Diskussionen immer wieder plötzlich Vergleiche mit dem Dritten Reich angestellt werden – dies wirft Christian Seiler den Verteidigern des Allemann-Textes in seinem Artikel „Zynische Vernunft" (**Arbeitsblatt 13**, S. 58) ja vor –, bietet sich an dieser Stelle auch ein kurzer Schülerbeitrag über das sog. „Godwin's law" an, das in Wikipedia folgendermaßen zusammengefasst ist:
„**Godwin's law** (englisch für „Godwins Gesetz") ist ein Begriff aus der Internetkultur, der von dem Rechtsanwalt und Sachbuchautor **Mike Godwin** 1990 geprägt wurde. Es besagt, dass im Verlaufe längerer Diskussionen, beispielsweise in Usenet-Newsgroups, mit zunehmender Dauer die Wahrscheinlichkeit, dass jemand einen Nazi-Vergleich einbringt, gegen den Wert Eins tendiert. Ähnlich wie Murphys Gesetz enthält es eine sarkastische oder auch ironische Dimension. [...] Weil Godwin den im Usenet weitverbreiteten Diskussionsstil, seine Diskussionsgegner mit Nazivergleichen zu diskreditieren, unlogisch und anstößig fand, richtete er das Gesetz als ein Gegen-Mem ein. Sein Ziel war es nicht, Diskussionen zu beenden, sondern Diskussionsteilnehmer dafür zu sensibilisieren, ob ein Vergleich mit den Nationalsozialisten oder Hitler angemessen oder bloß eine rhetorische Übertreibung ist."[1]
Zum Abschluss dieses Unterrichtsschritts kann auch über dieses „Gesetz" diskutiert werden:

- *Was halten Sie von „Godwins Gesetz"? Ist es unsinnig oder enthält es einen Kern Wahrheit? Haben Sie selbst schon Diskussionen erlebt, in denen plötzlich der Vergleich zum Dritten Reich gezogen worden ist? Inwiefern haben sich die Diskussionen dadurch schlagartig verändert? Wann halten Sie diesen Vergleich für legitim, wann für problematisch?*

Urs Allemanns Text ist nicht zum Fall für den Staatsanwalt geworden, sondern wurde sogar mit einem Preis ausgezeichnet. Doch auch in unserer Zeit gibt es immer wieder (vermeintliche) Kunstwerke, über die in Gerichtsprozessen verhandelt wird. Zwei Beispiele dafür finden sich auf dem **Arbeitsblatt 14**, S. 59f.. Die Schülerinnen und Schüler erhalten folgenden Auftrag:

- *Lesen Sie den Zeitungsartikel über Maxim Billers Roman „Esra". Beschreiben Sie die Auseinandersetzung um dieses Werk mit eigenen Worten. Welche zwei Standpunkte bzw. Rechte treffen hier aufeinander? Wie würden Sie als Richter entscheiden: Welchem der beiden Standpunkte würden Sie recht geben?*

Die Lernenden werden aller Voraussicht nach problemlos erkennen, dass im Streit um Maxim Billers Buch zwei Rechte aufeinanderstoßen: das Persönlichkeitsrecht, eingefordert von Billers ehemaliger, im Roman „Esra" genannten Freundin, und das Recht der Freiheit der Kunst, eingefordert vom Verlag Kiepenheuer und Wisch, dem sich mehrere Schriftsteller und zwei Schriftsteller-Verbände anschlossen. Für das Gericht gilt es also, zwischen diesen beiden Interessen abzuwägen. Als Aufgabe für zu Hause bietet sich folgender Rechercheauftrag an:

[1] Wikipedia: Stichwort „Godwin's law"

- *Recherchieren Sie im Internet, wie der Streit um Maxim Billers Buch „Esra" angefangen hat und ausgegangen ist. Fassen Sie die Chronologie der gerichtlichen Auseinandersetzung stichpunktartig zusammen.*

Eine prägnante Zusammenfassung des Streits um Billers Buch findet sich in Wikipedia:
„Im Jahr 2003 erregte Biller Aufsehen mit seinem Roman ‚Esra', dessen Vertrieb dem Verlag im Frühjahr 2003 untersagt wurde, nachdem etwa 4.000 Exemplare ausgeliefert worden waren. In dem autobiografischen Text werden intime Einzelheiten über den Ich-Erzähler und seine Partnerin ‚Esra' geschildert. Dabei werden starke Übereinstimmungen zwischen der Figur der Esra und einer früheren Partnerin des Autors erkennbar. In der Figur der ‚Lale', einer herrschsüchtigen, psychisch kranken Alkoholikerin, fühlte sich wiederum die Mutter der früheren Partnerin diffamiert.
Mutter und Tochter erwirkten eine einstweilige Verfügung; im folgenden Verfahren untersagte das Landgericht München die weitere Verbreitung des Buchs, da es die Persönlichkeitsrechte der Klägerinnen verletzt sah. Am 21. Juni 2005 verwarf der Bundesgerichtshof die Revision des Verlags, der sich daraufhin an das Bundesverfassungsgericht wendete. Schließlich bestätigte der Erste Senat des Bundesverfassungsgerichts am 12. Oktober 2007 das Urteil des BGH in weiten Teilen. Das Werk darf weiterhin wegen Verletzung der Persönlichkeitsrechte durch den Verlag Kiepenheuer & Witsch nicht verbreitet und veröffentlicht werden.
Anschließend verlangten Mutter und Tochter vor dem Landgericht München I vom Autor jeweils 50.000 € Schadensersatz. Daraufhin unterschrieben über 100 Personen, darunter Günter Grass, Herbert Achternbusch, Feridun Zaimoglu, Elfriede Jelinik und Peter Zadek, auf Initiative der Verlegerin Gina Kehayoff einen Aufruf zur Unterstützung Maxim Billers. Am 13. Februar 2008 verurteilte das Landgericht München den Autor und den Verlag Kiepenheuer & Witsch, bei dem das Buch erschienen war, zur Zahlung von 50.000 Euro Entschädigung an die frühere Partnerin Billers. Inzwischen wurde dieses Urteil wieder aufgehoben. Die BGH-Richter teilten mit, dass der Roman zwar die Persönlichkeitsrechte der Klägerin ‚schwerwiegend' verletzt habe, gestanden ihr aber dennoch keinen Schadensersatz zu. Grund für die Zurückhaltung sei der erhebliche Eingriff in die Kunstfreiheit, den das Verbot darstellt.
Am 10. Juni 2008 urteilte der BGH in Karlsruhe über die Unterlassungsklage der Mutter und wies diese zurück (VI ZR 252/07). Ein eigener Unterlassungsanspruch der Mutter wurde abgelehnt. Deren Persönlichkeitsrecht sei – im Gegensatz zu dem der Tochter – nicht schwerwiegend verletzt, urteilten die Richter; in diesem Fall habe die Kunstfreiheit Vorrang vor dem Persönlichkeitsrecht. Für das Buch hatte dieses vorerst letzte Urteil keine Auswirkungen mehr, da es weiterhin nicht durch den Verlag Kiepenheuer & Witsch verbreitet werden darf."[1]

Im Anschluss an die Diskussion über den Rechtsstreit um Maxim Billers Buch kann der zweite Zeitungsartikel (**Arbeitsblatt 14**, S. 59f.) gelesen werden, in dem über einen anderen Fall juristischer Auseinandersetzung mit einem (angeblichen) Kunstwerk berichtet wird:

- *Lesen Sie den zweiten Zeitungsartikel auf dem Arbeitsblatt. Welche Gesetze stoßen hier aufeinander? Mit welcher Argumentation versucht die Künstlerin, ihre Performance zu legitimieren? Was halten Sie von dieser Argumentation und wie bewerten Sie die Entscheidung des Gerichts?*

Unschwer ist zu erkennen, dass es sich hier um die Konfrontation zwischen der Freiheit der Kunst mit dem Tierschutzgesetz handelt. Die deutliche Mehrheit der Lernenden wird das gerichtliche Verbot der „Kunstperformance" sicherlich gutheißen, kaum jemand aus dem

[1] Wikipedia: Stichwort „Maxim Biller"

Kurs wird das Töten von Hundewelpen auf einer Theaterbühne als Kunst auffassen. Um die Schülerinnen und Schüler zur weiteren Reflexion anzuregen, ist eine recht provozierende Zwischenfrage denkbar:

- *Stellen Sie sich vor, auf der Bühne sollten anstelle der Hunde Kühe geschlachtet werden, wie es ja Tag für Tag hinter den Mauern der Schlachthöfe geschieht. Würden Sie Ihr Urteil in diesem Fall ändern? Was würden Sie auf den Rechtfertigungsversuch der „Künstler" entgegnen, mit ihrer „Kunstperformance" auf die aktuellen Missstände der Massenviehhaltung aufmerksam machen zu wollen?*

Obwohl manche Lernenden womöglich einen Unterschied zwischen dem öffentlichen Töten von Hunden und von Kühen erkennen wollen, sollte doch betont werden, dass beide Fälle aus der Perspektive des Tierschutzgesetzes gleich zu beurteilen sind: Egal ob Hund oder Kuh – ein Tier zur Schaustellung zu benutzen, ist grundsätzlich verboten, sofern dadurch Schmerzen, Leiden oder Schäden für das Tier verursacht werden.
Die Unterrichtsdiskussion über „Kunst vor Gericht" kann mit folgendem allgemeinem Frageimpuls abgeschlossen werden:

- *Wir haben nun zwei Rechte kennengelernt, welche die Freiheit der Kunst beschränken. Welche anderen Rechte fallen Ihnen sonst noch ein?*

Die Ergebnisse des Unterrichtsgesprächs können in folgender Form an der Tafel festgehalten werden:

Gründe, weshalb Kunst vor Gericht verhandelt wird

Verstoß gegen:	• gute Sitten (Pornografie) • Persönlichkeitsrechte • Menschenrecht • Tierschutzgesetz • ...	begrenzen die Freiheit der Kunst

Zum Abschluss dieser Unterrichtseinheit bietet sich eine allgemeine Diskussion über die Möglichkeiten und Grenzen der Kunst an:

- *Wir haben nun einiges über den Skandal erfahren, den Schnitzlers „Reigen" bei seiner Aufführung ausgelöst hat, und auch Beispiele aus heutiger Zeit kennengelernt, bei denen Kunst zum Gegenstand juristischen Streits geworden ist. Wo sehen Sie persönlich die Grenzen der Freiheit der Kunst? Was darf Kunst Ihrer Meinung nach, was darf sie nicht? Welche Funktion hat Kunst überhaupt in der Gesellschaft?*

Im Idealfall entsteht eine lebhafte Diskussion, in deren Verlauf die unterschiedlichsten Meinungen aufeinandertreffen. Natürlich kann es bei solch grundsätzlichen Fragen nicht darum gehen, eine einzig richtige Antwort zu finden. Die Lernenden sollen vielmehr dazu motiviert werden, ihre eigene Meinung zu formulieren und gegen andere Meinungen entsprechend zu verteidigen. Auch sollen sie lernen, sich in andere Perspektiven zu versetzen und deren Plausibilität nachzuvollziehen, zumindest aber zu tolerieren.

Richard Miklin: Arthur Schnitzler

Schnitzler, Arthur, österr. Schriftsteller, * Wien 15.5.1862, † ebd. 21.10.1931. – Als Sohn eines angesehenen Arztes und Universitätsprofessors studierte Sch. ebenfalls Medizin und promovierte 1885. Bis 1893 arbeitete er als Assistenzarzt in verschiedenen Wiener Krankenhäusern, danach eröffnete er eine Privatpraxis, übte den ungeliebten Beruf jedoch kaum aus. Später lebte er als freier Schriftsteller in Wien. Durch seine ersten Publikationen lernte er 1890 H. v. Hofmannsthal, Richard Beer-Hofmann (1866–1945), H. Bahr kennen, mit denen er einen Literaturzirkel bildete, der als „Jung(es) Wien" bekannt wurde.

Sch. entnahm seine Themen der sozialen und politischen Realität der österreichisch-ungarischen Monarchie. Psychologisch genau und mit skeptischer Ironie stellte er die Wiener Gesellschaft des Fin de Siècle dar, wie sie langsam an ihren inneren Widersprüchen zerbrach.

Typische Gestalten der Epoche führte er als Dramatiker mit dem „leichtsinnigen Melancholiker" *Anatol* (Einakterzyklus, 1893, NA 1964) und den Figuren des *Reigen* (1900) vor. Sein dramatisches Schaffen war in den ersten Jahren noch dem sozialkritischen naturalistischen Tendenzstück verbunden. Später gab er die Form der direkten Kritik der bestehenden Moral- und Gesellschaftsordnung zugunsten einer unvoreingenommenen Analyse der Handlungen sowie Denk- und Sprachgewohnheiten seiner Figuren auf. Die Schauspiele *Der einsame Weg* (1904), *Das weite Land* (1911) und *Professor Bernhardi* (1912) sind Dokumente für die Zersetzung der traditionellen Werte und den Zerfall der bürgerlich-liberalen Ordnung vor dem 1. Weltkrieg.

Als Erzähler steht Sch. zwischen dem Realismus des 19. Jh.s und der radikalen Verinnerlichung der Erzähltechnik wie etwa bei M. Proust und J. Joyce. Neben konventionellen Formen verwendete er bereits die Stilmittel der erlebten Rede und – erstmals in der deutschen Literatur – des Inneren Monologs (*Lieutenant Gustl,* 1900; *Fräulein Else,* 1924). Thematisch steht im Zentrum fast aller Erzählungen die existenzielle Krise eines Menschen, aus der dieser jedoch meist ungeläutert hervorgeht (eine der wenigen Ausnahmen bildet die *Traumnovelle,* 1926) und in einem labilen Zustand verbleibt. Zu Sch.s Prosawerk gehören auch zwei Romane, *Der Weg ins Freie* (1908) und *Therese* (1928), mit denen er eine Bestandsaufnahme der ganzen Wirklichkeit seiner Zeit zu unternehmen versuchte. Zu erwähnen sind ferner eine Autobiografie, die 1968 unter dem Titel *Jugend in Wien* herausgegeben wurde, und die Briefwechsel mit literarischen Zeitgenossen; Sch. führte über 50 Jahre lang ein Tagebuch.

Heute gilt Sch. als einer der bedeutendsten österreichischen Schriftsteller der Jahrhundertwende. Durch seine literarische Arbeit – wie S. Freud, mit dem er bekannt war, durch seine wissenschaftliche – weitete er das Wissen um die menschliche Psyche erheblich aus.

Aus: Richard Miklin: Arthur Schnitzler. In: Harenberg Lexikon der Weltliteratur. Autoren – Werke – Begriffe. Vollständig überarbeitete und aktualisierte Studienausgabe. Dortmund: Harenberg 1995, S. 2593 f.

■ *Lesen Sie den Lexikonartikel über Arthur Schnitzler und unterstreichen Sie sowohl wichtige Daten zu seinem Leben als auch erste Informationen zu seinem Werk.*

Arthur Schnitzler – Zusammenfassung

Wichtige Lebensstationen:

15.05.1862:	Geburt in Wien
30.05.1885:	Promotion in Medizin
1885–1893:	Arbeit als Assistenzarzt in versch. Krankenhäusern
1890:	Kontakt zu Hofmannsthal, Beer-Hofmann, Hermann Bahr u.a.; Gründung des Literaturzirkels „Junges Wien“
1892:	Erster Kontakt mit Karl Kraus
1893:	Tod des Vaters; Eröffnung der eigenen Privatpraxis
1896:	Kontakt zum Kritiker Alfred Kerr
1901:	Schnitzler wird wegen „Leutnant Gustl“ Offiziersrang abgesprochen
1903:	Hochzeit mit Olga Gussmann
1921:	Scheidung der Ehe
1922:	Zusammentreffen mit Sigmund Freud
21.10.1931:	Tod in Wien

Wichtige Werke (Auswahl):

Prosa:
1892: Sterben
1900: Leutnant Gustl
1908: Der Weg ins Freie
1917: Ich
1924: Fräulein Else
1926: Traumnovelle
1931: Flucht in die Finsternis

Theaterstücke:
1893: Anatol
1895: Liebelei
1896/97: Reigen
1904: Der einsame Weg
1911: Das weite Land
1912: Professor Bernhardi
1926: Der Gang zum Weiher

Merkmale seines Werkes:

- häufig Abbildung der dekadenten Wiener Gesellschaft
- psychologisch tiefgründig
- wissenschaftlich fundiert
- nicht moralisierend, sondern mgl. wertfrei abbildend und analysierend
- neue Formen der Erzähltechnik: erlebte Rede und als erster deutschsprachiger Autor innerer Monolog (in „Leutnant Gustl“)
- Thema häufig existenzielle Krisen des Menschen, selten aber Läuterung am Ende

Zwei Gedichte des Fin de Siècle

Wilhelm Weigand:

Fin de Siècle

Narrentand[1] und Trauerlieder!
Das Jahrhundert legt sich nieder,
Lütesatt, zum lauten Sterben.
Lachen? – weinen seine Erben? –

Weihrauch qualmt. Und müde Seelen,
Die des Herzens Bruch verhehlen,
Flüchten in die alten, wirren
Labyrinthe, froh zu irren.

Auf des Zweifels Dornenbette
Singen Dichter Trauermette,
Singen laut von schönern Tagen,
da die Herzen Götter tragen.

Aus: Wilhelm Weigand: Fin de Siècle. Aus: Jens Malte Fischer: Fin de Siècle. Kommentar zu einer Epoche. München: Winkler 1978

[1] Fastnachtsscherz

Rainer Maria Rilke:

Ich lebe grad, da das Jahrhundert geht.
Man fühlt den Wind von einem großen Blatt,
das Gott und du und ich beschrieben hat
und das sich hoch in fremden Händen dreht.

Man fühlt den Glanz von einer neuen Seite,
auf der noch alles werden kann.

Die stillen Kräfte prüfen ihre Breite
Und sehn einander dunkel an.

Aus: Rainer Maria Rilke: Das Stundenbuch. Frankfurt a. M.: Insel 1972, S. 14

- *Lassen Sie beide Gedichte auf sich wirken. Welche Gefühle rufen sie in Ihnen wach? Vermitteln die zwei Gedichte unterschiedliche Stimmungen? Beschreiben Sie diese Stimmungen.*
- *Welches der beiden Gedichte gibt die damalige Stimmung zur Jahrhundertwende Ihrer Meinung nach passender wieder?*

Claudia Becker: Fin de Siècle (Lexikonartikel)

Fin de Siècle (frz.; Jahrhundertwende), Bezeichnung für die historische Wende vom 19. zum 20. Jh., zum andern – als Schlagwort – für eine zwischen Lebensüberdruss und Genusssucht schwelgende Endzeitstimmung, die in dieser Zeit in Kunst und (Dekadenz-)Literatur zum Ausdruck kam. – Es handelt sich um eine gesamteuropäische Entwicklung, die ihren Hintergrund in einer bestimmten geschichtlichen Situation hat. Verstädterung, wachsende Dominanz von Wissenschaft und Technik sind die neuen Lebensbedingungen, die von Intellektuellen wie Künstlern attackiert und negiert werden. Sie befinden sich in Opposition zur zeitgenössischen, vom Marktgesetz beherrschten Gesellschaft, aus der sie sich – politisch ohnmächtig – zurückziehen. Die Typen des Ästheten, des Bohemien[1], des Dandy[2], die die Epoche des F. hervorbringt, sind Randfiguren der bürgerlichen Welt. Ihre Lebenshaltung ist die Flucht aus der Realität in die Sphäre der Kunst, deren wachsende Selbstbezogenheit als Folge verweigerter Kommunikation schließlich in das Prinzip des L'art pour l'art[3] mündet, das Kunst wie Künstler endgültig aus Wirklichkeitsbezügen und Nützlichkeitsdenken löst. Die dominierende philosophische Figur dieser Zeit, die primär gekennzeichnet ist durch ein Auseinanderfallen von Kunst und Leben, ist F. Nietzsche, dessen Philosophie z. T. die romantische Tradition (Philisterkritik[4], Aufwertung der Kunst und des Irrationalen) fortsetzte. Seine nihilistischen Ansichten, etwa die Vorstellung der Zersetzung verbindlicher (religiöser) Werte oder die Idee des „Übermenschen", machten ihn zur Inkarnation[5] ästhetisch-intellektueller Gegnerschaft gegen die herrschende Kultur. Zur Entlarvung und zum Zerfall tradierter Ideologien und Wertmaßstäbe trugen außerdem die Psychoanalyse von S. Freud und die Analyse der modernen Klassengesellschaft durch Karl Marx bei.

Auf die Erschütterung aller Grundwerte reagieren die Künstler durch den Rückzug in ästhetische Gegenwelten. Deutlich wird hier neben einer resignativen Endzeitstimmung der Drang zum Aufbruch in Neuland, der sich vor allem in der Literatur niederschlug. Die Lyriker des Symbolismus (P. Verlaine, Ch. Baudelaire) eröffneten der Dichtkunst völlig neue Möglichkeiten; es entstanden neue Gattungen wie das lyrische Drama und das Prosagedicht. Neuer Inhalt der Kunst wurde die von Traum und Rausch trunkene Innenwelt des überfeinerten Neurotikers, der beispielhaft dargestellt ist in dem programmatischen Roman des F. J. K. Huysmans *A rebours* (1884; dt. *Gegen den Strich,* 1905).

In Deutschland war es vor allem H. v. Hofmannsthal, der sich umfassend zum Dekadenzproblem des F. äußerte. Mit G. d'Annunzio rechnete auch er sich zu den „Spätgeborenen", die Genuss suchen in vergangener Kunst und Schönheit, während sie ihre Gegenwart als „öde Wirklichkeit" empfinden. Es war vor allem Walter Pater (1839–1894), neben O. Wilde wichtigster Repräsentant des englischen F., der in seinen Renaissance-Studien (1873) das „Rom der Verfallszeit" zum Vergleich mit der Dekadenz seiner eigenen Zeit heranzog.

Das Phänomen des Verfalls ist jedoch doppeldeutig: Es trägt die Züge des Niedergangs und der Resignation ebenso wie das positive Bewusstsein elitärer Ausgrenzung aus dem normalen Leben und einer von gesteigerter Sensibilität und Vergeistigung geprägter Lebensform. Genau diese Ambivalenz ist kennzeichnend für die Epoche des F.; sie findet ihre Formel in Nietzsches „Décadent zugleich und neuer Anfang" *(Ecce homo,* 1908). Mit dem Spätzeitbewusstsein des ausgehenden 19. Jh.s verband sich die Hoffnung auf Neuerung im beginnenden 20. Jh., deren Realitätsferne jedoch mit Ausbruch des I. Weltkrieges unübersehbar deutlich wurde.

Aus: Claudia Becker: Fin de Siècle. In: Harenberg Lexikon der Weltliteratur. Autoren – Werke – Begriffe. Vollständig überarbeitete und aktualisierte Studienausgabe. Dortmund: Harenberg 1995, S. 948f.

1 unbekümmerte, leichtlebige und unkonventionelle Künstlernatur
2 sich übertrieben modisch kleidender Mann
3 (frz.:) ‚Kunst für die Kunst'; Kunst als Selbstzweck
4 Kritik an Spießbürgern
5 Verkörperung

■ *Lesen Sie den Lexikonartikel und unterstreichen Sie die zentralen Merkmale des Fin de Siècle.*

Ludwig Marcuse: Sex, Politik und Kunst – im Reigen

Der dreiundzwanzigste Dezember 1920 war ein denkenswürdiger Tag in der Geschichte der Entrüstung. Die Schamhaften brüllten „Schweinerei“, fast ein ganzes Jahr lang.

In jenem Winter fand in Berlin eine Theater-Premiere des Wiener Dichters Arthur Schnitzler statt. Das Stück hieß „Reigen“. Es schildert ein ewiges Auf und Ab: Vorher illusionäre Gier, Nachher – die Lieblosigkeit der Abgekühlten.

Das Stück wurde bis in den Herbst hinein in vielen Städten Deutschlands gespielt: vor allem aber attackiert, angeklagt, verteidigt, gepriesen; und [...] freigesprochen, nachdem es von vielen eminenten[1] Rittern des Geistes für die unreifere Jugend zurechtinterpretiert worden war. Ein weiterer Pyrrhus-Sieg[2] in der Historie des Raufens um das Obszöne.

Diese farbige Episode im langen Leben des Anstoßnehmens am Unanständigen lebte viele Monate, explosive deutsche Monate. Der Krieg war verloren worden. Es war bereits zwei Jahre her. Die Hohenzollern waren entthront, nicht aber ihre Generäle; und nicht das Groß- und Klein-Bürgertum, das in den christelnd-nationalistischen Vorstellungen des Kaiser-Reichs herangewachsen war. Es gab eine Republik, es gab sogar Republikaner. Aber immer stärker kam heraus, wie viele es nicht gab.

Bald nach der Revolution, schon Ende 1918, formierte sich der monarchistische „Stahlhelm“; fünfzehn Jahre später wurde er der SA unterstellt. 1919 kam die Deutsche Arbeiterpartei in die Welt; ihr siebentes Mitglied hieß Adolf Hitler. Er verkündete, 1920, seine Fünfundzwanzig Punkte im Münchener Hof-Bräu. Im selben Jahr versuchte ein preußischer Beamter, Kapp, und ein preußischer General, von Lüttwitz, die Republik zu zerschlagen.

Es waren diese Jahre 1918, 1919 und 1920, die im Theater-Skandal, der am dreiundzwanzigsten Dezember begann, die prominenteste Rolle spielten. Damals wurde auch offenkundig, dass die politische Reaktion eine ihrer (unbeachtetsten) Manifestationen im Anstoßnehmen an Sexuellem hat. Aber erst viel später, nach dem Tode von Weimar, gelangte ins allgemeine Bewusstsein, wie mächtig die feindlichen Kräfte gewesen sind, die von der deutschen Republik nie besiegt, nur unter die Oberfläche gedrückt waren. Obwohl sie schon sehr früh in einer Art Rampenlicht standen, im Prozess gegen das Obszöne auf der Bühne.

Die Deutschen, ein theaterbesessenes Volk, feierten die Triumphe der neuen Freiheit im Theater. Die Präventiv-Zensur war gefallen. Stücke, Szenen, Sätze, Worte konnten nicht mehr ausgesperrt werden. Die Aussperrung war durch die Jahrhunderte von Fürsten und Kirchen ausgeübt worden, immer unter drei Gesichtspunkten: Werden Interessen regierender Häuser berührt? Werden die Priester gekränkt – was man immer „Gotteslästerung“ nannte? Schickt sich der Text für den ordentlichen Untertanen? Das heißt: Passt der Text zur herrschenden Wahrheit?

[...]

Auch diese staatlich-geistlichen Vormünder waren am Ende des Ersten Weltkriegs besiegt, dachte man. Man bildet sich immer ein, frei zu sein, wenn man eine Knechtschaft loswird – und bedenkt nur selten, in welche neue man bei dieser Befreiung gerät. Die Nachfolge des Kaisers und des Papstes trat nun der Volks-Zorn an, der viel übelnehmerischer, engherziger, blutrünstiger war als irgendeiner seiner Vorgänger. Der „Reigen“-Prozess wäre unter den Wilhelms nicht möglich gewesen.

Der neue Tyrann stellte sich ekelhaft pompös in der Serie von hässlichen Auftritten vor, die am 23. Dezember 1920 begann und am 12. November 1921 vorläufig endete; Höhepunkt war die Stinkbomben-Schlacht am 22. Februar. Aber es stank von Beginn bis zum Ende. An jenem Februar-Abend hatte die deutsche Empörung, die weder gegen Wilhelm II. (vorher) noch gegen Hitler (nachher) in Erscheinung trat, ihre epochale Stunde. Man hielt es nicht aus, dass in einem Theaterchen Berlins die Fantasie der Zuschauer auf jenes nicht ganz unbekannte Ereignis gelenkt wurde, ohne das (seit den Kinderchen des Adam und der Eva) Menschen nicht existieren würden. [...]

Die Demagogen, nicht die Demokraten, traten das Erbe des kaiserlichen Deutschland an; die Untertanen durften schließlich „Heil Hitler“ schreien, während sie beim Kaiser noch lautlos stramme Haltung angenommen hatten. Beim „Reigen“-Skandal stellten sich zum ersten Mal die Erben des Kaiser-Reichs vor: die Enkel des Turnvater Jahn, die Vorläufer des kommenden Führers. Es war bereits die ganze Phalanx[3] da: gegen Juden, Sozialisten und Liberale. Zur Auslösung der Wut diente das älteste Ärgernis: dieses verdammte Teufelchen Sex, das einem so viel zu schaffen macht. [...]

Wie einfach, wie lautlos war es noch in alten Zeiten gewesen, als Hof und Kirche das Geschäft des Verbietens mit einem Federstrich erledigten! Das feudalistische Publikum war gegen ein nicht genehmes Stück recht feudalistisch, das heißt: kurz und bündig vorge-

1 bedeutsam
2 nur scheinbar ein Sieg, eigentlich ein Fehlschlag
3 geschlossene Front

gangen, ganz ohne Bemühung einer Zensur-Behörde. So gefiel Leo X. das Schauspiel eines Klostergeistlichen nicht, das 1519 in der Engelsburg aufgeführt wurde. Man setzte nicht Himmel und Hölle und Paragrafen in Bewegung. Dem Autor wurde auf Befehl des Papstes das Gürtelband durchgeschnitten, die Hose fiel, der Stücke-Schreiber bekam coram publico eins hinten drauf, die Gesellschaft amüsierte sich ... Solches geschah Schnitzler nicht. Die Zeiten hatten sich geändert. Das Verprügeln hatte sich geändert. Zwölf Jahre später wäre er schlicht ermordet worden. Das aufhetzende Anstoßnehmen 1921 war eine erste Probe vor der großen Premiere 1933.

So einfach war zwölf Jahre vorher das Kaputtmachen noch nicht. Schon lange, bevor es zum Prozess kam, hatte man versucht, diese unanständige kleine Geburt abzuwürgen. Bereits die Eröffnung fand gegen eine Einstweilige Verfügung statt. Sie wurde am dritten Januar aufgehoben und dem „Reigen" das Prädikat „eine sittliche Tat" zuerkannt. Es kamen Mitte Januar die antisemitischen Krawalle in Wien. Und dann kam der Berliner 22. Februar.

Seiten-Balkone, zweite und dritte Reihe – Plätze, von denen man kaum sehen, aber ungesehen agitieren konnte, waren schon lange vor der Aufführung ausverkauft. Am Abend zogen Gruppen auf: fünfzehnjährige Burschen, in kurzen Höschen. Ihre Kampf-Parolen waren auf die Melodie gestimmt: „Die Juden nach Palästina!" Unter den Platz-Inhabern des Seiten-Balkons war ein Jüngling in der Kluft eines Straßenfegers, dicker Schal um den Hals. Einer seiner Kameraden rief ihm vor dem Theater zu: „Mensch! Wenn du so drin bist, fällst du auf." Zuerst tat er nichts Auffallendes, aß ruhig sein Butterbrot und blickte nicht auf die Bühne.

Dann aber, als vom bestmöglichen Versteck aus Stink-Bomben auf Bühne und Zuschauerraum niedergingen, fielen sie alle auf. In den „Lebensregeln des deutsch-völkischen Schutz- und Trutz-Bunds" hieß es: „Geht nicht ins Theater, wenn ein jüdisches Stück aufgeführt wird." Selbstverständlich war gemeint: falls ihr nicht zum Stinken abkommandiert seid. Und bisweilen hatte dies Vorgehen Erfolg. Der Polizei-Präsident von München erläuterte sein „Reigen"-Verbot: „So viel Polizisten, wie nötig sind, um die Deutsch-Völkischen in Zaum zu halten, kann ich nicht aufbringen." Berlin konnte es vorläufig noch.

Dann sprach, am 1. Juni, ein Gericht den „Reigen" wegen mangelnden Beweises frei. Und schließlich war man so weit, dass man einen großen Schau-Prozess arrangieren konnte. Der deutsch-demokratische Staat brauchte die Hilfe des Volks, um anklagen zu können. Im Sommer hatte man sein Volk hinter sich. Mit einem Federstrich von oben war es nicht mehr gemacht, es musste so aussehen, als ob einem der Mann auf der Straße voranging; und er ging voran. Er nahm, straff organisiert, Anstoß.

Erst, wenn sie genug Entrüstete rekrutiert hat, kann eine Demokratie zupacken, zum Schutz jener Öffentlichkeit, der man beigebracht hat, dass sie schutzbedürftig ist. Man kann nur selten einen so guten Blick in die Unterwelt der Anstoßnehmer werfen, wie es in diesem Prozess möglich wurde. Es marschierten auf: Verbände über Verbände, welche sexuelle, religiöse und patriotische Empörung in verschiedener Dosierung dieser Ingredienzen[1] organisiert hatten. [...]

Es marschierten auf der anderen Seite die berühmten Professoren der deutschen Literatur auf: Männer, die im Namen Goethes, Shakespeares und der Freiheit ängstlich vorgingen gegen die verkümmertsten deutschen Kleinbürger, die wild geworden und mit Klassikern nicht zu bändigen waren. Es marschierte auf die große Theater-Kritik jener Tage: gebildet bis dort hinaus, Experten, die niemand hier brauchte, weil das Literarische und Theatralische gar nicht im Ernst zur Diskussion stand.

Und vielleicht gab es kein zweites Ereignis in der Weimarer Republik, bei dem die Elite und ihr künftiger Henker eine Woche lang weder mit- noch gegeneinander im selben Raume redeten. Was auch gar nicht möglich war, da sie zwei verschiedene Sprachen sprachen.

Ist es ein Zufall, dass es um Sexuelles ging? Ist das Thema Nationalsozialismus und Sexualität schon erfasst worden? Die Soziologie mit ihrer Haupt-Kategorie Ökonomie greift nie tief genug. Hungrige wollen nicht nur ihren Magen füllen, auch ihre Rachsucht befriedigen. Die Rache der Ohnmächtigen ist das Anstoßnehmen.

1 Zutaten

- *In welchen historischen Kontext stellt Ludwig Marcuse den Skandal um den „Reigen"?*
- *Inwiefern sieht der Autor im heftig geführten Streit um Schnitzlers Stück in Berlin bereits die Vorzeichen der kommenden Nazi-Diktatur? Welchen fundamentalen Unterschied gab es trotz allem in der Auseinandersetzung mit Kunst in der Weimarer Republik und im Dritten Reich?*
- *Wie verhielt sich die Polizei angesichts der Tumulte in den Theaterhäusern?*
- *Welche zwei Gruppen traten in den späteren Gerichtsprozessen gegeneinander an?*

Auszug aus dem Zeitungsartikel „Das arische Wien gegen jüdische Sittenlosigkeit"

Das im Wiener Rathause versammelte arische Wien erhebt in schärfster Weise Einspruch gegen die weitere Aufführung der zahlreichen jüdischen, auf die Vergiftung unserer Volksseele abzielenden Schweinereien auf unseren Wiener Schaubühnen, insbesondere gegen die weitere Aufführung von Schnitzlers *Reigen*. Nicht die Befriedigung künstlerischer Bedürfnisse, sondern die Ausnützung der leicht zu erregenden erotischen Triebe, die Vernichtung aller der jüdischen Geistesrichtung entgegenstehenden einfachen sittlichen Empfindungen ist der Zweck dieser Aufführungen. Geld- und Machtgier waren schon immer die Triebkräfte alles jüdischen Handelns. Die *Reigen*-Aufführungen sind längst kein Geschäft mehr, sondern nur eine Machtprobe, durch welche Juda zeigen will, dass es in diesem uralten Kulturzentrum deutschen Geistes die Macht an sich gebracht hat. Um diese seine Herrschaft zu stützen, hat es Juda verstanden, die staatlichen Machtmittel sich dienstbar zu machen. Ein außerordentliches Polizeiaufgebot ist bei jeder *Reigen*-Aufführung bereit, jeden Protest gegen die unerhörte Überhebung volksfremden Geistes gewaltsam zu unterdrücken. Hohnlächelnd triumphiert Juda als Beherrscher Wiens.

Unsere Geduld ist zu Ende! Viel zu lange haben wir die jüdischen Frechheiten geduldet und damit in der ganzen Welt den Eindruck erwecken lassen, als sei Wien eine jüdische Stadt, in der die bodenständige deutsche Bevölkerung sich zu beugen hat. Noch ist es nicht so weit! Wir fordern daher unsere Regierung auf, sich endlich bewusst zu werden, dass sie durch ihre Unterstützung jüdischen Übermutes, der überwiegenden Mehrheit der Bevölkerung einen unerhörten Schimpf antut.

Wenn es richtig ist, dass unsere Staatstheater im Mai eine eigene Schnitzler-Woche planen, so warnen wir jetzt schon davor. Kein anständiger Deutscher wird diese Verherrlichung eines jüdischen Dichters mitmachen, die Staatstheater werden sich mit neuem Defizit belasten. Unsere Staatstheater werden dann zu rein jüdischen Schaubühnen, Judas Ziel und Streben ist erreicht.

Der Wille eines Volkes lässt sich aber nicht unterdrücken und ringt sich früher oder später in elementarer Weise durch. Wenn dann die Schranken gesetzlicher Ordnung durchbrochen werden, so fällt die Schuld auf jene, die glauben, diesen Willen dauernd unterdrücken zu können.

Unsere Volksvertreter fordern wir auf, der Regierung klarzumachen, dass *sie* kein Recht hat, ihre Machtmittel in den Dienst jüdischer Herrschaftsgelüste zu stellen.

Die Regierung aber rufen wir an: Bis hierher und nicht weiter! Erfüllt Eure Pflicht dem arischen Volke gegenüber, wenn Ihr nicht wollt, dass sich dieses sein Recht selbst und durch Gewalt verschafft.

Aus: Deutsch-österreichische Tageszeitung, 24. April 1922. Zitiert nach Alfred Pfoser u. a. (Hg.): Schnitzlers „Reigen". Band 1. Der Skandal. Frankfurt a. M.: Fischer Taschenbuch Verlag 1993, S. 390f.

- *Mit welcher Unterscheidung arbeitet der Autor in seiner Hetzschrift? Welches Feindbild konstruiert er?*
- *Welche antisemitischen Klischees verwendet er, um Schnitzler und andere jüdische Schriftsteller zu diffamieren?*
- *Wovor warnt er Regierung und Polizei? In wessen Namen spricht er angeblich?*

Der zweite „Reigen"-Prozess

Die Anklage, erhoben im September 1921, richtete sich gegen die Schauspieler, die nach dem 22. Juni 1921 in den Aufführungen des *Reigen* mitgewirkt hatten, sowie gegen den Regisseur und die Direktion. Während die Schauspieler beschuldigt wurden, „durch unzüchtige Handlungen öffentlich ein Ärgernis gegeben" zu haben, warf man der Direktion unter anderem vor, die Schauspieler „durch Gewährung von Vorteilen, Missbrauch der Gewalt oder andere Mittel" zu diesen unzüchtigen Handlungen „vorsätzlich bestimmt" zu haben. Besonders präzise wurde die Tätigkeit des Regisseurs umschrieben. Er habe den Schauspielern bei ihren unzüchtigen Handlungen „wissentlich durch Rat und Tat Hilfe geleistet". [...]

Staatsanwalt von Bradtke

Die Theaterdirektoren Maximilian Sladek und Gertrud Eysoldt als Angeklagte im zweiten „Reigen"-Prozess

Richter Brennhausen

Der Staatsanwalt hatte versucht, durch ein großes Aufgebot an Zeugen zu beeindrucken, doch zeigte sich im Laufe des Prozesses, dass auch durch noch so viele Zeugen die Anklage nicht erhärtet werden konnte. Um Brunner hatten sich Vertreter konventioneller christlicher Moralvorstellungen, Jugendschutzfunktionäre und Aktivisten nationalistischer und antisemitischer, aber auch jüdischer Gruppen geschart, die zwar moralisch aufgeregt, sachlich aber wenig kompetent und zuverlässig waren. So stellte sich bei der Einvernahme immer wieder heraus, dass manche, die heftig auf der Unsittlichkeit der Aufführung bestanden, sie in Wahrheit überhaupt nicht gesehen hatten; man war sich ohnedies einig, Anstoß zu nehmen. Viele kannten den *Reigen* nicht einmal von der Lektüre her – die „unbestimmt hinzitternde Bewegung im Volke", also die von den antisemitischen Zeitungen betriebene Stimmungsmache, war Anlass genug, die Protesterklärung zu unterzeichnen. Oft genug waren auch Zeugen erst durch diese Blätter motiviert worden, sich das Stück anzusehen, wie der Lehrer Willi Rost, dessen „völkisches Interesse" an Schnitzler durch die antisemitischen Berichte Schlaikjers in der „Täglichen Rundschau" geweckt worden war. Gerade die Zeugen, die sich zum Stück aus eigener Anschauung äußern konnten, entlarvten sich oft bloß als gewohnheitsmäßige Anstoßnehmer, die sich an gar nicht vorhandene „anstößige" Textstellen erinnerten. Die Fantasie ließ sie den *Reigen* weiterschreiben und Variationen erfinden.

Aus: A. Pfoser/K. Pfoser-Schewig/G. Renner, Schnitzlers „Reigen". Band 1. Der Skandal. © Fischer Taschenbuch Verlag GmbH, Frankfurt am Main 1993, S. 59–61

- *Worum genau ging es im zweiten „Reigen"-Prozess? Wer waren die Angeklagten? Was wurde ihnen vorgeworfen?*
- *Was erwies sich für die Argumentation der Anklage als großes Problem?*

Pornografie (Lexikonartikel)

Pornografie (v. griech. *pornos* = Hurer, *graphein* = schreiben) unscharfe und kaum präzisierbare, weil subjektive Bz. für e. gesteigerte Form der erotischen Lit. mit ästhetisch, kompositorisch, stilistisch und lit. wertlosen, ausführl. Beschreibungen geschlechtl. Vorgänge (Geschlechtsverkehr, Sexualpraktiken, Perversionen), ohne jeden qualifizierten Kunstanspruch mit der zentralen und ausschließl. Wirkungsabsicht sexueller Stimulierung und daher stets unoriginell, monoton in Wiederholung und Steigerung (>Nummerndramaturgie<) und das schickliche Maß des noch vertretbaren Geschmacks zum Obszönen hin übersteigend. Kommerzielle P. evoziert im voyeurhaften Leser e. utop.-fiktive Welt männl. Sexualfantasien als unerschöpfl. mechan. Abfolge perfekter Sexualakte bestenfalls vollkommender Körper ohne Individualität, Eigenleben, Gefühl oder Humor. In der fiktiv unbeschränkten Verfügbarkeit willigen Fleisches sieht der Feminismus e. dehumanisierende Herabwürdigung der Frau zum bereitwilligen und unersättl. Sexualobjekt männl. Lust- und Machtbegehrens, das beliebig austauschbar ist, und e. Entwertung der Liebesvereinigung zur biologisch mechan. Funktion der Geschlechtsorgane ohne zwischenmenschl. Beziehungen. Mit der Abstumpfung moral.-ästhet. Wertvorstellungen durch Reizüberflutung und dem Übergang der P. von der Lit. auf die Bildmedien verlagert sich die Diskussion zusehends auf diese. P. wird fast überall außer in Dänemark gesetzlich verfolgt, in der BR. seit 1975 neben Verkaufsbeschränkungen nur sog. harte P. (Gewalt, Brutalität, Sadismus, P. mit Kindern und Tieren). Die der Rechtsprechung zugrunde liegende Vorstellung, dass das Scham- und Sittlichkeitsgefühl des (abstrakt-fiktiven) Durchschnittslesers vor der Verletzung durch P. zu schützen sei, entstammt dem prüden und restriktiven 19. Jh. und geht von der unbewiesenen Voraussetzung aus, P. erreiche gerade die schamhaften Leser und nicht nur diejenigen, die sich dadurch e. zusätzlichen Lustgewinn versprechen, den das Gesetz gleichwohl trotz nachweisbarer Unschädlichkeit für die Gesellschaft für sittenwidrig und strafwürdig erklärt. Die Problematik der P.-Gesetze liegt darin, dass 1. die angeblich schädliche Wirkung der P. auf Psyche und Moral des Lesers bisher ungenügend untersucht ist, ja im Gegenteil manche der P. e. Ventilfunktion zubilligen, dass 2. zumindest ein Teil der Wirkung auf eben der Tabuisierung und dem gesetzl. Verbot beruht, dass 3. die durch zunehmende Sexualisierung des Lebens und der Lit. ständig ansteigende Reizschwelle zum Unzumutbaren je nach Interesse, Bildung, Stand, Gesellschaft oder Volk unterschiedlich ist und keine Durchschnittsmaßstäbe erträgt und dass 4. der Begriff P. historisch bedingt ist und viele früher als P. verleumdete Werke später allg. Anerkennung finden. Die eigtl. P. mit primitiver, umständl. Beschreibung von Details aus dem Geschlechtsleben evtl. noch in derbem Vokabular steht außerhalb der Lit. und hat bestenfalls die emanzipator. Funktion, an Tabus zu rütteln und durch Unruhestiftung zu deren Überprüfung anzuregen. Sie kann nur bei Verlust aller ästhet. Wertmaßstäbe mit echter Lit. in Zusammenhang gebracht werden, die stets ernstere und ästhet. Zielsetzungen verfolgt. Auch die Lit. kann sehr wohl in kompositorisch vertretbarem Maß und aus dem ehrl. Streben nach Erfassung des ganzen Menschen in Einzelszenen (>Stellen<) zu e. erot. Realismus in der Darstellung des Sexuellen gelangen, aber sie wird die Darstellung der Sexualsphäre stets nur als Mittel zum Aufzeigen menschl. Befindlichkeit, nicht aber als Selbstzweck oder in nur triebsteigernder Absicht benutzen. Die problemat. Fälle der P.-Rechtsprechung haben bisher nie auf mangelnder jurist. Schulung der Literaten, sondern auf mangelnder lit. Schulung der Juristen beruht.

- *Lesen Sie den Lexikonartikel über Pornografie und schreiben Sie deren zentrale Merkmale stichpunktartig heraus.*
- *Welche Probleme von Gesetzen gegen Pornografie werden im Text genannt?*
- *Halten Sie Schnitzlers „Reigen" für pornografisch? Begründen Sie Ihre Meinung.*

Urs Allemann: Babyficker

[1] landsch. für Körbe

[2] ausgebautes Dachgeschoss, -zimmer

[3] Knochenlücke am Kopf des Neugeborenen

[4] (schweiz.:) Bürgersteig

dem Schuh am Fuß am Trottoirrand an einen vertrockneten Frosch. Ich hab nicht die Absicht aus der Erinnerung einen wie mich zu ziehn. Es gibt nicht einen den ein vertrockneter Frosch nicht an ein vertrocknetes Baby erinnert. Nicht mehr aufblasbar. Wer einen Frosch aufblasen möchte muss ihn erwischen bevor er vertrocknet ist. Gilt auch für Babys. Vertrocknete platzen nicht. Blies ich womöglich bevor ich sie zu ficken begann die Babys auf um sie zum Platzen zu bringen. Habs vergessen. Wäre mir je vom üblen Wort Vergessen übel geworden. Übel. Eben war mir übel. Schlecht. Jetzt ist mir schlecht. [...]

Aus: Urs Allemann: Babyficker, Verlag Deuticke, Wien 1992, S. 7–13 (Auszug)

- *Worum geht es in dem Text? Wollte der Autor nur provozieren? Welche Absichten könnte er sonst noch gehabt haben?*
- *Was meinen Sie: Sollte dieser Text verboten werden? Sollte sein Autor für diesen Text angezeigt werden? Begründen Sie Ihre Meinung.*
- *Handelt es sich bei diesem Text um Literatur oder um Pornografie? Was spricht dafür, was dagegen?*

Reaktionen auf Allemanns Text „Babyficker" (Auszüge aus den Diskussionen der Jury)

Peter von Matt: Wie abscheulich darf Literatur sein? Ich glaube, das ist die Frage, die sich hier stellt. Ich habe auf den Text auch körperlich reagiert. Ich hatte am Anfang heftigste innere und somatische[1] Widerstände. Ich glaube, wenn man einen Test machen würde, was ist der abscheulichste, widerwärtigste in der deutschen Sprache mögliche Satz, käme der Leitsatz des Textes in die engere Wahl. Wie abscheulich darf Literatur sein? Wir können es uns einfach machen und sagen, der Mann wollte uns provozieren: Wie weit kann man hier gehen? Was ertragen die, stecken die das überhaupt noch ein, nehmen sie dann so was ernst, und fallen sie auf alles herein? Mir ist der Text zu fanatisch und zu systematisch, als dass ich ihn einfach wegwischen könnte. Was passiert, wenn man den Text einmal ernst nimmt in seiner Abscheulichkeit, das ist eine andere Frage. Ich habe mir das überlegt, auch während der Lektüre. Ich konnte ihn vorher nur teilweise kohärent[2] lesen. Es gibt eine Möglichkeit, den Text von ein paar Signalen aus, die darin vorkommen, vielleicht zu einem selber auf Distanz zu bringen und ihn zu einem Studienobjekt zu machen. Es sind die Motive des Papiers, die Rückbezüglichkeit, „das ist mein Satz", „das sind meine Worte", der Begriff des Papierblutes usw., was mindestens die Hypothese erlaubt, dass es hier um einen Text über Literatur geht, um die wirkliche Erforschung dessen, was Literatur eigentlich treibt. Also dann wird die Frage „Wie abscheulich darf Literatur sein?" zu einer grundsätzlichen literarischen Frage. [...]

Stefan Richter: [...] Ich würde sagen, das ist ein großartiger Text. Es ist ein Kunstprodukt. Und es ist meines Erachtens Fantasie, der Versuch, das Unerträgliche zu konstruieren. Der ganze Fanatismus des Erzählers, das Delirierende[3], das Emphatische, ist virtuos gebrauchte Sprache. Und mit Literatur solche Wirkung zu erzeugen, Ekelgefühl, Abgestoßensein, das Rausgehen, das alles mit reinem Text, weil wir uns offensichtlich vom Leben nicht mehr so beunruhigen lassen. Und das scheint mir das eigentliche Grundproblem, die Frage: „Wie abscheulich dürfen Fantasien von Menschen sein, wie abscheulich dürfen Handlungen von Menschen sein, bis Menschen sagen, dass sie das unerträglich finden und dagegen irgendetwas tun müssen?" Insofern ist das für mich ein großes Risiko und eine extreme Konsequenz, das Unerträgliche zu formulieren. Und weil es so unerträglich ist, finde ich es einen großen literarischen Text.

Andreas Isenschmidt: Ich kam mir während des Vortrages ein bisschen vor wie eine Laborratte in einem hell ausgeleuchteten Experimentalkasten. Vor dem Labor steht Dr. Allemann und reicht durch ein Schublädchen den Ratten, den Kritikerratten, Textpillchen rein. Die sollen sie mal fressen. Und jetzt wird beobachtet, was machen diese Ratten, wenn sie diese Textkügelchen gefressen haben. Das Ganze schien mir ein Experiment mit dem Diskussionsprozess in der Jury. [...]

Karl Corino: Ja, wenn man flüssig über diesen Text reden kann, dann ist der Schock halbwegs verdaut. Ich weiß nicht, inwieweit ich den Schock schon verdaut habe, aber man darf keinesfalls das Skandalon[4] eskamotieren[5]. Es heißt: „Ich ficke Kinder", und das zu einem Zeitpunkt, wo gerade in der BRD große gerichtliche, polizeiliche Aktionen laufen gegen die Kinderpornos, d. h., wir haben ja durchaus ein gesellschaftliches und individuelles Problem. Ich möchte nicht wissen, ein wie hoher Prozentsatz in den europäischen Massengesellschaften von solchen Fantasien besetzt, gejagt, geplagt wird. Nur scheint mir, dass die Leute, die dieses elementare Problem haben, sich nicht mehr mit Literatur abgeben, die ziehen keinen de Sade[6] aus dem Regal, und die werden keinen Allemann lesen. Die versuchen, sich weiterhin diese Kinderpornos „reinzuziehen", wie immer gefährlich es sein mag, sich diese schmutzigen Streifen zu beschaffen. Ich glaube, dass es ein Text ist, der nicht nur zum Testfall für uns als Jury wird, sondern er könnte auch zum Testfall für unsere Gesellschaften werden. Ich schließe es durchaus nicht aus – ich bin kein Jurist –, dass sich in solch einem Fall die Gerichte mit diesem Text zu befassen haben, dass dieser Text indiziert[7] wird. Ich weiß es nicht, es ist auch ein Test im Hinblick darauf, wodurch wird unsere Gesellschaft, werden unsere Gesellschaften überhaupt noch provoziert. [...]

---

1 somatisch: körperlich
2 zusammenhängend
3 delirieren: irre sein, irrereden
4 etwas Anstoß Erregendes
5 verschwinden lassen, weginterpretieren
6 Marquis de Sade (1740–1814): frz. Autor einer Reihe kirchenfeindlicher, philosophischer Romane mit stark pornografischem Gehalt
7 indizieren: in eine Liste von Werken aufnehmen, deren Verbreitung an Jugendliche untersagt ist

Also ich werde keine Anzeige erstatten, das ist ja wohl klar. Aber ich könnte mir Leute vorstellen, vor allem eben zu einem Zeitpunkt, wo das Problem, zumindest bei uns in der BRD, als gesellschaftliches Problem erkannt wird. Da könnte dieser Text eine Grenze erreichen, an der eben auch Gesellschaften qua Institutionen reagieren können. Das als mögliche Weiterung eines solchen Textes von vornherein abzuleugnen, wäre, glaube ich, kurzsichtig.

Aus: Klagenfurter Texte. Ingeborg-Bachmann-Wettbewerb 1991. Hrsg. von Heinz Felsbach und Siegbert Metelko. München: Piper 1991, S. 152–158

- *Fassen Sie die Meinung der einzelnen Juroren zu Allemanns Text stichwortartig zusammen. Welche grundsätzliche Haltung zum Text nehmen die Juroren jeweils ein?*
- *Welcher Juroren-Meinung würden Sie sich persönlich anschließen? Welche Haltung zu Allemanns Text gleicht Ihrer eigenen am meisten? Welche Argumente würden Sie gegen die anderen Juroren vorbringen?*

Michael Cerka: Hitzige Diskussionen um den zweiten Preisträger des Bachmann-Wettbewerbs

Klagenfurt – Der diesjährige Ingeborg-Bachmann-Wettbewerb sorgt am Wörthersee für politisches und rhetorisches Hochwasser: Nach der Zweiten Landtagspräsidentin und FP-Kultursprecherin Kriemhild Trattnig ging auch Landeshauptmannstellvertreter und Landeskulturreferent Peter Ambrozy (SP) zur Vergabe des Preises des Landes Kärnten auf klare Distanz.
Die mit 100 000 Schilling dotierte, zweithöchste Auszeichnung der Konkurrenz war, wie berichtet, dem Schweizer Autor und Journalisten Urs Allemann für seinen – nach dem Vortrag von der Jury noch mehrheitlich aus moralischen Gründen abgelehnten – Wettbewerbstext „Babyficker“ zuerkannt worden.
„Die Kritik am Text teile ich, ich bin mit seinem Inhalt keineswegs einverstanden“, betonte Ambrozy gestern im Gespräch mit dem Standard, „das ändert aber nichts daran, dass der Bachmann-Preis nach bestimmten Regeln abläuft, die zu respektieren sind.“
Nachträgliche „Zensurmaßnahmen“ der Politiker gegenüber der bewusst als unabhängig installierten Jury kämen für ihn ebensowenig infrage wie irgendeine künftige Juroreneinschränkung. „Die Diskussion wird ja wahrscheinlich auch die Juroren zum Nachdenken gebracht haben, und das ist ausreichend“, hofft Ambrozy stattdessen viel eher auf eine Selbstregulierung der Angelegenheit.
Darin sieht sich der Kärntner Landes-SP-Chef in deutlichem Widerspruch zu FP-Kultursprecherin Trattnig, der er denn auch – in einer gemeinsam mit dem Klagenfurter SP-Kulturstadtrat Siegbert Metelko gezeichneten Aussendung – die Propagierung von Zensur vorwarf.
Trattnig hat in den vergangenen Tagen wiederholt scharfe Angriffe sowohl gegen Allemann und die Bachmann-Preis-Jury als auch gegen Ambrozy in dessen Funktion als Kulturlandesrat gerichtet.
Allemanns „Babyficker“ sei „die größte preisgekrönte Schweinerei“, erklärte Trattnig in einem den Medien am vergangenen Dienstag zum Abdruck angebotenen Leserbrief, „der Text ist so arg, dass man nicht weiß, ob man ihn dem Irrsinn, der Provokation oder der tolldreisten Verkommenheit des Autors zurechnen soll“.
Bei der Kärntner FP-Klubklausur am Wochenende in Bodensdorf forderte Trattnig Konsequenzen der Vergabe des Preises an Allemann. Diese sei „ein Verstoß gegen das Landesgesetz über die guten Sitten und eine Verschleuderung von Steuergeldern“. In Zukunft sollte daher von den Verantwortlichen „bei der Auswahl der Juroren und Autoren sorgfältiger umgegangen werden“.
Falls ein Mangel an Autoren bestehe, wäre es laut Trattnig sinnvoller, den Bachmann-Preis überhaupt nur mehr „abwechselnd mit dem Publizistikpreis durchzuführen“. Die Auszeichnung Allemanns war auch bei der Preisermittlung am Sonntag vor zwei Wochen umstritten.
Juror Roberto Cazzola (Turin), der während des Textvortrags durch Allemann den Veranstaltungssaal verlassen hatte, verurteilte die Entscheidung des Preisgerichts in einer eigens vorbereiteten Erklärung. Der Einaudi-Lektor bezichtigte den Text der Menschenverachtung. Dem hielt Jury-Sprecher Hellmuth Karasek *(Der Spiegel)* entgegen, dass gerade ein Text wie der von Allemann in einem Gesellschaftssystem institutionalisierter Menschenverachtung wie zur Zeit des Nationalsozialismus als Erstes als „entartete Kunst“ an den Pranger gestellt worden wäre.

In: Der Standard, 17.7.1991

- *Fassen Sie den Zeitungsartikel mit eigenen Worten zusammen. Was halten Sie von damaligen Stimmen aus der österreichischen Politik, die Konsequenzen aus Allemanns Lesung für den Ingeborg-Bachmann-Wettbewerb bis hin zu seiner zeitweiligen Aussetzung forderten?*

■ *Wovor wollte Hellmuth Karasek mit seiner Erinnerung an den Umgang der Nationalsozialisten mit moderner Kunst warnen? Wie beurteilen Sie diese Warnung: Halten Sie sie für berechtigt?*

Christian Seiler: Zynische Kalkulation

Wenn das Ziel *Auseinandersetzung* heißt, dann ist es dem Basler Schriftsteller Urs Allemann bei der Vergabe des diesjährigen Ingeborg-Bachmann-Preises blendend gelungen, seine Vorgabe einzulösen. Allemann las im Klagenfurter Studio des veranstaltenden Österreichischen Rundfunks seinen Text „Babyficker". Der Text beginnt so:

„Ich ficke Babys. Um mein Bett stehn Zainen. Es wimmelt von Babys darin. Alle da. Seit jeher. Für immer. Wie ich. Auch ich bin da. Bei andern wärs anders vermutlich. Andere würden mal gehn. Wärn mal gekommen. Irgendwohin. Irgendwoher. Wir nicht. Wir sind da. Die Babys in ihren Zainen. Ich auf meinem Bett. Mit geschlossenen Augen. Greif ich ins Gewimmel. Fisch mir eins. Ficks. [...]"

Der Juror Roberto Cazzola, im Mailänder Verlagshaus Einaudi zuständig für deutsche Literatur, verließ während Allemanns Vortrag angewidert die Veranstaltung. Als am Schlusstag die aus deutschen, österreichischen und Schweizer Kritikern bestehende Jury Allemann den „Preis des Landes Kärnten", einen der drei Hauptpreise, zuerkannte, weigerte sich Cazzola, diese Entscheidung mitzutragen. Er machte vor dem versammelten Auditorium empört jene Jurymitglieder namhaft, die sich für Allemann verwendet hatten, um sich persönlich von ihnen abzugrenzen. Fazit: Allemann hatte seinen Preis, Klagenfurt hatte seinen Skandal.

Keine Frage, dass Skandale der ohnehin selten aufregenden neuen deutschen Literatur guttun. Skandale holen Laufkundschaft ins Literaturgeschäft und lassen buntes Licht in graue Sprachlandschaften fallen. Danke, in diesem Sinne, Urs Allemann, für Ihren Auftritt!

Auf einem anderen Blatt steht allerdings die simple Frage nach der Qualität der Auseinandersetzung: Darf man zu einer Schweinerei „Schweinerei" sagen, ohne dafür gleich eine braune Uniform verpasst zu bekommen? Ich teile die Meinung von Juror Cazzola, dass Urs Allemanns „Babyficker" ein zynischer, menschenverachtender, spekulativer Text ist. Ich glaube, dass Allemann, als Literaturbevollmächtigter der „Basler Zeitung", mit den Funktionsmechanismen der Öffentlichkeit bestens vertraut, so gescheit wie clever ist, durch das explizite Brechen eines Tabus („Ich ficke Babys") seine Zuhörerschaft polarisieren zu wollen: in eine Hälfte angewiderter, abgestoßener Rezipienten, die von der anderen Hälfte an den Pranger gestellt wird, weil sie es wagt, angewidert und abgestoßen zu sein. Juror Hellmuth Karasek merkte – Allemann verteidigend, Cazzola attackierend – an, in den Zeiten des Faschismus sei mit solchen Texten rigoros verfahren worden, Klaus Hensel schrieb (im übrigens von Allemann verwalteten Literaturteil der „Basler Zeitung") vom „Freislerschen Ton[1]" des Jurors Cazzola, um diesen wegen seiner Empörung gleich vollends abzuqualifizieren („Bedenklich, dass so jemand in einem der wichtigsten italienischen Verlage zuständig ist für deutsche Literatur").

Na, und jetzt? Hat Cazzola etwa die Polizei gerufen oder Allemann in die Psychiatrie einweisen wollen, damit ihm dort der Schwanz abgeschnitten wird? Er hat einen zynischen, menschenverachtenden Text als solchen bewertet und seine Schlüsse daraus gezogen. Er hat sich ein literarisches Urteil gebildet, was schließlich seine Pflicht als Juror ist, und es konsequent vertreten. Dass er dafür als Faschist gebrandmarkt wird, ist eine noch viel größere Schweinerei als der Text von Urs Allemann.

Wenn nun gezetert wird, dass über „gefickten Babys" die Güte von Allemanns Literatur vergessen werde („großartig", urteilte Juror Stefan Richter, „virtuos" die FAZ), kann nur entgegengehalten werden, dass es Allemann selbst war, der den Skandal kalkulierte. Das ist sein gutes Recht. Wenn aber von seiner Kolonne plötzlich Literatur-klassenkämpferische Töne angeschlagen werden (Hensel in der BaZ: „Wer [diese Prosa] nicht begreift, hat nichts begriffen und ist nicht nur in Klagenfurt, sondern auch in der Literatur fehl am Platz"), muss man sich wehren, Babys hin oder her.

In: Die Weltwoche vom 4.7.1991

---

1 Roland Freisler (1893–1945): von 1942 bis zu seinem Tod Präsident des Volksgerichtshofs, des höchsten Gerichts des NS-Staates für politische Strafsachen

■ *Fassen Sie die Argumentation des Autors zusammen. Welche Position bezieht er zu Allemanns Text und zu den Anfeindungen gegen ihn? Teilen Sie diese Argumente? Begründen Sie Ihre eigene Haltung.*

Heutige Kunst vor Gericht

Alex Rühle: Begnadet gehässig

Der Schriftsteller Maxim Biller ist mit „Esra" ein Fall fürs Verfassungsgericht geworden. Der Prozess um Persönlichkeitsrecht und Kunstfreiheit wird Rechtsgeschichte schreiben – egal wie das heutige Urteil ausfällt.

Maxim Biller

Das Buch wurde damals angekündigt als leichthändige Liebesgeschichte. Kaum aber kam „Esra" 2003 in den Buchhandel, wurde es verboten: Eine ehemalige Freundin Maxim Billers und deren Mutter glaubten sich in dem Roman der scheiternden Beziehung zwischen dem Schriftsteller Adam und der Türkin Esra wiederzuerkennen und fühlten sich in ihren Persönlichkeitsrechten verletzt. Und so gab die leichthändige Erzählung Anlass zu einer schweren Gerichtsschlacht.

Nachdem das Landgericht München und der Bundesgerichtshof das Verbot mit der Begründung bestätigt hatten, der Roman greife „in schwerwiegender Weise in das allgemeine Persönlichkeitsrecht" der beiden Klägerinnen ein, erhob der Verlag Kiepenheuer & Witsch 2005 Verfassungsbeschwerde: Das Verbot schränke die künstlerische Freiheit ein. Außerdem haben die beiden Frauen Biller auf drastische 100 000 Euro Schadensersatz verklagt. Am heutigen Freitag soll das Verfassungsgericht nun seine Entscheidung verkünden.

„Es wird Zeit, etwas über mich selbst zu erzählen. Dass ich aus Prag komme, Jude bin und oft über Deutschland schreibe, ist kein Geheimnis. Mein Privatleben war aber bisher kein großes Thema, warum auch, ich bin kein Schauspieler oder Sänger." So stellt sich Adam in Billers Roman vor. Und so wie die biografischen Eckdaten dieses Erzählers mit denen seines 1960 geborenen Autors übereinstimmen, konnte, wer wollte, leicht ahnen, wen er da porträtierte: „Esra" ist in dem Buch eine türkische Schauspielerin, die den Bundesfilmpreis gewonnen hat, ihre Mutter Trägerin des alternativen Nobelpreises.

Biller war mit seinen polemischen Invektiven[1] und seinem rechthaberischen Gestus immer schon Reizfigur des Literaturbetriebes. Unvergesslich, wie er in der Evangelischen Akademie Tutzing der gesamten deutschen Schriftstellerzunft vorwarf, „flau, gesichtlos, provinziell" zu sein. Durch „Esra" wurde er selbst dann zu dem großen Thema, das sein Erzähler nie sein wollte: Der Prozess wird, egal wie er an diesem Freitag ausgeht, Rechtsgeschichte schreiben, geht es doch um die prinzipielle Abwägung zwischen Kunstfreiheit und Persönlichkeitsrecht.

Nachdem in den ersten Verfahren keinerlei Gutachten von Literaturwissenschaftlern eingeholt wurden, plädierten nun vor dem Bundesgerichtshof sowohl der Jurist Christian Eichner als auch der Germanist York-Gotthart Mix dafür, „unbedingt im Sinn der Kunstfreiheit" zu entscheiden. Der Pen-Club und der Verband deutscher Schriftsteller sprachen sich ebenfalls für eine Freigabe aus.

In: Sueddeutsche.de, 17.5.2010

[1] Schmähreden, beleidigende Äußerungen

■ *Beschreiben Sie die Auseinandersetzung um Maxim Billers Buch mit eigenen Worten. Welche zwei Standpunkte bzw. Rechte treffen hier aufeinander? Wie würden Sie als Richter entscheiden: Welchem der beiden Standpunkte würden Sie recht geben?*

Künstlerin wollte auf Tierquälerei in Alaska aufmerksam machen

Berlin, 27. April (AFP) – Das grausame Töten von Hundewelpen fällt weder unter die Freiheit der Kunst, noch ist es als Protest zulässig. Das entschied das Verwaltungsgericht Berlin in einem am Freitag bekannt gegebenen Eilbeschluss. Darin bestätigte das Gericht das Verbot einer „Performance" in Berlin-Spandau, auf der zwei Welpen erdrosselt werden sollten. (Az: 24 L 113.12)

Die Künstlerin, die gegen das Verbot des Bezirksamts geklagt hatte, wollte am Montag die „Performance" mit dem Titel „Der Tod als Metamorphose" in einem Spandauer Theater abhalten. Laut Gericht sollten nach einer Meditation zwei Welpen mit Kabelbindern getötet werden. Mit der provokanten Aktion wollte die Künstlerin demnach darauf hinweisen, dass ausgediente Schlittenhunde in Alaska und leistungsschwache Jagdhunde in Spanien auf gleiche Weise zu Tode stranguliert würden.

Die Künstlerin hatte den Angaben zufolge argumentiert, dass Verstöße gegen das Tierschutzgesetz gerechtfertigt seien, weil das Grundgesetz „Kunstfreiheit vorbehaltlos garantiere". Das sah das Verwaltungsgericht anders: Nach dem Tierschutzgesetz dürfe niemand einem Tier ohne vernünftigen Grund Schmerzen, Leiden oder Schäden zufügen, heißt es in dem Beschluss. Zudem sei es verboten, ein Tier zur Schaustellung heranzuziehen, sofern damit Schmerzen, Leiden oder Schäden für das Tier verbunden seien.

Ein vernünftiger Grund für die geplante Tötung der Welpen sei auch unter Berücksichtigung der Kunst- und möglicherweise Religionsfreiheit nicht anzuerkennen, entschied das Gericht weiter. Die Tötung eines Wirbeltieres ohne Betäubung stelle einen gravierenden Eingriff in das Staatsschutzziel des Tierschutzes im Grundgesetz dar. Gegen den Beschluss kann die Künstlerin Beschwerde beim Oberverwaltungsgericht Berlin-Brnadenburg erheben.

- *Welche Gesetze stoßen hier aufeinander? Mit welcher Argumentation versucht die Künstlerin, ihre Performance zu legitimieren? Was halten Sie von dieser Argumentation und wie bewerten Sie die Entscheidung des Gerichts?*

- *Stellen Sie sich vor, auf der Bühne sollten anstelle der Hunde Kühe geschlachtet werden, wie es ja Tag für Tag hinter den Mauern der Schlachthöfe geschieht. Würden Sie Ihr Urteil in diesem Fall ändern? Was würden Sie auf den Rechtfertigungsversuch der „Künstler" entgegnen, mit ihrer „Kunstperformance" auf die aktuellen Missstände der Massenviehhaltung aufmerksam machen zu wollen?*

Baustein 3

Formale Analyse

In diesem Baustein stehen formale Aspekte im Zentrum. Die Schülerinnen und Schüler sollen durch die Analyse der Struktur und der Personenkonstellation erkennen, dass Inhalt und Form des „Reigen“ – wie bei jedem literarischen Werk – nicht voneinander zu trennen sind, sondern sich stets aufeinander beziehen. Die anschließende Figuren-Analyse und der darauf folgende Vergleich von Schnitzlers Stück mit anderen Dramenformen sollen den Lernenden helfen, den „Reigen“ in einen literaturhistorischen Kontext zu stellen. Auch sollen sie durch diese Analysen mögliche Gründe dafür finden, weshalb sich Schnitzler für die auffällige Struktur seines Dramas entschieden hat. Im Einzelnen geht es um folgende Aspekte:

- den Aufbau und die Personenkonstellation,
- die Figuren,
- den Vergleich des „Reigen“ mit einem klassischen Drama,
- den Vergleich des „Reigen“ mit einem Totentanz.

3.1 Der Aufbau und die Personenkonstellation

Im Folgenden soll der Fokus auf strukturelle Merkmale – sowohl des Gesamtstücks als auch der Einzelszenen – gerichtet werden. Außerdem wird sich im Lauf dieses Unterrichtsschritts schnell herausstellen, dass die Gesamtstruktur des Dramas eng verbunden ist mit seiner Personenkonstellation, die mit den Schülerinnen und Schülern daher ebenfalls erarbeitet werden soll.
Zunächst wird der Kurs in einzelne Arbeitsgruppen aufgeteilt, die folgenden Auftrag erhalten:

- *Analysieren Sie in Ihrer Arbeitsgruppe die Struktur von Schnitzlers Drama. Aus wie vielen Szenen besteht es? Wie bauen diese Szenen aufeinander auf, wie sind sie miteinander verknüpft? Achten Sie bei der Analyse auch auf die jeweils auftretenden Figuren. Was fällt Ihnen auf?*

Die Lernenden dürften aller Voraussicht nach keine Probleme haben, den Aufbau des „Reigen“ schnell zu erfassen: Das Stück besteht aus zehn Szenen – Dialoge genannt –, wobei in jedem Dialog jeweils nur zwei Figuren, nämlich ein Mann und eine Frau, auftreten. Die einzelnen Dialoge sind kettenförmig miteinander verknüpft, da jeweils eine Figur in der nächsten Szene erneut auftritt. Da in der letzten Szene erneut die erste Figur, nämlich die Dirne, erscheint und damit eine Verknüpfung zur ersten Szene herstellt, hat das Drama die Struktur eines geschlossenen Kreises, seine Handlung könnte wieder von Neuem beginnen.
Die zentralen Merkmale der „Reigen“-Struktur können mit folgendem Tafelbild stichpunktartig gesichert werden:

Der Aufbau des „Reigen"

- zehn Dialoge
- in einem Dialog jeweils zwei Figuren: ein Mann / eine Frau
- Figuren kettenförmig miteinander verknüpft:

Dialog:	1	2	3	4	5	6	7	8	9	10
Figur:	1–2 /	2–3 /	3–4 /	4–5 /	5–6 /	6–7 /	7–8 /	8–9 /	9–10 /	10–1

- 1. und 10. Dialog sind durch die 1. Figur (Dirne) verknüpft ⇒ geschl. kreisförmige Struktur

Nach der Besprechung dieser strukturellen Merkmale sollten die Lernenden keine großen Schwierigkeiten mehr haben, die Gesamtstruktur des „Reigen" auch grafisch darzustellen. Die Arbeitsgruppen erhalten folgenden Auftrag:

- *Versuchen Sie, die Gesamtstruktur des Dramas in Form einer Grafik darzustellen, in der sowohl die Verknüpfung der einzelnen Dialoge als auch die Personenkonstellation auf einen Blick deutlich wird.*

Nachdem die einzelnen Lösungen vorgestellt und besprochen worden sind, können sie mit dem Lösungsvorschlag auf dem **Arbeitsblatt 15**, S. 78, verglichen werden. Vermutlich werden sich die einzelnen Varianten aufgrund der sehr klaren Struktur des Dramas nur in Details unterscheiden.
Im nächsten Schritt kann der Fokus von der Gesamtstruktur des „Reigen" auf die Struktur der einzelnen Dialoge gelenkt werden. Die Szenen sind (mit wenigen Ausnahmen) immer gleich aufgebaut. Sie beschreiben das „Vorher" und das „Nachher" eines Geschlechtsakts, wobei dieser selbst jeweils nur durch eine Reihe von Schrägstrichen angedeutet ist. Zu Recht konstatiert Erna Neuse, dass für jeden Dialog „die dramatische Pyramidenform, bestehend aus steigender Handlung, Höhepunkt, fallender Handlung, oder Vorbereitung auf den Geschlechtsakt, Geschlechtsakt und Nachspiel kennzeichnend ist."[1] Es ist sinnvoll, dass die Lernenden diesen wiederkehrenden Aufbau durch die Analyse eines Dialogs selbst erarbeiten. Aufgrund seiner Kürze, durch welche die strukturellen Merkmale besonders deutlich hervortreten, bietet sich der 1. Dialog an. Nach der gemeinsamen Lektüre erhalten die Lernenden folgenden Auftrag:

- *Wie ist der Dialog aufgebaut, aus welchen Hauptteilen besteht er? Stellen Sie seine Struktur grafisch dar.*

Nachdem die Ergebnisse vorgestellt und besprochen worden sind, kann die Struktur eines „Reigen"-Dialogs beispielsweise so an der Tafel dargestellt werden:

Die Pyramidenform des Dialogs in Schnitzlers „Reigen"

Geschlechtsakt/Höhepunkt

Gespräch „vorher" wachsende Spannung ↗ ... ↘ Gespräch „nachher" Entspannung

[1] Erna Neuse: Die Funktion von Motiven und stereotypen Wendungen in Schnitzlers „Reigen". In: Monatshefte für deutschen Unterricht, deutsche Sprache und Literatur 64 (1972), S. 356–370; hier: S. 358

Drei Dialoge im „Reigen" weichen von dieser Struktur ab: 1) Im 2. Dialog kommt es gleich zwei Mal zum Geschlechtsakt (= zwei Reihen Gedankenstriche; siehe S. 14), was als Zeichen der Potenz des Soldaten ausgelegt werden kann. 2) Im 4. Dialog finden sich zwar ebenfalls zwei Reihen Gedankenstriche (S. 34 und S. 38), diesmal aber aufgrund der mangelnden Potenz des jungen Mannes beim ersten Versuch. Dies ließe sich durch seine Aufregung und Schüchternheit gegenüber der begehrenswerten jungen Frau erklären.[1] 3) Im 10. Dialog schließlich gibt es überhaupt keine Gedankenstrichreihe, da der Geschlechtsakt zwischen den beiden Figuren bereits vor dem Einsatz der Szene ausgeübt worden ist, obwohl sich der Graf an nichts mehr erinnern kann. Auch die Sexualität kann die Menschen, so ließe sich dieses Vergessen interpretieren, nicht aus ihrer gefühlten Sinnlosigkeit befreien.[2]
Der Kurs wird in Arbeitsgruppen unterteilt, die folgenden Auftrag erhalten:

- *Welche Dialoge im „Reigen" weisen eine andere Struktur als die erarbeitete auf? Wie lassen sich diese Unterschiede interpretieren?*

Die Ergebnisse des anschließenden Unterrichtsgesprächs können wieder stichpunktartig an der Tafel gesichert werden:

Die Dialoge mit anderer Struktur

2. Dialog: zwei Gedankenstrich-Reihen (da zwei Mal Sexualakt)
➡ Potenz des Soldaten wird unterstrichen

4. Dialog: zwei Gedankenstrich-Reihen (da beim ersten Mal Erektionsprobleme)
➡ Zeichen für Aufregung des jungen Mannes

10. Dialog: keine Gedankenstrich-Reihe (da Sexualakt schon vergangen)
➡ Symbol für Sinnlosigkeit

Nach der Analyse der Dialogstruktur kann der Fokus noch einmal auf die Gesamtstruktur des „Reigen", speziell auf die Chronologie der Szenen, gerichtet werden. Angesichts des kreisförmigen Aufbaus könnte man auf den ersten Blick meinen, die Einzelszenen seien lediglich durch die jeweilige Figur miteinander verknüpft, die in der Folgeszene erneut auftritt, und seien daher prinzipiell auch anders zu arrangieren. Auf den zweiten Blick aber wird deutlich, dass der Chronologie der Dialoge eine bestimmte Regel zugrunde liegt. Die soziale Position der auftretenden Figuren steigert sich von Dialog zu Dialog. Im letzten Dialog treffen dann in Form des Grafen und der Dirne der oberste und der unterste Rang aufeinander: „Die soziale Stufenleiter wird empor- und wieder hinabgestiegen", betont auch Waltraud Wende. „Eine Dirne lässt sich mit einem Soldaten ein, dieser ist kein schneidiger Offizier, sondern ein ordinärer Kerl, für den es bereits ein Aufstieg ist, ein Stubenmädchen zu verführen; das Stubenmädchen ist nicht unwillig, es auch einmal mit dem jungen Herrn zu versuchen, der wiederum eine Liebschaft mit einer verheirateten Frau hat; diese kann gar nicht anders, als gelegentlich auch einmal ihren ehelichen Pflichten nachzukommen, wobei das eigentliche Interesse ihres Gatten dem süßen Mädel gehört; das süße Mädel findet es amüsant, sich mit einem Dichter einzulassen, der aus Prestigegründen ein Verhältnis mit einer Schauspielerin pflegt; die Schauspielerin konzentriert sich darauf, einen Grafen zu verführen, der sich dann am Ende der Dialogfolge bei der Dirne der Eingangsszene einfindet."[3]

---

1 Siehe dazu aus psychoanalytischer Perspektive Baustein 5.3.
2 Siehe dazu im Kontext der Philosophie Friedrich Nietzsches Baustein 4.4.
3 Waltraud Wende: Das Zufallskarussell der Liebe. Zu Geschichte und Struktur von Arthur Schnitzlers „Reigen". In: Diagonal (1994) H. 1, S. 69–81; hier: S. 76

Mit folgendem Frageimpuls kann das Unterrichtsgespräch auf diesen Sachverhalt gelenkt werden:

- *Achten Sie auf die Aneinanderreihung der einzelnen Dialoge. Sind sie beliebig umstellbar? Was würde sich dadurch verändern? Erkennen Sie eine bestimmte Regel in der Chronologie?*

Die Lernenden sollen in diesem Unterrichtsschritt also begreifen, dass die Szenenfolge nicht nur kreisförmig auf einer gleich bleibenden Ebene stattfindet, sondern sich Dialog für Dialog in die Höhe schraubt, um schließlich im 10. Dialog durch die Figur der Dirne wieder auf der untersten Ebene anzulangen.
Diese Chronologie lässt sich an der Tafel (oder als Overhead-Folie, siehe **Arbeitsblatt 16**, S. 79) grafisch darstellen:

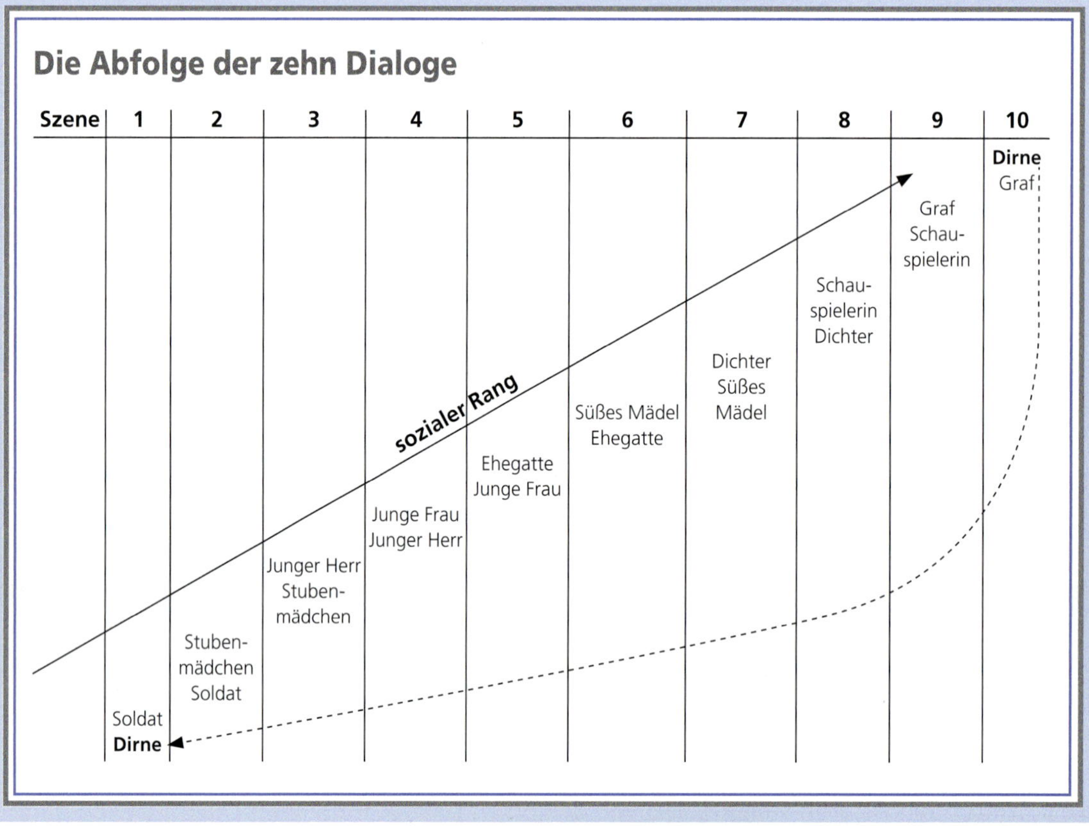

Im Anschluss daran kann nach der einzigen Figur gefragt werden, die eine Ausnahme zu dieser Regel darstellt:

- *Welche Figur passt nicht in diese Reihe und stellt damit eine Ausnahme von der Regel dar? Wie lässt sich diese Ausnahme interpretieren?*

Die Lernenden werden vermutlich schnell erkennen, dass die gesuchte Figur das „süße Mädel" ist, weil es sozial niedriger steht als die drei vorangegangenen Figuren (junger Herr, junge Frau und Ehegatte). Wollte man das Mädchen „regelkonform" in die Reihe einordnen, so stünde es wohl zwischen dem Stubenmädchen und dem jungen Herrn. Dass gerade das junge Mädel die Ausnahme der Regel darstellt, ließe sich dadurch begründen, dass diese Figur ohnehin kaum eine eigene Persönlichkeit gewinnt, sondern viel eher als Projektionsfläche und Spiegel der Männer, in diesem Fall des Ehemanns und des Dichters, funktionalisiert wird. Sie ist gleichsam eine Leerstelle im sozialen Gefälle der anderen Figuren.

3.2 Die Figuren

Wie im vorangegangenen Unterrichtsschritt deutlich geworden ist, sind im „Reigen" alle Gesellschaftsschichten vertreten. Die auftretenden Figuren wirken dabei häufig eher wie repräsentative Typen ihrer sozialen Position als wirkliche Persönlichkeiten. „Schnitzler gibt mit diesen Typen einen repräsentativen Querschnitt der Wiener Gesellschaft der Jahrhundertwende", betont Erna Neuse. „Die Dirne repräsentiert die niedrigste Gesellschaftsstufe. Der Soldat, das Stubenmädchen und das süße Mädel gehören der kleinbürgerlichen Schicht an. Der Dichter und die Schauspielerin sind die Vertreter des am Rande der Gesellschaft lebenden Künstlertums. Der bürgerliche Mittelstand wird vom jungen Herrn (Alfred), der jungen Frau (Emma) und dem Gatten (Karl) dargestellt. Die Aristokratie ist durch den Grafen vertreten."[1] Zum Einstieg in diesen Unterrichtsschritt eignet sich dieser Schreibauftrag, der in Gruppenarbeit ausgeführt werden kann:

- *Stellen Sie die Figuren des „Reigen" in ihre jeweilige Gesellschaftsschicht. Welche verschiedenen Gruppen finden Sie? Welche Figuren gehören der gleichen Gruppe an?*

Die Ergebnisse können in folgender Form an der Tafel gesichert werden:

Die sozialen Schichten im „Reigen"

Die Dirne	niedrigste Gesellschaftsstufe
Der Soldat Das Stubenmädchen Das süße Mädel	kleinbürgerliche Schicht
Der junge Herr Die junge Frau Der Ehegatte	bürgerlicher Mittelstand
Der Dichter Die Schauspielerin	am Rande der Gesellschaft lebendes Künstlertum
Der Graf	Aristokratie

In einem nächsten Schritt kann mit den Lernenden erarbeitet werden, wodurch sich die einzelnen sozialen Stände im „Reigen" voneinander unterscheiden. Besonders wichtig sind drei Faktoren:
1) die verwendete Sprache
2) die Länge des Gesprächs
3) der Ort der Begegnung

Das Unterrichtsgespräch kann durch folgende Frageimpulse eingeleitet und weitergeführt werden:

[1] Erna Neuse: Die Funktion von Motiven und stereotypen Wendungen in Schnitzlers „Reigen". In: Monatshefte für deutschen Unterricht, deutsche Sprache und Literatur 64 (1972), S. 356–370; hier: S. 357

- *Wodurch unterscheiden sich die verschiedenen sozialen Stände und Gruppen im „Reigen"? Denken Sie bei der Beantwortung an alle Informationen, die der Leser durch die Dialoge und Regieanweisungen erhält.*
- *Wie deuten Sie diese Unterschiede?*
- *Suchen Sie passende Beispiele aus dem Text, die die gefundenen Unterschiede illustrieren.*

Einer der auffälligsten Unterschiede ist die **verwendete Sprache** der einzelnen Figuren. Je tiefer ihr sozialer Stand ist, desto einfacher ist ihr Sprachgebrauch und desto häufiger verwenden sie umgangssprachliche Wendungen und wienerisch gefärbten Dialekt. Ein gutes Beispiel hierfür ist der letzte Abschnitt des 1. Dialogs:

Soldat.
Da oder da ... Na, krall aufi.
Dirne.
Was laufst denn so –
Soldat.
Ich muss in die Kasern', ich komm eh schon zu spät.
Dirne.
Geh, du, wie heißt denn?
Soldat.
Was interessiert dich denn das, wie ich heiß?
Dirne.
Ich heiß Leocadia.
Soldat.
Ha! – So an' Namen hab ich auch noch nie gehört.
Dirne.
Du!
Soldat.
Na, was willst denn?
Dirne.
Geh, ein Sechserl für'n Hausmeister gib mir wenigstens! --
Soldat.
Ha! ... Glaubst, ich bin deine Wurzen ... Servus! Leocadia ...
Dirne.
Strizzi! Fallott! –

(S. 9, Z. 20–S. 10, Z. 8)

Nach der gemeinsamen Lektüre dieser Textpassage kann der Fokus durch folgenden Frageimpuls direkt auf die verwendete Sprache gerichtet werden:

- *Beschreiben Sie den Sprachgebrauch der beiden Figuren. Welches Sprachniveau haben sie? Wie sind die Sätze gebaut? Was fällt Ihnen sonst noch auf?*

Das Gespräch zwischen dem Soldaten und der Dirne besteht fast ausschließlich aus kurzen, parataktischen Sätzen. Es richtet sich – auch im übrigen Dialog – nur auf die aktuelle Situation; über anderes, etwa über ihre Vergangenheit, unterhalten sich die beiden Figuren nicht. Im Gegensatz dazu unterhalten sich die Figuren der höheren sozialen Stände auch über Dinge, die über die konkrete Situation hinausgehen, etwa über vergangene Erlebnisse, über ihr Wohlbefinden oder ganz allgemein über Welt- und Lebensansichten. Dabei bedienen sie sich häufiger der Hochsprache, ihre Sätze sind länger und komplexer, oft hypotaktisch gebaut. Repräsentativ hierfür ist beispielsweise folgender Wortwechsel zwischen dem Grafen und der Schauspielerin:

Graf.
Wissen S' Fräulein, mit Ihnen kann man plaudern, das hat mir der Lulu schon g'sagt, und das ist's, was man selten find't.

Schauspielerin.
Nun freilich, in Ungarn.

Graf.
Aber in Wien grad so! Die Menschen sind überall dieselben; da wo mehr sind, ist halt das Gedräng größer, das ist der ganze Unterschied. Sagen S' Fräulein, haben Sie die Menschen eigentlich gern?

Schauspielerin.
Gern – ?? Ich hasse sie! Ich kann keine sehn! Ich seh auch nie jemanden. Ich bin immer allein, dieses Haus betritt niemand.

Graf.
Sehn S', das hab ich mir gedacht, dass Sie eigentlich eine Menschenfeindin sind. Bei der Kunst muss das oft vorkommen. Wenn man so in den höheren Regionen ... na, Sie haben's gut, Sie wissen doch wenigstens, warum Sie leben!

(S. 97, Z. 30 – S. 98, Z. 15)

Auch diese Textpassage sollte nach der gemeinsamen Lektüre von den Lernenden analysiert werden:

- *Beschreiben Sie den Sprachgebrauch der beiden Figuren in dieser Szene. Inwiefern unterscheidet er sich vom Sprachgebrauch des Soldaten und der Dirne?*

Eng verbunden mit dem Niveau der verwendeten Sprache ist die **Länge der einzelnen Dialoge**. Zumindest tendenziell lässt sich sagen, dass die Gesprächslänge mit dem Grad des sozialen Standes zunimmt. So umfasst der 1. Dialog zwischen der Dirne und dem Soldaten gerade einmal 5 Seiten, während der 4. Dialog zwischen dem jungen Mann und der jungen Frau 18 Seiten lang ist. Erklären lässt sich dieser Unterschied zum einen dadurch, dass sich die Figuren der höheren Schichten auch über andere Dinge als über die konkrete Situation ihres Treffens unterhalten. Zum anderen müssen sie immer wieder Höflichkeiten äußern und sittliche Bedenken vortäuschen, bis sie endlich zum Sexualakt schreiten können. Im Gegensatz zu ihnen können die Figuren der unteren Schichten ohne viel Ablenkung und Ausschweifungen zum eigentlichen Grund ihrer Begegnung kommen.
Sollten die Schülerinnen und Schüler nicht allein auf diesen Aspekt gelangt sein, kann folgender Frageimpuls weiterhelfen:

- *Wie verhält es sich mit der Länge der einzelnen Dialoge? Wie umfangreich sind beispielsweise der 1. und der 4. Dialog? Erkennen Sie einen Zusammenhang zwischen der Dialoglänge und dem sozialen Stand der Figuren? Wie erklären Sie sich diesen Zusammenhang?*

Ganz ähnlich verhält es sich mit dem **Raum** der jeweiligen Begegnung. Je tiefer der soziale Stand, desto weniger Aufhebens machen die Figuren um den Ort ihres Treffens. Der sexuelle Kontakt im 1. und 2. Dialog findet sogar im Freien (am Flussufer und auf einer Wiese) statt. Die animalische Natur des Sexualtriebs wird hier besonders deutlich. Je höher der Stand, desto zivilisierter müssen sich die Personen verhalten. So mietet etwa der junge Herr im 4. Dialog extra einen eleganten Salon für sein Techtelmechtel mit der jungen Frau.
Auch hier bietet sich eine zielgerichtete Nachfrage an:

- *Achten Sie auf die jeweiligen Orte der einzelnen Begegnungen. Wo finden beispielsweise der 1. und der 2. Dialog statt, wo der 4. Dialog? Sehen Sie einen Zusammenhang zwischen der Art des Raumes und dem sozialen Stand der Figuren? Wie erklären Sie sich diesen Zusammenhang?*

Die Ergebnisse des Unterrichtsgesprächs lassen sich stichpunktartig an der Tafel sichern:

Soziale Rangunterschiede im „Reigen" durch:

	unterer sozialer Stand:	höherer sozialer Stand:
Sprache	• einfache Sprache • Umgangssprache, wienerisch gefärbt • situationsgebunden	• komplexere Sprache • häufiger Hochdeutsch • auch über andere Dinge (Vergangenheit, Weltansichten etc.)
Gesprächslänge	• eher kurz • zielgerichtet • ohne Umschweife	• länger • Höflichkeiten, sittliche Bedenken • abschweifend
Raum	• teils im Freien • einfach	• vornehm • extra für Treffen arrangiert

Nachdem mit den Schülerinnen und Schülern bereits erarbeitet worden ist, dass im „Reigen" Figuren aus allen sozialen Schichten auftreten, bietet sich noch ein Blick auf ihre auffällige Bezeichnung an:

■ *Wie werden die Figuren im Drama bezeichnet? Warum wohl hat Schnitzler sie nicht einfach mit ihrem normalen Namen bezeichnet? Kennen wir überhaupt die Namen aller auftretenden Figuren?*

Natürlich ist den Lernenden längst aufgefallen, dass die Figuren nur nach ihrer sozialen Position bezeichnet sind: „die Dirne", „der Soldat", „das Stubenmädchen" etc. (siehe v.a. die Personenliste auf Seite 5 der Textausgabe). Ihre Vornamen werden dann nur im Laufe der Dialoge von anderen Figuren genannt (vom süßen Mädel, der Schauspielerin und vom Grafen erfährt der Leser überhaupt keine Namen; vom Dichter sogar den Familiennamen). Schon durch diese besondere Art der Bezeichnung signalisiert Schnitzler, dass es ihm mit seinem „Reigen" nicht um die Darstellung einzelner Schicksale geht, sondern um etwas, das alle Menschen gleichermaßen betrifft. So repräsentieren die Figuren, die durch ihre Bezeichnung ohnehin schon einen großen Teil ihrer Identität und Individualität einbüßen, eine bestimmte gesellschaftliche Schicht. Sie sind viel eher Typen als Charaktere. Letztlich wären sie problemlos durch andere Figuren aus der gleichen Schicht austauschbar. (Dieser Aspekt spielt in Baustein 3.4 eine zentrale Rolle, in dem der „Reigen" als moderner Totentanz gelesen wird.)

3.3 Der Vergleich mit einem klassischen Drama

In dieser Unterrichtseinheit geht es um die Frage, ob und inwiefern Schnitzlers „Reigen" die Formmerkmale eines klassischen aristotelischen Dramas aufweist, das beispielsweise auch in der Weimarer Klassik die beliebteste Dramenform war und auch gegen Ende des 19. Jahrhunderts noch häufig verwendet wurde. Die Lernenden erhalten dafür das **Arbeitsblatt 17**, S. 80, auf dem diese Merkmale knapp zusammengefasst sind, mit folgender Aufgabenstellung:

- *Lesen Sie den Text aufmerksam durch und notieren Sie die wichtigsten Merkmale des klassischen Dramas.*

Nachdem die Lernenden ihre Ergebnisse vorgetragen haben, bietet sich ein zusammenfassendes Tafelbild an:

Das klassische (aristotelische) Drama

Einheit:
- der Handlung
- der Zeit
- des Ortes

Spannung aufbauende Entwicklung in fünf Akten:
1. Exposition
2. zum Höhepunkt steigende Handlung
3. Höhepunkt und Peripetie
4. fallende Handlung mit retardierenden Momenten
5. Lösung

Im Anschluss daran kann erarbeitet werden, ob Schnitzlers „Reigen" Merkmale eines klassischen Dramas aufweist. Der Kurs wird in Arbeitsgruppen aufgeteilt, die folgenden Auftrag erhalten:

- *Handelt es sich bei Schnitzlers „Reigen" um ein klassisches Drama? Gehen Sie die erarbeitete Liste der typischen Merkmale dieser Dramenform noch einmal durch und prüfen Sie, welche dieser Merkmale Schnitzlers Theaterstück aufweist.*

Nach der Bearbeitungszeit werden die Ergebnisse der Arbeitsgruppen vorgestellt und miteinander besprochen. Vermutlich haben die meisten der Lernenden erkannt, dass Schnitzlers „Reigen" kein einziges der Merkmale eines klassischen Dramas aufweist. So ist die Handlung kein geradliniger Handlungsstrang, in dem jedes Einzelteil aufeinander aufbaut, sondern sie besteht aus zehn einzelnen Dialogen, von denen jeder für sich eigenständig und abgeschlossen ist. Von einer Einheit der Handlung kann also nicht die Rede sein. Genauso verhält es sich mit dem Kriterium der Einheit der Zeit. Sie spielt im „Reigen" kaum eine Rolle: So entsteht zwischen den einzelnen Szenen beispielsweise keine Spannung, wie es im klassischen Drama (insbesondere im 4. und 5. Akt) üblich ist. Letztlich bleibt es für den Leser/Zuschauer auch völlig unklar, in welchem zeitlichen Abstand die einzelnen Dialoge stattfinden: Die Handlung könnte sich über wenige Tage, aber auch über etliche Monate erstrecken. Da der „Reigen" darüber hinaus nicht an einem eng begrenzten Ort spielt, sondern an verschiedenen Orten (innerhalb Wiens), die außerdem keinen direkten Zusammenhang untereinander haben, erfüllt das Stück auch nicht das Merkmal der Einheit des Ortes. Im Gegensatz zum klassischen Drama handelt es sich bei seinen Einzelteilen auch nicht um fünf aufeinander aufbauende Akte, die einem vorgegebenen Spannungsbogen folgen, sondern um zehn einzelne Szenen, die – abgesehen von jeweils einer Figur, die in einer Szene und der darauf folgenden auftritt – nicht miteinander zusammenhängen.
Nachdem die Lernenden erkannt haben, dass der „Reigen" ganz andere Merkmale als ein klassisches Drama aufweist, kann im weiteren Unterrichtsverlauf nach möglichen Gründen dafür gefragt werden:

■ *Wir haben gesehen, dass der „Reigen“ keines der Merkmale eines klassischen fünfaktigen Dramas aufweist. Warum wohl hat sich Schnitzler gegen diese klassische Dramenform entschieden?*

Auf diese Frage sind sicherlich die unterschiedlichsten Antworten denkbar. Im Unterrichtsgespräch sollten die Schülerinnen und Schüler aber erkennen, dass mit der klassischen Dramenform – insbesondere wegen der Einheit von Handlung, Zeit und Raum – auch eine geordnete und erklärbare Welt verbunden ist, in der alle Menschen und Dinge ihren vorgegebenen Platz haben. Die Zeit, in der Schnitzlers „Reigen“ entstanden ist, teilt ein solches Weltbild nicht mehr. So folgt die Handlung nicht mehr einem einzigen Strang, sondern spaltet sich in mehrere Einzelhandlungen auf und spiegelt so die moderne, nicht mehr von einer einzigen Position überschaubare Wirklichkeit wider. Auch mit Blick auf die handelnden Figuren lässt sich leicht begründen, warum der „Reigen“ nicht als klassisches Drama konzipiert ist. Während in diesem gewöhnlich nur wenige Hauptfiguren mitspielen, die obendrein häufig der (adeligen) Oberschicht angehören, sind im „Reigen“ Vertreter aller gesellschaftlichen Schichten beteiligt. Die Handlung betrifft – im Gegensatz zum klassischen Drama – nicht nur Einzelne, die eine besondere Schicksalsprüfung zu bestehen haben, sondern letztlich *alle* Menschen.
Im Anschluss an das Unterrichtsgespräch können die Ergebnisse folgendermaßen an der Tafel gesichert werden:

Vergleich

klassisches Drama	**Schnitzlers „Reigen“**
Einheit: • der Handlung • der Zeit • des Ortes	keine Einheit: • der Handlung (zehn Einzelhandl.) • der Zeit (Zeit bedeutungslos) • des Ortes (verschiedene Orte)
Spannung aufbauende Entwicklung in fünf Akten: 1. Exposition 2. zum Höhepunkt steigende Handlung 3. Höhepunkt und Peripetie 4. fallende Handlung mit retardierenden Momenten 5. Lösung	zehn Einzelszenen, die nur durch jeweils eine Figur zusammenhängen, aber nicht aufeinander aufbauen; keine Spannungssteigerung

➡ **„Reigen“ kein klassisches Drama**
Die Welt um 1900 ist zu kompliziert und unübersichtlich für die klassische Form geworden

3.4 Der „Reigen“ als Totentanz

Nachdem im vorangegangenen Unterrichtsschritt erarbeitet worden ist, dass der „Reigen“ keine Merkmale des klassischen Dramas aufweist, soll das Stück im Folgenden mit einer ganz anderen Textform, nämlich mit dem seit dem Mittelalter bekannten Totentanz, verglichen werden. Die Lernenden sollen vor dem Hintergrund ausgewählter Texte erkennen, dass Schnitzler ganz bewusst Elemente dieser in Europa gerade zu Hochzeiten des Christen-

tums beliebten Textform übernommen hat – dass es sich beim „Reigen" letztlich auch um einen „Todesreigen" handelt.
Als Einstieg in diese Unterrichtseinheit empfiehlt sich die gemeinsame Lektüre des Lexikonartikels auf dem **Arbeitsblatt 18**, S. 81, in dem die Merkmale eines Totentanzes zusammengefasst sind. Die Schülerinnen und Schüler erhalten folgende Aufträge:

- *Beschreiben Sie den abgebildeten Totentanz. Was fällt Ihnen auf?*
- *Notieren Sie stichpunktartig die zentralen Merkmale eines Totentanzes.*

Zur Vertiefung ist an dieser Stelle auch ein Schülerreferat über die Geschichte des Totentanzes denkbar.
Die Ergebnisse des Unterrichtsgesprächs (und des Schülerreferats) können an der Tafel stichpunktartig gesichert werden:

Der Totentanz

- Entstehung im 14. Jh. nach Erfahrung der Pest
- Darstellung durch Text und Bild
- reigenartiger Tanz, der sich (theoretisch) endlos dreht
- Tanzpaar jeweils ein Mensch und eine Todesfigur
- im Zentrum Dialog des Sterbenden mit dem Tod
- auftretende Figuren aus allen Ständen und Gruppen
- der Tod gleicht alle sozialen Unterschiede aus („vor dem Tod ist jeder gleich")
- Konfrontation von Gegensätzen, wie Diesseits und Jenseits, Zeitlichkeit und Ewigkeit etc.
- Lehrgedicht: Mahnung an Vergänglichkeit der Existenz

Im nächsten Schritt kann das Unterrichtsgespräch durch folgende Frageimpulse auf Schnitzlers „Reigen" gelenkt werden:

- *Wir haben nun die wichtigsten Merkmale des Totentanzes kennengelernt. Welche inhaltlichen und strukturellen Ähnlichkeiten erkennen Sie zwischen dieser Textform und Schnitzlers „Reigen"?*
- *In welchen Szenen des Stücks werden Tod und Sterben thematisiert? Interpretieren Sie die betreffenden Textpassagen. Inwiefern stellen sie eine Parallele zwischen dem „Reigen" und einem Totentanz her?*

Voraussichtlich werden die Lernenden problemlos etliche Merkmale des Totentanzes im „Reigen" wiederentdecken. Die zentrale Position, die der Tod im mittelalterlichen Totentanz einnimmt, besetzt in Schnitzlers Stück die Sexualität. Dieser animalische Trieb macht – ebenso wie der Tod im Totentanz – alle Menschen, ungeachtet ihres Standes, gleich; soziale Rangunterschiede verlieren im sexuellen Begehren ihre Bedeutung. Auch Gabriella Rovagnati betont: „Wie im traditionellen Totentanz die Gesprächspartner des Todes immer Repräsentanten einer bestimmten sozialen Schicht sind – der Edelmann, der Kardinal, der

Bauer usw. –, so findet auch im ‚Reigen' eine ähnliche Reduktion der Personen statt, die keine Individuen mehr sind, sondern Vertreter einer bestimmten gesellschaftlichen Schicht oder Gruppe, die alle den geschlechtlichen Akt jeweils anders und doch immer ähnlich erleben, denn in solcher Situation triumphiert das Animalische, das wie der Tod alle gleichmacht."[1] Ebenso wie der Totentanz besteht auch der „Reigen" aus einer Kette einzelner Szenen, in denen jeweils ein Paar aufeinandertrifft, wobei in diesen Szenen ebenfalls immer ein Dialog zwischen den beiden Partnern im Zentrum steht. Wie beim Totentanz, so gibt es auch beim „Reigen" kein wirkliches dramaturgisches Ende: Beide Tänze könnten sich beliebig lange weiterdrehen – so lange jedenfalls, wie es Menschen auf der Erde gibt. Angesichts der engen Verwandtschaft zwischen Sexualität und Tod ist es kein Wunder, dass die meisten der Figuren im „Reigen" gehetzt wirken und immer wieder auf die knappe Zeit verweisen. Wie die Personen im Totentanz scheinen auch sie immer wieder an die Vergänglichkeit ihrer Existenz erinnert zu werden, was sie dementsprechend ängstlich und unruhig macht.

Interessanterweise wird im „Reigen" das Thema Tod in der ersten und der letzten Szene direkt angesprochen, sodass die Sterblichkeit des Menschen eine Art Rahmen des gesamten Stücks bildet. Im 1. Dialog wird der Tod in folgenden Sätzen thematisiert:

Dirne.
Bei mir is immer das Rechte. Geh, bleib jetzt bei mir. Wer weiß, ob wir morgen noch's Leben haben.
Soldat.
So komm – aber g'schwind!
Dirne.
Gib Obacht, da ist so dunkel. Wennst ausrutsch'st, liegst in der Donau.
Soldat.
Wär eh das Beste.

(S. 8, Z. 16–25)

Nach der gemeinsamen Lektüre dieser Textpassage bietet sich folgender Frageimpuls für die Weiterführung des Unterrichtsgesprächs an:

- *An welche Tatsache erinnert die Dirne den Soldaten in diesem Dialog? Wie geht dieser mit der Warnung der Dirne um?*

Die Dirne spricht hier eine gerne verdrängte Wahrheit aus, die auch im Zentrum eines mittelalterlichen Totentanzes steht: Nicht nur alte oder kranke Menschen sind vom Tode bedroht. Auch junge Menschen können nicht sicher sein, ob sie am nächsten Tag noch leben – ein plötzlicher Unfall etwa kann ihre Existenz von der einen auf die andere Sekunde auslöschen. Freilich bedingt diese Einsicht für die Dirne – im Gegensatz zu den Figuren im Totentanz – nicht Schuldbewusstsein und achtsame Frömmigkeit, sondern einen ausgelassenen Lebensgenuss, etwa in der Sexualität. Den Glauben an einen tieferen Sinn des Lebens, gar an ein göttliches Wesen haben die Figuren im „Reigen" längst verloren. (Vgl. hierzu auch Baustein 4.) So ist es kein Wunder, dass der Soldat einem möglichen Tod keineswegs nur mit Schrecken entgegensieht: Mit seiner sarkastischen Antwort auf die Warnung der Dirne lässt er erahnen, wie überdrüssig er der täglichen Fron seines Lebens ist. So sind in der zitierten Textpassage einerseits zwar Elemente des Totentanzes zu erkennen, andererseits aber werden doch auch eigene, entgegengesetzte Akzente gesetzt.

[1] Gabriella Rovagnati: Also tanzen wir im Kreise (siehe Arbeitsblatt 20, S. 83ff.)

Aufschlussreich ist auch der Monolog des Grafen in der 10. Szene:

Graf

Oh! *(Sieht auf die Schlafende.)* Die hat halt einen g'sunden Schlaf. Ich weiß zwar von gar nix – aber ich werd ihr's Geld aufs Nachtkastel legen ... und Servus ... *(Er steht vor ihr, sieht sie lange an.)* Wenn man nicht wüsst, was sie ist! *(Betrachtet sie lang.)* Ich hab viel kennt, die haben nicht einmal im Schlafen so tugendhaft ausg'seh'n. Meiner Seel ... also der Lulu möcht wieder sagen, ich philosophier, aber es ist wahr, der Schlaf macht auch schon gleich, kommt mir vor; – wie der Herr Bruder, also der Tod ... Hm, ich möcht nur wissen, ob ... Nein, daran müsst ich mich ja erinnern ... Nein, nein, ich bin gleich da auf den Divan herg'fallen ... und nichts is g'schehn ... Es ist unglaublich, wie sich manchmal alle Weiber ähnlich schauen ...

(S. 108, Z. 4–15)

Wieder bietet sich nach der gemeinsamen Lektüre der Textpassage ein weiterführender Frageimpuls an:

- *Mit wem stellt der Graf hier den Tod auf eine Stufe? Inwiefern wird auch an dieser Stelle die Verwandtschaft von Schnitzlers „Reigen" mit einem Totentanz deutlich?*

An keiner anderen Stelle wird die Verwandtschaft des „Reigen" zu einem Totentanz deutlicher. Wenngleich hier nicht der Tod als „Gleichmacher" aller sozialen Unterschiede angesprochen wird, so doch sein „Bruder", der Schlaf. Im Schlaf verwischen alle Rangunterschiede, die Dirne erscheint tugendhafter als viele höherstehende Frauen. Darüber hinaus lässt der Schlaf auch die Mühsal des Lebens vergessen. So ist es bezeichnend, dass sich der Graf nicht mehr daran erinnern kann, ob er mit der jungen Frau Geschlechtsverkehr hatte oder nicht. „Hier kehrt der Liebesreigen zu seinem Ursprung, dem Totentanz, zurück. Die Lust, die diese Lebenden im Geschlechtsakt suchen, ist der Verheißung brüderlich verwandt, mit der der Tod die Figuren ködert, die er zu *seinem* Tanz geladen hat: Sie alle suchen das Vergessen. Gewiss liegt Ironie in dem Umstand beschlossen, dass es gerade der abgelebte Herr Graf sein muss, dem angesichts von Liebe, Schlaf und Tod das Wissen um die Gleichheit aller Kreatur aufdämmert. Obgleich das Wort ‚Philosoph' in seinem Wortschatz fast schon ein Schimpfwort ist, entdeckt er hier die Demokratie der Vergänglichkeit. Hier sind alle Wesen gleichberechtigt. Vor der Liebe steht der Mensch so nackt und ranglos wie vor dem Tod."[1]

Nach dem Unterrichtsgespräch kann auch Heinz Politzers Text (**Arbeitsblatt 19**, S. 82) herangezogen werden, in dem ebenfalls die Verwandtschaft von Schnitzlers „Reigen" mit einem mittelalterlichen Totentanz betont wird. Vertiefende Ausführungen zu diesen Parallelen und allgemeine Informationen zur Geschichte und Form des Totentanzes finden sich in Gabriella Rovagnatis Text „Also tanzen wir im Kreise" (**Arbeitsblatt 20**, S. 83ff.), der beispielsweise im Rahmen eines Schülerreferates vorgestellt werden kann.

Wieder sollten die Ergebnisse des Unterrichtsgesprächs an der Tafel gesichert werden:

1 Heinz Politzer: Über den „Reigen" als Totentanz (siehe Arbeitsblatt 19, S. 82)

Der „Reigen" als Totentanz

- Was im Totentanz der Tod, ist im „Reigen" die Sexualität.
- Reigenartiger Tanz, der sich (theoretisch) endlos dreht
- Menschen aller Stände und Gruppen sind von der Sexualität betroffen.
- Sexualität gleicht soz. Unterschiede aus (s. Ehemann/süßes Mädel; Graf/Dirne).
- In jeder Szene tritt ein Paar auf, verbunden durch Sexualität.
- Im Zentrum jeder Szene steht ein Dialog eines Paares.
- Motiv des Gehetztseins, der Vergänglichkeit in fast jeder Szene
- Im ersten und letzten Dialog wird der Tod explizit thematisiert → enge Verbindung zu Sexualität

Neben den bisher erarbeiteten inhaltlichen wie strukturellen Merkmalen lässt sich der „Reigen" aber noch aus einem ganz anderen – wortwörtlichen – Grund als Totentanz auffassen. Es fällt auf, dass Geschlechtskrankheiten bei all der zur Schau gestellten Promiskuität im Stück keine Rolle spielen, die Figuren thematisieren dieses Problem (mit einer Ausnahme) nicht. Dabei war die Angst vor einer möglichen Ansteckung beim Intimverkehr, insbesondere mit Syphilis, auch schon zu Schnitzlers Zeiten weitverbreitet. Insofern tritt die im Zentrum des „Reigen" stehende Sexualität stets – wenn auch nur untergründig und unausgesprochen – mit dem drohenden Tod durch eine erworbene Geschlechtskrankheit auf, was Schnitzlers Stück auch in dieser Hinsicht zu einem Totentanz macht.
Auch wenn dieser Aspekt mit dem eigentlichen Drama nichts mehr direkt zu tun hat, bietet es sich an, ihn in einem eigenen Unterrichtsschritt zu behandeln – nicht zuletzt angesichts der heute nach wie vor drohenden Gefahr durch Aids und des schwindenden Problembewusstseins (auch und besonders bei Jugendlichen) gegenüber der tödlichen Immunschwächekrankheit.
Das Unterrichtsgespräch kann durch die Textstelle eingeleitet werden, in der die Angst vor einer möglichen Ansteckung mit einer Geschlechtskrankheit andeutungsweise thematisiert wird. Zumindest lässt sich die Äußerung des Gatten in der 6. Szene in dieser Weise interpretieren:

Der Gatte *(betrachtet das süße Mädel lange, für sich).*
Wer weiß, was das eigentlich für eine Person ist – Donnerwetter ... So schnell ... War nicht sehr vorsichtig von mir ... Hm ...
(S. 63, Z. 30–32)

Nachdem die Lehrkraft diese Stelle vorgelesen hat, bietet sich folgender Frageimpuls an:

- *Welche Bedenken hat der Gatte unmittelbar nach dem Geschlechtsverkehr mit dem süßen Mädel? Warum fragt er sich plötzlich, „was das eigentlich für eine Person ist"? Wovor fürchtet er sich, wenn er meint, nicht „vorsichtig" gewesen zu sein? Achten Sie bei der Beantwortung auch auf die Fortsetzung des Dialogs.*

Vermutlich werden die Schülerinnen und Schüler schnell erkennen, dass den Gatten hier keineswegs moralische Bedenken angesichts seines Fremdgehens plagen – an seine Ehefrau denkt er in diesem Moment nicht. Gerade im Hinblick auf seine Frage, „was das [süße Mädel] eigentlich für eine Person" sei, liegt es viel näher, dass er unmittelbar nach dem vollzogenen – ungeschützten – Geschlechtsakt auf einmal befürchtet, sich bei der fremden Frau, die offenbar ebenfalls ein promiskuitives Leben führt, angesteckt haben zu können.[1] Diese Deutung wird noch plausibler, wenn man den nachfolgenden Dialog zwischen dem Gatten und dem süßen Mädel liest:

Der Gatte.
Also jetzt hör mir einmal zu. Reden wir einmal im Ernst miteinander. Ich möcht dich wiedersehen, öfter wiedersehen.

Das süße Mädel.
Is wahr?

Der Gatte.
Aber dazu ist notwendig ... also verlassen muss ich mich auf dich können. Aufpassen kann ich nicht auf dich.

Das süße Mädel.
Ah, ich pass schon selber auf mich auf.

Der Gatte.
Du bist ... na also, unerfahren kann man ja nicht sagen – aber jung bist du – und – die Männer sind im Allgemeinen ein gewissenloses Volk.

Das süße Mädel.
Oh jeh!

Der Gatte.
Ich mein das nicht nur in moralischer Hinsicht. – Na, du verstehst mich sicher. –

Das süße Mädel.
Ja, sag mir, was glaubst du denn eigentlich von mir?

Der Gatte.
Also – wenn du mich lieb haben willst – nur mich – so können wir's uns schon einrichten – wenn ich auch für gewöhnlich in Graz wohne. Da wo jeden Moment wer hereinkommen kann, ist es ja doch nicht das Rechte.

(S. 68, Z. 10–35)

Nach der gemeinsamen Lektüre dieser Textpassage in verteilten Rollen kann das Unterrichtsgespräch durch folgende Fragen weitergeführt werden:

- *Was wünscht sich der Gatte vom süßen Mädel? Warum legt er so großen Wert darauf, dass sie ausschließlich ihn „lieb haben" soll? Geht es ihm hier um die romantische Liebe?*

Es ist offensichtlich, dass der Gatte sich wünscht, mit dem süßen Mädel eine heimliche Geliebte zu gewinnen, um einfach und schnell außerehelichen Sex zu haben. Allerdings fürchtet er sich vor möglichen Geschlechtskrankheiten und bittet sie daher eindringlich, auf sich aufzupassen – wobei er gleich danach präzisiert, dass er dies „nicht nur in moralischer Hinsicht" meint. Was er genau meint, lässt er allerdings ungesagt: „Na, du verstehst mich sicher." Auch sein Wunsch, dass das süße Mädel ihn allein „lieb haben" soll, stammt sicherlich weniger aus romantischer Quelle, sondern ebenfalls aus der Angst, sich bei der jungen Frau anzustecken.
Zur Ergebnissicherung bietet sich folgendes Tafelbild an:

1 Auch der Psychoanalytiker Theodor Reik interpretiert diese Stelle in seinem Buch über Schnitzler so. (Vgl. Textausgabe, S. 187.)

Der Gatte und das süße Mädel

Seine Forderung:	Süßes Mädel soll künftig auf sich acht geben und keinen anderen Mann „lieb haben".
Sein Ziel:	Gatte möchte Mädel als künftige Geliebte haben, dabei aber keine Geschlechtskrankheiten riskieren.

Nachdem die Lernenden diese Deutung verstanden haben und nachvollziehen können, bietet sich ein Schreibauftrag zur Vertiefung an:

- *Versetzen Sie sich in die Perspektive des Gatten und stellen Sie sich vor, was ihm durch den Kopf geht, kurz bevor er mit dem süßen Mädel spricht und ihr seine Wünsche nennt. Schreiben Sie einen kurzen inneren Monolog.*

Der innere Monolog des Gatten könnte beispielsweise so formuliert sein:

„Das war jetzt schon sehr schön mit der Kleinen. Manchmal braucht ein Mann eben Abwechslung. Und außerdem: Was Emma nicht weiß, macht sie nicht heiß. Bin nur froh, dass sie abends nicht unterwegs ist und heimlich Männer trifft. Meine liebe, gute Emma! Aber Frauen sind eben von Haus aus treu. Wir Männer brauchen unsere Abenteuer, so viel ist klar. Wär schon praktisch, wenn ich die Süße hier öfter sehen könnte. Da müsst ich nicht immer erst stundenlang durch die Straßen ziehen, bis ich die Richtige gefunden hab. Aber ein Kind von Traurigkeit scheint sie ja nicht gerade zu sein. Hat offensichtlich schon viel Erfahrung, das war ja gerade eben das Schöne. Dabei wirkte sie anfangs so schüchtern. Na ja, stille Wasser sind bekanntlich tief. Aber dumm war ich schon. Weiß ja nicht, ob sie sich nicht schon längst was geholt hat bei einem ihrer Kerle. Nächstes Mal muss ich vorsichtiger sein! Und vor allem muss ich der Kleinen klarmachen, dass sie neben mir keinen anderen haben darf. Das wäre wirklich zu leichtsinnig!"

In einem nächsten Unterrichtsschritt kann der Fokus auf die Geschlechtskrankheit Syphilis gelenkt werden, die im 19. Jahrhundert die bedrohlichste aller Geschlechtskrankheiten war, nicht zuletzt weil es gegen sie damals noch keine wirksame Medizin gegeben hat. Im Rahmen eines Schülerreferats könnten die Lernenden Grundinformationen über Geschichte und Merkmale dieser Krankheit erhalten. Zusätzlich oder alternativ dazu bietet sich die gemeinsame Lektüre des Textes auf dem **Arbeitsblatt 21**, S. 86, an, in dem Renate Wagner einen plastischen Eindruck von der Angst vor Syphilis zu Zeiten Schnitzlers – und in Schnitzlers Familie – vermittelt.
Nachdem die Schülerinnen und Schüler einige Informationen über die bedrohlichste Geschlechtskrankheit des 19. Jahrhunderts erfahren haben, sollte ihr Blick nun unbedingt auch auf die bedrohlichste Geschlechtskrankheit *unserer Zeit* gerichtet werden: Kein Unterricht über Schnitzlers „Reigen" sollte es versäumen, mit den Heranwachsenden über das Thema Aids zu sprechen. Der Einstieg in dieses Gespräch kann mit folgendem Frageimpuls geschehen:

- *Wir haben gesehen, dass die Angst vor Geschlechtskrankheiten im „Reigen" kaum eine Rolle spielt. Wie sieht es heute aus? Stellen Sie sich vor, ein Theaterregisseur würde eine aktuelle, auf die heutige Zeit angepasste Version des Stücks auf die Bühne bringen wollen. Was müsste er Ihres Erachtens in den Szenen verändern?*

Es ist zu erwarten, dass die Lernenden von allein auf das Problem Aids zu sprechen kommen. Eine moderne Inszenierung, die die Handlung des „Reigen" in unsere Zeit verlegt, würde dieses Problem wohl kaum vermeiden können. So würden manche der Figuren – etwa die Prostituierte gegenüber dem Soldaten – beispielsweise darauf beharren, ein Kondom zum Schutz vor einer möglichen Übertragung zu benutzen. Die Promiskuität und gleichzeitige Leichtsinnigkeit der Personen in Schnitzlers Stück gegenüber Geschlechtskrankheiten ist nicht zufällig auch Thema einer Anti-Aids-Kampagne Anfang der 1990er-Jahre: „Im Fernsehen war ein Aids-Warnungs-Spot zu sehen, der auf einem erotischen Verknüpfungsprinzip basierte: Junger Mann liebt junge Frau, die vorher einen anderen, der ebenfalls eine andere; als Kettenreaktion geht das fort und fort, ohne dass das jeweilige Paar von den vorigen Beziehungen weiß – bis der Kreis sich schließt, mit ihm auch das Maximum der Gefährdung. Das theatralische Modell hierfür leuchtet ein: Arthur Schnitzlers einst skandalumtoster ‚Reigen'."[1]
Auch wenn es nicht direkt zum Deutschunterricht gehört, ist es doch unbedingt zu empfehlen, am Ende dieser Unterrichtseinheit auf das Problem der wachsenden Verharmlosung von Aids in unserer Zeit – auch und vor allem unter Jugendlichen – hinzuweisen. Gerade vor dem Hintergrund der vorausgegangenen Textanalysen des „Reigen" mögen dadurch die Jugendlichen für diese Problematik sensibilisiert werden. Es bietet sich beispielsweise die gemeinsame Lektüre des Textes auf dem **Arbeitsblatt 22**, S. 87f., an, in dem der sorglose Umgang heutiger Jugendlicher mit der Immunschwächekrankheit thematisiert ist. Zusätzlich oder alternativ dazu ist es auch sinnvoll, im Kurs einschlägige Broschüren über Aids und entsprechende Schutzmaßnahmen zu verteilen.[2] Als Rechercheaufgabe für zu Hause eignet sich auch folgender Auftrag:

- *Recherchieren Sie im Internet über Aids und die Möglichkeiten, sich dagegen zu schützen.*

Notizen

____

____

____

____

____

____

____

____

____

____

[1] FAZ, 6.3.1993

[2] Entsprechende Broschüren zum kostenlosen Download finden sich z. B. unter: http://www.gib-aids-keine-chance.de/wissen/info-materialien.php?action=all.

Gesamtstruktur und Personenkonstellation

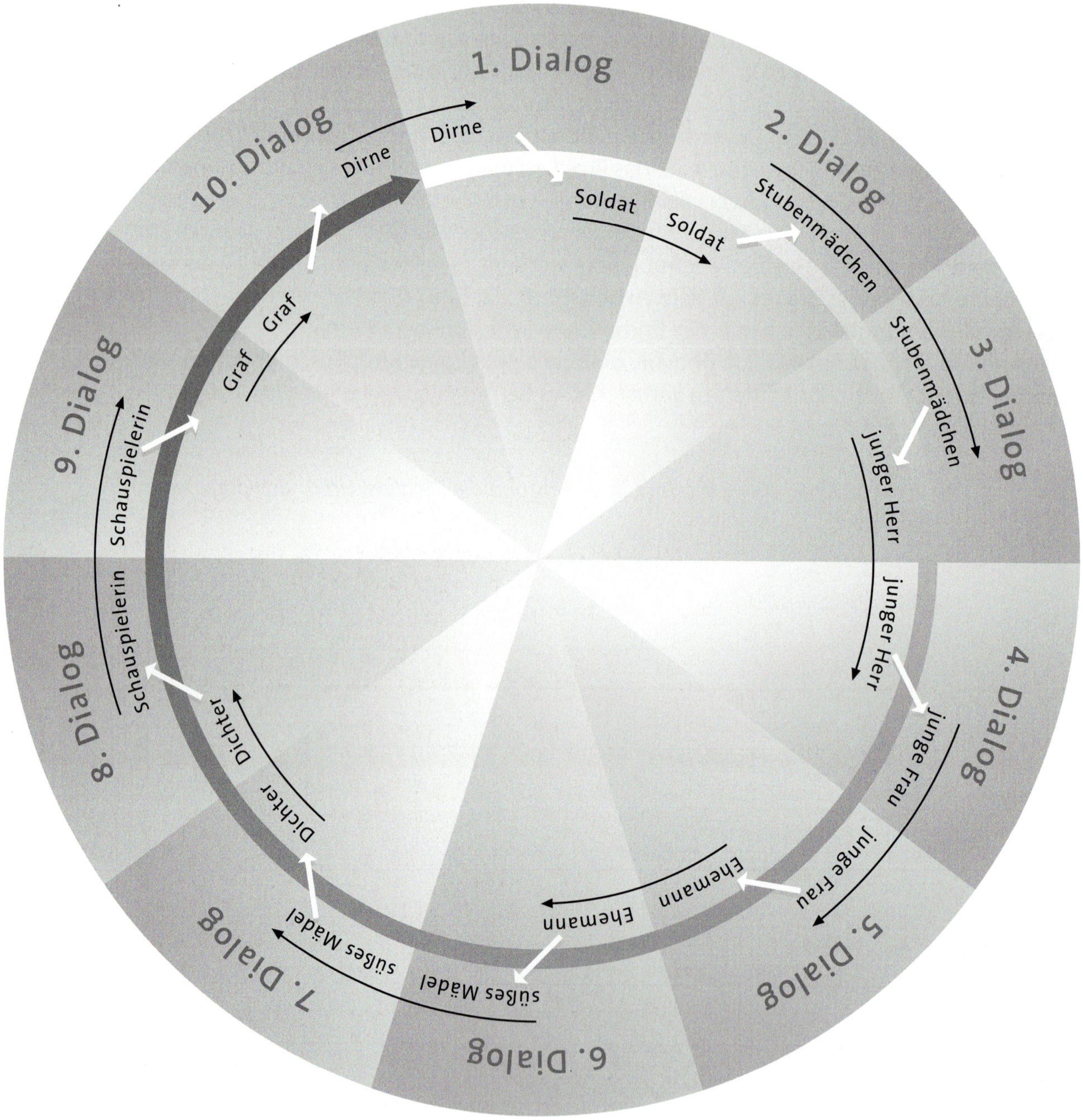

Die Abfolge der zehn Dialoge

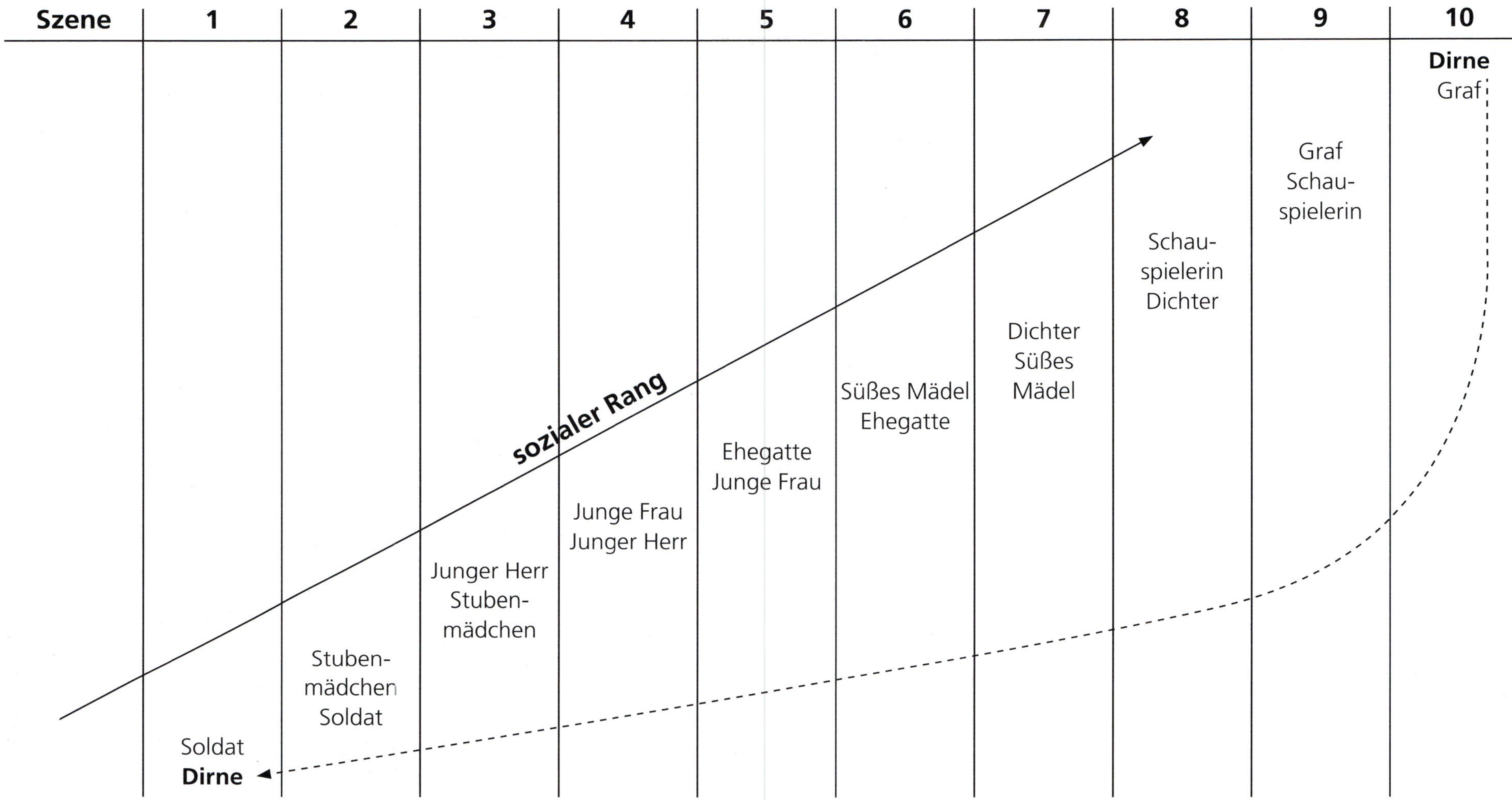

Das klassische Drama

Der Erste, der eine Theorie des Dramas entwickelte und dabei Grundsätzliches zu dessen Struktur formulierte, war der griechische Philosoph Aristoteles (384–322 v. Chr.) in seiner Schrift „Über die Dichtkunst“. Diese Theorie war nichts anderes als die systematische Zusammenfassung seiner Eindrücke und Beobachtungen zu den Theaterstücken seiner Zeit. Ein Problem für die Nachwelt war, dass die genannte Poetik des Aristoteles nur in Bruchstücken überliefert ist und dass sie überdies wohl eher Notizen für den Unterricht an seiner Philosophenschule darstellten als eine ausgearbeitete Theorie.

Dennoch galten die erhalten gebliebenen Definitionen und Lehrsätze in der Geschichte des europäischen Theaters lange Zeit als oberster Maßstab. Bis ins 19. Jahrhundert hinein waren die Dichter und Literaturtheoretiker bestrebt, ihre Werke und Poetiken mit der Autorität des Aristoteles zu legitimieren. [...] Der Schriftsteller und Literaturwissenschaftler Gustav Freytag hat 1863 in seinem Buch „Die Technik des Dramas“ die Theorie des klassischen, aristotelisch geprägten Dramas in stark schematisierter Form dargestellt, indem er die Dramenstruktur als „pyramidalen Bau“ beschrieb.

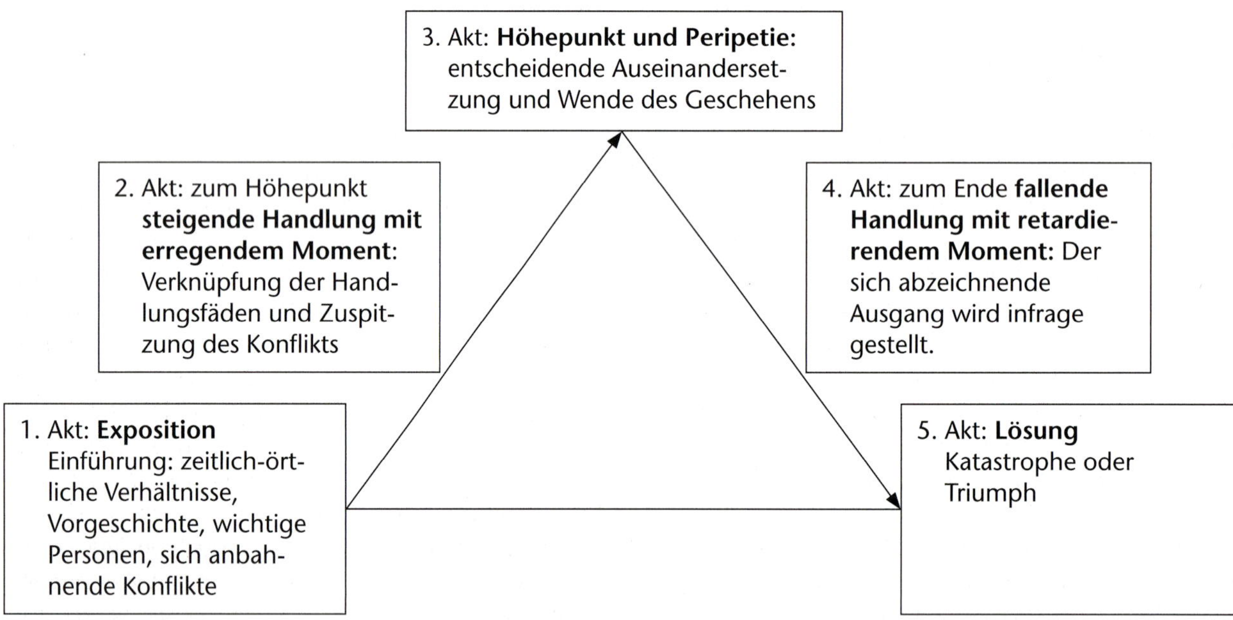

Wesentlich für die Struktur des klassischen Dramas sind die auf Aristoteles zurückgehenden drei Einheiten: **die Einheit der Handlung, der Zeit und des Ortes.** Jede Szene des Dramas erweist sich als Teil des einen geradlinigen, zeitlich eng begrenzten und an einen Ort gebundenen Handlungsstranges. Die Szenen (Auftritte) sind zu fünf Akten (Aufzügen) gebündelt. Diese fünf Akte stehen in einem die Spannung aufbauenden Funktionszusammenhang, sie bilden die Etappen, die den dramatischen Prozess in seiner idealtypischen Verlaufsform gliedern.

Gustav Freytag bezog seine Aussagen auf die klassische Tragödie, mit einer „Katastrophe“ am Ende. Die Strukturbeschreibung ist jedoch mit unwesentlichen Änderungen auch auf ein Schauspiel mit positivem Ausgang übertragbar.

Ziel des aristotelischen Theaters ist es, den Zuschauer / die Zuschauerin an das Geschehen zu binden, indem er sich zum Beispiel mit den Figuren identifiziert, mit ihnen mitleidet, sich mit ihnen in Gefahrensituationen fürchtet und sich mit ihnen freut. Auf diesem Weg sollte eine innere Reinigung **(Katharsis)** von derartigen Gemütsbewegungen bewirkt werden.

Das klassische Drama. Aus: Texte, Themen und Strukturen. Deutschbuch für die Oberstufe. © Cornelsen Verlag, Berlin 1999, S. 164f., BN 410048

- *Lesen Sie den Text aufmerksam durch und notieren Sie die wichtigsten Merkmale des klassischen Dramas.*
- *Welche Merkmale eines klassischen Dramas weist Schnitzlers „Reigen“ auf?*

Der Totentanz

Mithilfe einer Reihe formaler u. inhaltl. Kriterien lässt sich ein T. von verwandten Texttypen, in deren Zentrum ebenfalls die Erfahrung des Todes steht, unterscheiden: Der T. setzt das Miteinander von Bild u. Text voraus; er zeigt einen Reigen, einen Tanz, bei dem jeweils ein Mensch u. eine Todesfigur ein Paar bilden; er wird bestimmt durch den Dialog des Sterbenden mit dem Tod; er ist anonym in der Volkssprache verfasst, wendet sich also nicht allein an Lateinkundige; er repräsentiert Vertreter aller Stände u. Gruppen: Kleriker und Weltliche, Alt u. Jung, Mann, u. seltener auch Frau; er offenbart sozialkrit. Tendenzen u. die Einsicht, dass der Tod, der jeden gleichermaßen ergreift, alle Standesunterschiede ausgleicht; er beruht auf der Konfrontation von Diesseits u. Jenseits, Zeitlichkeit u. Ewigkeit, Macht u. Ohnmacht; er versteht sich als Lehrdichtung, die zu Buße und gottgefälligem Leben mahnt u. daran erinnert, dass der Tod jeden unversehens ergreifen u. dem Gericht zuführen kann. – Die letztgenannten Merkmale, die Erfahrung der Nähe des Todes selbst für den mächtigen, gesunden u. jungen Menschen, spiegeln das Entsetzen über die Pest wider, von der man annimmt, sie habe zur Entstehung des T.es geführt. – Totentänze finden sich oft im Lebens- u. Wirkungsbereich von Bettelorden; im oberdt. Raum begegnen sie in Dominikanerklöstern, im niederdeutschen scheinen sie meist auf franziskan. Seelsorge zurückzugehen. Nicht selten bilden Predigergestalten den Beginn, z.T. auch den Schluss eines Todesreigens. Der T. kann die Tanzenden auch in die Heilsgeschichte einbeziehen: z.B. durch den Sündenfall u. den Crucifixus am Anfang des *Berner Totentanzes* oder durch den Gekreuzigten, der, im Zentrum des *Berliner Totentanzes* stehend, Geistliche u. Weltliche trennt; auf andere Weise lässt Hermann (Hermen) Bote seine sog. *Hannoversche Weltchronik* (Hs. 1504 bis 1518) mit einem wohl ans Jüngste Gericht gemahnenden T. zu Ende gehen.

Totentänze sind bald nach der Mitte des 14. Jh.s entstanden, also nach der Pest, die 1348 bis 1352 weite Teile Mittel- u. Westeuropas erfasste u. in den Städten annähernd die Hälfte der Bevölkerung dahinraffte. Der erste datierbare u. einflussreichste T., dessen Text aber erst ein Druck von 1485 überliefert, ist die 1424/1425 an den Arkaden des Beinhauses auf dem Friedhof des Franziskanerklosters Aux SS. Innocents in Paris dargestellte altfrz. *Danse macabre*.

Wie die Etymologie von „macabre" nicht endgültig geklärt werden kann, so auch die Entstehung des T.es selbst. Das Wurzelwerk, aus dem er sich entwickelt hat, mögen verschiedene Bilder, Vorstellungen u. literar. Typen bilden; der kaum belegbare „volkstümliche" Aberglaube eines nächtl. Tanzes über den Gräbern, in den die Toten auch die Lebenden einbeziehen; die Legende *Von den drei Lebenden und den drei Toten,* deren Letztere die Ersteren belehren: „Quod fuimus estis, quod sumus eritis" („Ihr seid, was wir waren, was wir sind, das werdet ihr sein").

Insgesamt gesehen umfasst der über mehr als ein halbes Jahrtausend vertraute, im späten MA u. im 20. Jh. sehr beliebte Titel „Totentanz" in sich heterogene Texte, Bild- u. Tonkompositionen, die die Bedrohung des Lebens durch den Tod vergegenwärtigen. Mag das Gottes- u. Menschenbild des T.es mit seiner geistl. u. weltl. Hierarchie auch der Vergangenheit angehören, so geschieht im 20. Jh. doch eine Anverwandlung mittelalterl. Formen u. Inhalte durch Neudeutung. Indem die Figur des Todes dabei nicht selten im Tanz u. oft auch in der Musik sich artikulierende Lebensfreude zeigt – denn die Skelette sind es, die sich fast ekstatisch bewegen, während Starre den Lebenden kennzeichnet –, vermag die paradoxe Vorstellung eines T.es die in Bild u. Text greifbare Gegensatzspannung im Miteinander von Leben u. Tod effektvoll zu inszenieren.

Aus: Literatur Lexikon. Hrsg. von Walther Killy. Bd. 14. München: Bertelsmann 1993, S. 436–438

- *Beschreiben Sie den abgebildeten Totentanz. Was fällt Ihnen auf?*
- *Notieren Sie stichpunktartig die zentralen Merkmale eines Totentanzes.*
- *Welche inhaltlichen und strukturellen Ähnlichkeiten erkennen Sie zwischen dieser Textform und Schnitzlers „Reigen"?*

Heinz Politzer: Über den „Reigen" als Totentanz

Freud war weder der Erste noch der Letzte, der im Werk Schnitzlers die „Polarität von Lieben und Sterben" entdeckt hatte, jenes Doppelspiel von Eros[1] und Thanatos[2], das gleichsam organisch die Gestalt des alternden Liebhabers erzeugt. Ist doch der Tod sogar gegenwärtig, wenn Schnitzler mit wissenschaftlichem Detachement[3] und einer beinahe unerschütterlichen Skepsis den Geschlechtsakt selbst zum Träger des dramatischen Geschehens erhebt. Die zehn Szenen des „Reigens" führen die Wiener Gesellschaft insgesamt im Liebesspiel vor, als handelte es sich um die Hochzeitsflüge und Paarungszeremonien einer seltenen Art von Insekten. Oberflächlich unterscheiden sich die Intentionen Schnitzlers wenig von der Wissenschaftlichkeit des Kinsey-Reports, obwohl ihnen zu ihrem und unserem Glück die tödliche Ernsthaftigkeit des amerikanischen Entomologen[4] abgeht.

Die Struktur dieses Liebesreigens ist der des mittelalterlichen Totentanzes frappant nachgebildet. Wie dort Freund Hein Bild nach Bild seine Opfer ohne Ansehen ihres Ranges, Standes oder Verdienstes umwirbt, so unterwirft sich im „Reigen" das Geschlecht mit einer ebenso stereotypen wie herrscherlichen Gebärde *sein* Gefolge. In diesen losen Szenen wird die Liebe als Gesellschaftsspiel betrieben. Denn wieder ist es die Gesellschaft, die der Verführung des Geschlechts Vorschub leistet, indem sie ihr die Anziehungskraft des Tabus verleiht. Verbotene Lust wird zur Ausflucht aus einer unbefriedigenden Wirklichkeit. Zugleich aber ist Liebe zur Zerstreuung geworden; die Liebenden vertreiben sich die Zeit, indem sie sich (und ihr Selbst) zerstreuen. Sie vertreiben sich die Zeit, um zu vergessen, dass ihr Leben vergeht. Uhren schlagen im „Reigen" und mahnen an den Aufbruch. Die Liebenden schrecken aus der Umarmung auf; *omne animal triste*[5]; aber die Trauer des erschöpften Geschlechts ist kurz; so gleiten sie von einer Figur ihres Tanzes in die andere, von einem Partner zum nächsten, getrieben von dem quälenden Verdacht, dass in diesem Spiel auch der Sieger geschlagen ist.

In der zehnten und letzten „Reigen"-Episode überlegt der Graf, ob er die Dirne, mit der er gegangen ist, auch wirklich umarmt hat: „Und was ist dann passiert? ... Also nichts ... Oder ist was? ... Meiner Seel ... seit ... also seit zehn Jahren ist mir so was nicht vorgekommen, dass ich nicht weiß ... Also kurz und gut, ich war halt b'soffen. Wenn ich nur wüsst, von wann an ..." Dann aber steht er auf, die Lampe wackelt, er reibt sich die Augen und sieht sich die Frau an, die da vor ihm schläft. Eine Erkenntnis erwacht in ihm, die größer ist, als sein schlaftrunkener Geist zu fassen vermag: „Wenn man nicht wüsst, was sie ist! ... also der Lulu möcht wieder sagen, ich philosophier, aber es ist wahr, der Schlaf macht auch schon gleich kommt mir vor; – wie der Herr Bruder, also der Tod ..." Hier kehrt der Liebesreigen zu seinem Ursprung, dem Totentanz, zurück. Die Lust, die diese Liebenden im Geschlechtsakt suchen, ist der Verheißung brüderlich verwandt, mit der der Tod die Figuren ködert, die er zu *seinem* Tanz geladen hat: Sie alle suchen das Vergessen. Gewiss liegt Ironie in dem Umstand beschlossen, dass es gerade der abgelebte Herr Graf sein muss, dem angesichts von Liebe, Schlaf und Tod das Wissen um die Gleichheit aller Kreatur aufdämmert. Obgleich das Wort „Philosoph" in seinem Wortschatz fast schon ein Schimpfwort ist, entdeckt er hier die Demokratie der Vergänglichkeit. Hier sind alle Wesen gleichberechtigt. Vor der Liebe steht der Mensch so nackt und ranglos wie vor dem Tod.

Was Schnitzler als eine Komödie der Geschlechtsmoral begonnen hatte, ist unversehens zu einer Aussage über die Natur des Menschen schlechthin geraten. Der „Reigen" findet kein Ende: Die Dirne der letzten Szene wird aufs Neue ausgehen und einen Soldaten ansprechen wie jenen, der sie am Schluss des ersten Bildes verlassen hat. Die Liebe büßt beträchtlich an Geheimnis ein, wenn sie, wie hier, entkleidet wird und als Sex erscheint. Indem Schnitzler sie jedoch ihres letzten Schleiers beraubt, enthüllt er auch heilsam den Mythos ihres Bruders, des Todes. Der Tod erscheint menschlicher und paradoxerweise dem Leben kräftiger zugewandt, wenn er als einer der Triebe angesprochen wird, der diese Tänzer einander in die Arme schleudert. Nachdem der Herr Graf die Verwandtschaft von Liebe und Tod eingesehen und sich auf seine verglaste Art mit ihr abgefunden hat, beschließt er den nächtlichen Rundtanz mit den symbolkräftigen Worten „Guten Morgen ... guten Morgen".

Aus: Heinz Politzer: „Diagnose und Dichtung. Zum Werk Arthur Schnitzlers". In: Ders: Das Schweigen der Sirenen. Studien zur deutschen und österreichischen Literatur, S. 110–141.

1 (griech. Myth.:) Gott der Liebe
2 (griech. Myth.:) Tod
3 kühle Distanzhaltung
4 Insektenforscher; hier ironisch gemeint, da Alfred Charles Kinsey (1894–1956) in Wirklichkeit ein Sexualforscher war
5 Teil des Zitats „Post coitum omne animal triste est." (lat.): „Nach dem Koitus ist jedes Tier traurig."

■ *Fassen Sie die Argumentation des Textes mit eigenen Worten zusammen. Welche Gründe führt der Autor dafür auf, dass man Schnitzlers „Reigen" als Totentanz auffassen kann?*

Gabriella Rovagnati: Also tanzen wir im Kreise

Was am tiefsten in der menschlichen Natur steckt, ist doch die Angst vor der Vernichtung. Und so bedeutet unser ehrfürchtiger Schauer vor dem tapfersten Helden oft nichts anderes als unsere scheue Bewunderung für den geschicktesten Komödianten.

Arthur Schnitzler

„Bunt", wie Schnitzler sie in einem Brief an Otto Brahm bezeichnete, sind die Dialoge des *Reigen* nur im übertragenen Sinne: Die Anzahl der Personen, die jeweils paarweise zusammenkommen, ist zwar nicht gering, ihre gesellschaftliche Herkunft sehr unterschiedlich, ihre Sprechweise individuell nuanciert. Insgesamt haftet jedoch den einzelnen Szenen kein erfreuliches Farbenspiel an, und am Ende dominiert eine verbreitete Dunkelheit von äußerster Mehrdeutigkeit.

Die Helle zu vermeiden, das Licht zu dämpfen oder gar auszulöschen; das scheint in jedem Dialog eine der Hauptsorgen der Partner zu sein, die sich zur Erfüllung ihres beiderseitigen Verlangens nach der Finsternis sehnen, als gehöre die Sexualität zur Schattenseite der Existenz, als sei sie etwas Genantes[1] an sich, als führe ihre natürliche Ausübung noch einen Schritt weiter gegen den Abgrund zu. Mann und Frau ziehen sich an wie entgegengesetzte Pole, aber ihre körperliche Vereinigung überwindet ihre Opposition in Wahrheit nicht, denn sie trägt in sich zugleich die Keime von Leben und von Tod. Nach der Paarung ist man nach wie vor ganz allein, keine Verwandlung hat stattgefunden, man ist nur dem Ende, dem eigenen oder dem der Liebesbeziehung, ein wenig näher gerückt.

Das erklärt, warum jeder der zehn Dialoge von funerischen[2] Ahnungen und Anspielungen durchzogen ist – „Wer weiß, ob wir morgen noch's Leben haben", fragt die Dirne den Soldaten schon am Anfang –, von einer barocken Stimmung, die einerseits als Reaktion auf die erkannte vanitas vanitatum[3] die Ergreifung des fliehenden Augenblicks empfiehlt, andererseits zur Mahnung im Angesicht des stets und überall lauernden Todes wird.

Strukturell ist aber das Modell, auf das Schnitzler für seinen *Reigen* zurückgreift, noch älter als das barocke Drama. Bestätigte doch sein Sohn Heinrich Schnitzler, „dass sein Vater bei der Konzeption des Stückes den mittelalterlichen Totentanz einbezog[en]" habe. Zehn Zweiergruppen werden in dem Stück vorgeführt, bei denen das Gemeinsame jedoch nicht wie in der traditionellen Ikonografie[4] der Tod ist, sondern die Liebe, die in Fin-de-siècle-Melancholie zu dessen Synonym gesteigert bzw. herabgesetzt wird. Selbst die Einmaligkeit des Todes – wie sie Rilkes bekannter Vers aus dem *Stundenbuch* besingt: „O Herr, gib jedem seinen eigenen Tod" – wird durch die Austauschbarkeit in den erotischen Beziehungen ersetzt, denn hier trifft jede Person zweimal einen anderen Partner, und man ahnt, sie könnte diese Kette beliebig fortsetzen. Die Liebe nicht als einmaliges, sondern als wiederholtes Sterben dargestellt, welches unbarmherzig das Ich segmentiert[5] und reduziert.

Dass Schnitzler mit dem Genre des Totentanzes vertraut war, ist nicht zu bezweifeln, hielt er sich doch sehr oft in der Gegend des heutigen Südtirol auf, wo in vielen Kirchen, sei es als Malerei, sei es als Schnitzarbeit, ein Kunstwerk dieser Art zu finden ist; außerdem war er ein Musikliebhaber, und in keiner der Künste ist der Totentanz auch nach dem Mittelalter so gebräuchlich geblieben wie in der Tonkunst.

In der Literatur der vorigen Jahrhundertwende, die mit Vorliebe Zusammenbruch und Untergang traditioneller Institutionen thematisierte, herrschte eine solche „Friedhofsatmosphäre", dass N. Lambrecht 1904 in einer kurzen Übersicht über die neueste literarische Produktion seiner Zeit den Begriff „Totentanz" fast als Etikett für alles nach seiner Meinung Anstößige und Abstoßende in der modernen Literatur gebrauchte, die – so sein Vorwurf – die erbauliche Mission des Schreibens vergessen habe und stattdessen die herkömmlichen, heiligen Werte der Familie attackiere.

Einfach „Dödsdansen" betitelte August Strindberg 1901 eines seiner bekanntesten Stücke, und „Totentanz" nannte 1905 auch Frank Wedekind eines seiner Dramen. Aber während in diesen Werken der Totentanz zwar anklingt, ohne dass sie jedoch noch einen unmittelbaren Zusammenhang mit dem originalen Text- und Bildgehalt dieses Genres aufweisen, zeigt der *Reigen* eine sehr starke Adhärenz[6] zu dem in der geistlichen Literatur tradierten Modell.

Im Habsburgerraum war der Totentanz seit dem Mittelalter sehr verbreitet und erreichte seine höchste Popularität in Wien gerade in jener Epoche, die auf die Literatur der vorigen Jahrhundertwende einen besonders mächtigen Einfluss ausübte: in der Zeit des Barock. Abraham a Sancta Clara, dem brillanten Kanzelredner, der lange in Wien tätig war, verdanken wir sowohl die Predigt „Merk's Wien" (1679),

1 Unangenehmes, Peinliches
2 funerisch: das Sterben betreffend
3 (lat.:) Alles ist eitel.
4 Beschreibung, Erklärung von Bildinhalten
5 segmentieren: (in Segmente) zerlegen
6 Anhänglichkeit

eine Art von Totentanz, die darauf zielt, das Volk von Aberglauben zu befreien, als auch die reizvolle Beschreibung der Wiener „Todten-Capelle“, von der nicht sicher ist, ob sie tatsächlich existiert hat.

Der Text von Abraham, der 1710 in Nürnberg erschienen ist, trägt einen Titel, der schon für *sich* einer Miniatur-Beschreibung gleichkommt: „Besonders meubliert- und gezierte Todten=Capelle/Oder Allgemeiner Todten= Spiegel/Drinnen Alle Menschen/wes Standes sie sind/sich beschauen/an denen mannigfaeltigen Sinnreichen Gemälden das MEMENTO MORI zu studiren/und die Nichtigkeit und Eitelkeit dieses Lebens Democriticè oder Heraclitìcè, das ist: Mit lachenden und/oder thraenenden Augen/wie es beliebt/koennen betrachten und verachten lernen.“

Dasselbe führt Schnitzler mit seinem *Reigen* vor Augen: Das Werk ist auch eine Spiegelkonstruktion, in der die Liebe, präziser die Sexualität, die Rolle des Todes einnimmt, der wie im Totentanz dem Vergänglichen des Lebens Ewigkeit und dem Mannigfaltigen Uniformität verleiht.

Schon im traditionellen Totentanz hat der Tod oft eine erotische Funktion gegenüber den Frauen; er ist offensichtlich der Liebhaber, der sie küsst, umarmt oder am Busen fasst und mit ihnen die Lust genießt, bevor er sie mit sich hinwegreißt. Das wiederholt sich vom alten Berner Totentanz des Nikolaus Manuel (ca. 1484–1530) über die freundlicheren Varianten der Thematik Tod und Mädchen im Werk des von Schnitzler wohl gekannten Matthias Claudius bis zur Grafik und Malerei der Moderne; man denke als Beispiel an die Zeichnung von Edvard Munch „Das Mädchen und der Tod“ aus dem Jahre 1894.

Doch während in jenen Zeichnungen und Gemälden in der Verbindung von Tod und Erotik eine Art von Verewigung, von definitiver Kristallisation der Verstorbenen dargestellt wird, hat im Werk Schnitzlers das Verhältnis zwischen Mann und Frau, welcher Natur auch immer es sein mag – ob es sich als transgressives[1] Abenteuer, gelangweilter Zeitvertreib, brutale Triebbefriedigung oder legitimierte Vereinigung in der Ehe gestaltet –, höchstens die Funktion eines momentan betäubenden Narkotikums, das dann erst recht den Gedanken an den ewigen Schlaf des Todes evoziert[2] und Angst vor ihm bereitet. Vor der schlafenden Dirne in der Schlussszene meint der Graf, der sich seiner philosophischen Veranlagung rühmt: „der Schlaf macht auch schon gleich, kommt mir vor, als wie der Herr Bruder, also der Tod ...“

Wie im traditionellen Totentanz die Gesprächspartner des Todes immer Repräsentanten einer bestimmten sozialen Schicht sind – der Edelmann, der Kardinal, der Bauer usw. –, so findet auch im *Reigen* eine ähnliche Reduktion der Personen statt, die keine Individuen mehr sind, sondern Vertreter einer bestimmten gesellschaftlichen Schicht oder Gruppe, die alle den geschlechtlichen Akt jeweils anders und doch immer ähnlich erleben, denn in solcher Situation triumphiert das Animalische, das wie der Tod alle gleichmacht.

Das Prinzip der Wiederholung, das in diesem Werk herrscht, ist ebenfalls dem Muster des traditionellen Totentanzes entnommen, in dem die Begegnung zwischen dem Tod und seinem jeweiligen Opfer von zwei Strophen begleitet wird: der Klage und der Antwort. Nach einem ähnlichen Prinzip ist z. B. auch das lyrische Drama von Schnitzlers Jugendfreund Hugo von Hofmannsthal *Der Tor und der Tod* gebaut; aber während in jenem Werk der sterile Ästhet allein der Angeklagte ist, werden im *Reigen* ausnahmslos alle des Egoismus und Narzissmus beschuldigt, welchem Geschlecht und welchem sozialen Stand auch immer sie angehören. Um diese Gleichheit aller zu demonstrieren, ereignet sich die Begegnung zweier Partner immer nach demselben Bauprinzip: Dem aufsteigenden ersten, noch von der erwarteten Verführung bestimmten Teil, der in sexueller Vereinigung kulminiert[3], folgt der absteigende, durch Akzeleration[4] noch trauriger wirkende Teil des Abschieds. In keinem der Dialoge mangelt es an Gefühlen von Bangigkeit: Der Lust ist immer die Angst beigemischt. Die trübe Befürchtung trägt anthropologische wie auch epochale Züge, denn das Bewusstsein von der Vergänglichkeit einer jeden Liebesbeziehung verbindet sich mit der stets über allem Erleben schwebenden Ahnung, vor dem Ende einer Welt zu stehen. Hier enthüllt nämlich „der scharfsinnige Psychologe [...] die ganze *tristitia*[5] der Kreatur Mensch und zeigt im Elend und in der Einsamkeit des Individuums [...] das Elend seiner Epoche“.

Der *Reigen* kann insofern mit vollem Recht auch als ein Werk des sogenannten „finis Austriae“ betrachtet werden, weil das Stück gerade jenen freundlich-skeptischen, tragikomischen Charakter besitzt, der die „fröhliche Apokalypse“ der Donau-Monarchie kennzeichnete, um diese von Hermann Broch geprägte Formel zu gebrauchen. Obwohl die Kritik in diesem Drama oft die Vollendung und das Ende der früheren Manier Schnitzlers in seinem dramatischen Schaffen hat sehen wollen, ist das Werk doch weit entfernt von den Episoden des *Anatol*, denn hier versucht sich der Autor thematisch und stilistisch auf einem Feld, das mit den delikaten Nerven und der feinsinnigen Reizbarkeit jenes frühen Dandys[6] kaum noch etwas gemein hat. Verärgert reagierte Schnitz-

---

1 transgressiv: vordringend, grenzüberschreitend

2 evozieren: hervorrufen

3 kulminieren: seinen Höhepunkt erreichen

4 Beschleunigung

5 (lat.:) Traurigkeit

6 Dandy: sich übertrieben modisch kleidender Mann

ler deshalb, wenn man versuchte, ihn ausnahmslos auf ein Etikett festzulegen, wie den „Herr[n] mit der grünen Krawatte“, von dem seine gegen den Stumpfsinn der Feuilletonisten gerichtete Skizze dieses Titels handelt.

Im *Reigen* macht sich der Wille Schnitzlers zur Entlarvung der Doppelmoral, die seine Umwelt beherrscht, viel herausfordernder bemerkbar als in seinen früheren Werken; das sieht man nicht nur an dem gewiss schon all solchem Anstoß erregenden Sujet[1] der Dialoge, sondern z. B. auch an dem provokatorischen Gebrauch von Wörtern und Dingsymbolen, die zwar dem liturgischen Bereich entnommen sind, in diesen Szenen aber zu blasphemischer Wirkung eingesetzt werden: Als „schöne[n] Engel“ apostrophiert die Dirne den Soldaten schon in der ersten Szene, der junge Herr betet im vierten Dialog Emma wie eine Heilige an; aber die Lästerung erreicht ihren Höhepunkt im achten Auftritt, wo die Schauspielerin, die nichts anderes vorhat, als sich in die Arme des Dichters zu werfen, in ihrer retardierenden[2] Theatralik zuerst vor dem Fenster hinkniet und betet und dann ein gerahmtes kleines Madonnenbild, ihren „Talisman“, auf den Nachttisch stellt. Mit solchen Details kehrt Schnitzler die Diskrepanz zwischen der öffentlich zur Schau getragenen Maske von Frömmigkeit und Gottesfurcht und der eigentlichen Gesinnung, die durchaus nichts Erhabenes besitzt, witzig und bissig hervor.

Will man unbedingt einen gemeinsamen Faden finden, der die früheren Werke Schnitzlers mit dem *Reigen* und auch noch mit seiner späteren Produktion verbindet, so muss man diesen wohl mit Martin Buber in der „universale[n] Urfrage“ suchen, „die durch die Tatsächlichkeit des Todes gestellt wird“.

Die Konfrontation mit der Zerbrechlichkeit des Lebens, das sich jeder langfristigen Planung entzieht und immer überraschender ist als die Literatur, wurde für Schnitzler besonders schwierig durch einschneidende Ereignisse, die er gerade in den Monaten zu verarbeiten hatte, als er den *Reigen* verfasste.

Aus: Gabriella Rovagnati (Hrg.): Arthur Schnitzler. Ein Liebesreigen. Die Urfassung des „Reigen“. © S. Fischer Verlag GmbH, Frankfurt am Main 2004, S. 37–44

1 Gegenstand, Thema

2 retardieren: verzögern, hemmen

■ *Fassen Sie die Argumentation des Textes mit eigenen Worten zusammen. Welche Gründe führt die Autorin dafür auf, dass man Schnitzlers „Reigen“ als Totentanz auffassen kann?*

Renate Wagner: Über die Angst vor Syphilis zu Schnitzlers Zeit

[...] „Reigen". Da geht es ebenso um den Prater als Ort der „niedrigen" Vergnügungen wie um die sexuelle Ausbeutung von Dienstmädchen, um die Sonderstellung der Schauspielerinnen – und um die Ängste, die man beim „Verkehr" hegen musste. Denn Geschlechtskrankheiten bedrohten die Gesellschaft des 19. Jahrhunderts so wie AIDS diejenige von heute. Und es gab für Syphilis noch keine wirksame Heilmethode, die kam erst mit dem Penicillin. Selten war die sonst metaphorisch benützte Verbindung von „Liebe" und „Tod" so wörtlich zu nehmen wie damals.

Nun war Schnitzler ja schon, bevor er Dichter wurde, von Beruf Arzt, und in seinem Ärztestück „Professor Bernhardi" steht die Erkenntnis, man könne alles aufhören zu sein – Arzt nie. Der „diagnostische Blick" ist auch eine Besonderheit seines Werks. Darüber hinaus wusste der Arzt Schnitzler sein Leben lang mehr über geistige und körperliche Krankheiten als seine schreibenden Zeitgenossen. Von den „gewissen" Nöten eines jungen Mannes war er allerdings – Arzt hin, Arzt her – genauso betroffen wie alle anderen.

Schnitzlers Vater, der berühmte Laryngologe[1] Professor Johann Schnitzler, hatte – in dem selbstverständlich vergeblichen Bemühen, den Sohn von wahllosem Geschlechtsverkehr abzuhalten – ihn noch als jungen Burschen zu schrecken versucht, indem er ihn mit dem großen, reich bebilderten Werk „Die Syphilis der Haut und der angrenzenden Schleimhäute" von Moriz Kaposi konfrontierte, das ab 1873 erschienen war. In eindrucksvollen farbigen Zeichnungen wurden da die Geschwüre dargestellt, mit denen die Befallenen zu rechnen hatten, und in der Ausstellung kann man diese nicht nur auf einer Seite des aufgeschlagenen Werks betrachten: Indem man sie auf Seidenpolster applizierte[2], macht man auch klar, wie eng Lust und Angst damals verbunden waren. Schnitzler wusste es von sich selbst, war er doch nach Beziehungen zu diversen Straßenmädchen oder auch „süßen Mädeln", die er aufgegabelt hatte, immer ein paar Tage lang besorgt, ob sich Folgen zeigen würden ...

Der „Reigen" offenbart, wie Dirne, Soldat, Dienstmädchen, junger Herr, Ehefrau, Ehemann, süßes Mädel, Dichter, Schauspielerin und Graf von einem Partner zum nächsten wechseln und solcherart eine einzige Kette der Ansteckung darstellen. Und das zu einer Zeit, die mit den Patienten nicht eben liebevoll umging: Ein Injektionsbesteck, das zur Behandlung mit dem Präparat Salvarsan benützt wurde, ist schon durch seine Größe erschreckend ... [...]

Aus: Renate Wagner: Dr. Arthur Schnitzler – Arzt und Dichter. In: Österreichische Ärztezeitung Nr. 22, 25.11.2006

---

1 Facharzt für Kehlkopfleiden

2 applizieren: befestigen

- *Welche Gemeinsamkeiten zwischen Syphilis und Aids werden im Text genannt?*
- *Warum hat sich Schnitzler in seinem Werk immer wieder auch mit Krankheit und Tod beschäftigt?*

Jung. Sorglos. HIV-positiv

„Das Risiko wird beschönigt, verleugnet, verdrängt" – Robert Kliem, 50, Aidsworker in Berlin

Robert Kliem ist Sozialarbeiter beim Berliner Wohnprojekt „Zuhause im Kiez", kurz ZIK. Die gemeinnützige Organisation hilft Menschen mit HIV-Infektionen, Aids und chronischer Hepatitis C. Schnittstellen zwischen Psychiatrie, Suchthilfe, Wohnungslosenhilfe und Pflege zu schaffen ist dabei ein Schwerpunkt der Arbeit. Darüber hinaus vermittelt die Organisation geeignete Wohnungen und bietet HIV-Infizierten sowie Aidskranken psychologische Betreuung an. Gerade diese Unterstützung ist bitter nötig. Viele Positive stürzen nach der Diagnose in ein tiefes Loch, Freunde und Bekannte ziehen sich zurück, manchmal auch die Eltern. Diese Isolation will ZIK durchbrechen und den Kranken mitten in Berlin ein selbstbestimmtes Leben ermöglichen.

Kliems Klienten sind über die ganze Stadt verstreut und unterschiedlich schwer betroffen. Manche sind zwar HIV-infiziert, aber noch nicht an Aids erkrankt, andere zeigen bereits massive Symptome der Immunschwäche-Krankheit. Und immer wieder melden sich junge Menschen bei Kliem, die sich erst kürzlich angesteckt haben. Dass die Zahl neuer Infektionen auf hohem Niveau stagniert, statt zurückzugehen, dass sie in Berlin von 2007 auf 2008 gegen den Bundestrend sogar um 7 Prozent gestiegen ist und dass trotz aller Warnungen und Kampagnen sehr viele Jugendliche sich das Virus einfangen, registriert der Aidsworker mit großer Sorge. Eine wesentliche Ursache dafür sieht Kliem im leichtsinnigen Umgang mit dem Risiko. Und der kommt nicht von ungefähr: Aids ist kein öffentliches Thema mehr, die Gefahr scheint gebannt, der medizinische Fortschritt suggeriert Entwarnung. „Ein Punkt ist, dass die Menschen einfach nicht diese schlimmen Zeiten der Aids-Epidemie mitbekommen haben", sagt Kliem. „Sie kennen sehr viele Positive, sie kennen sogar welche, die schon aidskrank sind, die nehmen halt ihre Pillen, die gehen ins Sportstudio, denen geht es manchmal nicht so gut, klar, aber was soll's! Schluck ich halt ein paar Pillen. Ich glaube, das ist eine Sorglosigkeit, die sich noch einmal sehr rächen kann."

Denn von Entwarnung kann keine Rede sein. Trotz aller medizinischen und pharmakologischen Erfolge ist Aids noch immer nicht heilbar und noch immer nicht ausgelöscht. Aktuell tragen in der Bundesrepublik 63.500 Menschen das HI-Virus in sich, rund 10.500 leiden an Aids, 615 Infizierte sind allein 2008 an einer direkten oder indirekten Folge der Immunschwäche gestorben. Das sind zwei Tote täglich in Deutschland und zwei Tote pro Woche in Berlin.

In den Medien, in der Öffentlichkeit und selbst in der „Szene" bleiben diese Zahlen ohne Resonanz. Die seit 1996 eingeführten Aids-Therapien haben der unheilbaren Immunschwäche-Krankheit viel von ihrem Schrecken genommen. Sie sorgen dafür, dass die Infizierten ein halbwegs normales Leben führen können. Aber sie sorgen auch dafür, dass die Gesellschaft das wahre Gesicht der Krankheit nicht mehr sehen muss und sich desto leichter in falscher Sicherheit wiegen kann. Die Gefahr wird verdrängt, verleugnet, bagatellisiert, nicht zuletzt durch das „gesunde" Aussehen jener, die zwar infiziert, aber noch nicht aidskrank sind. „Es ist halt momentan alles nicht mehr so spektakulär", resümiert Kliem. „Es fand früher schon hinter verschlossenen Türen statt, aber heute noch in verstärktem Maße. Man kriegt es einfach nicht mehr mit. Und ob's nun in der Schwulencommunity ist oder sonstwo, man redet nicht mehr drüber."

Mindestens ebenso gefährlich wie das Schweigen ist die Unwissenheit. Vor allem Jugendliche sind häufig nicht ausreichend informiert. Sie wissen wenig über die Ansteckungsgefahr bei ungeschütztem Geschlechtsverkehr, glauben immer noch, dass sich die Gefahr auf die Schwulen- und Drogenszene beschränkt. Dass Aids auch Heterosexuelle bedroht und nicht auf bestimmte Milieus einengen lässt, hat sich anscheinend wenig herumgesprochen. Viele Heterosexuelle infizieren sich in festen, vermeintlich sicheren Beziehungen, weil der Partner beispielsweise einen Seitensprung oder homosexuelle Abenteuer verheimlicht.

Offenheit, bewusste Vorsorge, Umsicht und Information könnten viele Ansteckungen vermeiden. Daher möchte Kliem aufklären, warnen, vorbeugen. Aber er möchte auch unnötige Berührungsängste abbauen. „Das Virus ist gefährlich, es hat eine lebenszeitverkürzende Wirkung, auf der anderen Seite kann man aber sehr wohl auch mit diesem Virus einigermaßen normal leben", betont er nachdrücklich. Dieser scheinbare Widerspruch macht seine Arbeit zu einem Spagat, den er täglich beruflich und privat bewältigen muss. Denn Kliem lebt nicht nur in der Aidshilfe hautnah mit der Ansteckungsgefahr. Wie rund 60 Prozent seiner Klientel ist er selbst schwul und mit Martin, einem HIV-positiven Maler und Lackierer, zusammen. Die beiden sind seit sechs Jahren ein Paar und seit zwei Jahren verheiratet.

Martin hat einen HIV-bedingten Lymphdrüsenkrebs, ist herzkrank, treibt aber viel Sport und fühlt sich fit. Dass er positiv ist, hat Martin seinem Partner erst nach einiger Zeit gestanden. Robert trägt ihm das Hinauszögern nicht nach. Er weiß, wie schwer es fällt, die Wahrheit zu sagen, und wie groß die Angst ist, den anderen zu verlieren. „Das ist eine Erfahrung, die sehr viele Positive machen, ein Verhalten, das sehr weit verbreitet ist. Viele haben Angst, dass sie ein Partner sitzen lässt, wenn sie ihre HIV-Infektion eingestehen."

Mittlerweile kann Robert mit dem Ansteckungsrisiko gut umgehen. „Durch den alltäglichen Umgang mit Menschen, die mit diesem Virus leben und die vor allem ja auch zeigen, dass man mit diesem Virus leben kann, ist es mir möglich geworden, mich vorurteilsfrei und angstfrei auf einen Menschen einzulassen, der HIV-positiv ist", sagt Robert Kliem.

Robert und Martin haben es geschafft, dass die Furcht nicht ihr Leben bestimmt. Sie leben eine möglichst normale Beziehung und achten beim Sex auf den nötigen Schutz. Daher hat Martin auch keine Angst, seinen Partner zu infizieren: „Die Angst verdrängt man. Man hat darüber geredet, und er ist alt genug, er weiß, was er tut. Und da darf man sich auch nicht zu viel Gedanken machen. Weil sonst passiert ja gar nichts mehr, da schwebt dann nur noch die Angst."

Dennoch geht Robert alle zwei Jahre zum HIV-Test. Aus Vorsicht. Weil es auch mit Kondom keinen hundertprozentigen Schutz gibt und weil die Medikamente nur dann optimal wirken können, wenn das Virus frühzeitig erkannt wird.

BR-online: „Jung.Sorglos.HIV"; Autor: Volker Eklkofer. Eine Produktion des Bayerischen Rundfunks/BR-online; in Lizenz der BRmedia Service GmbH

- *Welche Gründe werden im Text dafür genannt, dass der Umgang mit Aids immer leichtsinniger wird?*
- *Welche Möglichkeiten werden genannt, Jugendliche für die Gefahr durch Aids zu sensibilisieren?*

Baustein 4

Der Epochenumbruch um 1900

„Der Reigen“ ist nicht zuletzt ein höchst aufschlussreiches literarisches Zeugnis einer vergangenen Epoche. Schnitzler selbst hat betont, dass sein Drama, „nach ein paar hundert Jahren ausgegraben, einen Theil unsrer Cultur eigentümlich beleuchten würde“[1]. Dabei spiegelt das Stück keineswegs nur eine bestimmte Phase Wiens um die Jahrhundertwende wider, der man beliebige andere Phasen gleichberechtigt gegenüberstellen könnte. Vielmehr hat sich in den Text ein fundamentaler soziokultureller Epochenumbruch eingeschrieben, der ganz Europa um 1900 erfasst hat. Einige zentrale Merkmale dieses Epochenumbruchs finden sich auch in Schnitzlers „Reigen“. Sie sollen in diesem Baustein anhand detaillierter Textanalysen im Kontext der Philosophie jener Zeit – insbesondere des Werks Friedrich Nietzsches als des damals wichtigsten Denkers – mit den Schülerinnen und Schülern herausgearbeitet werden. Im Einzelnen geht es um:

- Friedrich Nietzsche als wichtigsten Philosophen um 1900,
- die schwindende Bedeutung der Moral,
- die wachsende Sprach- und Ich-Skepsis,
- die neuen Möglichkeiten des Menschen angesichts des allgemeinen Werteverfalls.

4.1 Friedrich Nietzsche

Die Konzentration auf nur einen Philosophen dient der Übersichtlichkeit. Jeder Versuch, das intellektuelle Klima um 1900 facettenreicher abzubilden, würde den Rahmen dieses Bausteins sprengen. Die Wahl Friedrich Nietzsches hat aber auch inhaltliche Gründe, spiegelt sich in seinen Texten der Epochenumbruch doch so prägnant wider wie bei keinem anderen Philosophen. Nietzsches Werk lässt sich in seiner Komplexität nicht auf ein paar Seiten bzw. in ein paar Unterrichtsstunden darstellen. Daher kann und soll es in diesem ersten Erarbeitungsschritt nicht darum gehen, den Schülerinnen und Schülern Detailinformationen über sein Leben und Werk zu vermitteln. Sie sollen vielmehr eine grundsätzliche Ahnung von Nietzsches philosophie- und kulturgeschichtlicher Bedeutung gewinnen. Dazu kann den Lernenden zunächst jeweils ein Satz oder Aphorismus von Nietzsche ausgeteilt werden (s. **Arbeitsblatt 23**, S. 117). Anschließend erhalten sie folgenden Arbeitsauftrag:

- *Lesen Sie den kurzen Text Nietzsches und fassen Sie seine zentrale Aussage mit eigenen Worten zusammen. Interpretieren Sie seine Sätze. Was fällt Ihnen dazu ein, welche Assoziationen haben Sie bei der Lektüre?*

Im Anschluss an diese Aufgabe lesen die Schülerinnen und Schüler nun der Reihe nach die Sätze auf ihren Karten vor und danach ihre Arbeitsergebnisse. Der Lehrer fordert die Lernenden auf, sich sofort zu melden, sobald sie bestimmte Sätze Nietzsches anders lesen und interpretieren. So entsteht im Idealfall eine angeregte Diskussion, in der nicht zuletzt deut-

[1] Arthur Schnitzler und Olga Waissnix: Liebe, die starb vor der Zeit. Ein Briefwechsel. Hrsg. von Therese Nickl und Heinrich Schnitzler. Wien: Molden 1970, S. 317

lich wird, welche Perspektivenvielfalt Nietzsches Denken zulässt. Während der Diskussion können Antworten und Assoziationen der Schülerinnen und Schüler stichpunktartig an die Tafel geschrieben werden:

amoralisch

Tod Gottes

Umwertung aller Werte

Jenseits von Gut und Böse

metaphysikkritisch

Moral ist eine Konstruktion

Vernunftkritik

alles ist relativ

Mensch ist fremd in der Welt

irrational

Friedrich Nietzsche

religionskritisch

Nihilismus

Abschied von der Wahrheit

Christentum ist Sklavenmoral

An dieser Stelle bietet sich zur Vertiefung ein Schülervortrag über Nietzsche und seine Philosophie an. Zusätzlich oder alternativ dazu kann auch das **Arbeitsblatt 24**, S. 118, herangezogen werden, auf dem Nietzsches Bedeutung für den Epochenumbruch um 1900 in knapper Form zusammengefasst ist. Die Lernenden sollen insbesondere erkennen, dass Nietzsches Philosophie für eine radikale Hinterfragung aller damals herrschenden Überzeugungen steht. Ob Moral, Religion, Metaphysik, Vernunft o.Ä. – nichts blieb von seinem skeptischen Blick verschont.

Nach der gemeinsamen Lektüre ist folgender Frageimpuls sinnvoll:

- *Welche weiteren Informationen über Nietzsche gewinnen Sie aus der Lektüre des Arbeitsblatts 24? Mit welchen Schlagwörtern lässt sich unser Tafelbild erweitern?*

Wie bereits im Text (**Arbeitsblatt 24**, S. 118) angedeutet, fand Nietzsches Skepsis gegenüber den althergebrachten Norm- und Wertesystemen ihren prägnantesten Ausdruck in seinem Diktum vom „Tod Gottes". Daher bietet sich in einem anschließenden Schritt die gemeinsame Lektüre von Nietzsches Parabel vom „tollen Menschen" (**Arbeitsblatt 25**, S. 119) an, in der er diesen zentralen Gedanken das erste Mal und besonders bildhaft formuliert hat. Die Parabel gehört bis heute zu einem der zentralen Texte des neuzeitlichen Atheismus. Vor dem Hintergrund des wachsenden Rationalismus wird der Glaube an einen christlichen Gott Ende des 19. Jahrhunderts immer fragwürdiger.

Der Unterrichtsschritt kann mit folgenden Frageimpulsen eingeleitet werden:

- *Lesen Sie Nietzsches Parabel vom „tollen Menschen". Was meint Nietzsche damit, dass die Menschen Gott getötet hätten?*
- *Welche Konsequenzen hat der „Tod Gottes" nach Nietzsche für die gesamte Menschheit?*
- *Wofür steht „Gott" in Nietzsches Parabel?*

Nietzsche konstatiert als Beobachter und Kritiker seiner Zeit, dass die Menschen durch ihre fortschreitende kulturelle und wissenschaftliche Entwicklung ihren einstigen Glauben selbst untergraben. Viele seiner Zeitgenossen könnten nicht mehr an eine transzendente Macht glauben. Mit dem „Tod Gottes" meint Nietzsche allerdings nicht nur das Ende aller christlichen Erlösungshoffnungen, sondern, damit eng verbunden, ganz allgemein die Abkehr vom Glauben an eine einzige universelle Wahrheit. Der Mensch in der Moderne kennt keinen archimedischen Punkt mehr, an dem frühere Generationen noch Halt und Orientierung gefunden haben: „Wohin bewegen wir uns? Fort von allen Sonnen? Stürzen wir nicht fortwährend? Und rückwärts, seitwärts, vorwärts, nach allen Seiten? Gibt es noch ein Oben und ein Unten? Irren wir nicht wie durch ein unendliches Nichts?" So steht der Mensch an der Schwelle einer neuen Epoche – einer nihilistischen Epoche, in der jede religiöse und metaphysische Hoffnung obsolet geworden ist.
Die Ergebnisse lassen sich in folgendem Tafelbild zusammenfassen:

Nietzsches Diktum vom „Tod Gottes"

Zuerst formuliert in der Parabel vom „tollen Menschen"
(in: „Die fröhliche Wissenschaft", 1882)

- Menschen haben Gott selbst getötet, können nicht mehr an ihn glauben
- Tod Gottes ist den meisten Menschen noch nicht bewusst
- keine Orientierung mehr möglich
- moderner Mensch in sinnloser Welt

➡ **Zeitalter des Nihilismus in Europa**

Anschließend bietet es sich an, zumindest kurz mit den Schülerinnen und Schülern darüber zu diskutieren, inwiefern Nietzsches Diktum vom „Tod Gottes" auch heute noch relevant ist. Fühlen sich die Lernenden manchmal ähnlich orientierungslos wie der tolle Mensch bei Nietzsche? Was sagt ihnen ganz persönlich Nietzsches Parabel? Welche Bedeutung hat die Kirche in unserer Zeit noch? Leben wir in einer Zeit des wachsenden Werteverlusts?
Danach kann das Unterrichtsgespräch auf Schnitzlers „Reigen" mit folgendem Frageimpuls übergeleitet werden:

- *Wir haben gesehen, dass eines der zentralen Themen von Nietzsches Philosophie die Nachricht vom „Tod Gottes" ist – mit allen damit verbundenen Konsequenzen für den Menschen. Welchen Bezug zu Gott haben die Figuren in Schnitzlers Drama? Spielt für sie Religion und Glauben eine große Rolle? Begründen Sie Ihre Meinung durch entsprechende Textpassagen.*

Die Lernenden werden vermutlich mehrheitlich – oder sogar einstimmig – der Meinung sein, dass Religion und Glauben für die Figuren im „Reigen" keine Rolle spielen. Zumindest zeigen sie in ihren Handlungen und direkten Reden keinerlei religiösen Bezug. Zwar fällt immer wieder das Wort „Gott", dies aber nur in floskelhafter Verwendung, so z. B.: „Gott ist mein Zeuge" (S. 28, Z. 28), „o Gott!" (S. 33, Z. 4), „Um Gotteswillen" (S. 38, Z. 1–2), „Hergott, bist du lieb" (S. 61, Z. 5) u. v. m.
Darüber hinaus betonen die Figuren wiederholt, dass sie einander „anbeten": so etwa der junge Herr gegenüber der Ehefrau gleich zwei Mal (S. 28, Z. 16 und S. 33, Z. 6) oder der

Dichter gegenüber dem süßen Mädel (S. 77, Z. 4). Was es mit diesem „Anbeten" aber auf sich hat, wird insbesondere in folgendem Dialog zwischen der Schauspielerin und dem Dichter deutlich (8. Dialog, S. 82, Z. 13–S. 83, Z. 4):

Schauspielerin *(sinkt am Fenster plötzlich nieder, mit gefalteten Händen).*
Dichter.
Was hast du denn?
Schauspielerin *(schweigt).*
Dichter *(zu ihr hin).*
Was machst du denn?
Schauspielerin *(empört).*
Siehst du nicht, dass ich bete? –
Dichter.
Glaubst du an Gott?
Schauspielerin.
Gewiss, ich bin ja kein blasser Schurke.
Dichter.
Ach so!
Schauspielerin.
Komm doch zu mir, knie dich neben mich hin. Kannst wirklich auch einmal beten. Wird dir keine Perle aus der Krone fallen.
Dichter *(kniet neben sie hin und umfasst sie).*
Schauspielerin.
Wüstling! – *(Erhebt sich.)* Und weißt du auch, zu wem ich gebetet habe?
Dichter.
Zu Gott, nehm ich an.
Schauspielerin. *(Großer Hohn.)*
Jawohl! zu dir hab ich gebetet.
(S. 82, Z. 13–S. 83, Z. 4)

Nach der gemeinsamen Lektüre dieser Textpassage kann das Unterrichtsgespräch mit folgendem Frageimpuls eingeleitet werden:

■ *Was sagt dieser Dialog aus über die Einstellung der Schauspielerin gegenüber Religion und gegenüber dem Dichter? Inwiefern spiegelt diese kurze Szene die Atmosphäre des gesamten Dramas wider?*

Wie in keiner anderen Szene wird in der gemeinsam gelesenen Textpassage deutlich, dass der Glaube an Gott keine Rolle im Drama spielt. Im Gegenteil, die Schauspielerin empfindet keinerlei Ehrfurcht vor Kirche und Religion, sondern ironisiert die Handlung des Betens zu Gott sogar noch. Die besondere Pointe dieser Textpassage ist, dass die Schauspielerin am Schluss zugibt, dass ihr „Gott" der Dichter sei – freilich äußert sie auch dies voller Hohn. Trotz dieser Ironie zeichnet sich hier doch ab, dass die Menschen in Zeiten des Religionsverlustes Orientierung und Sinngebung durch die „Vergötterung" des Menschen selbst suchen. Die Schauspielerin drückt diese Tendenz, die womöglich die Handlungen der meisten Figuren des „Reigen" insgeheim bestimmt, explizit aus.
Im Anschluss an diesen Erarbeitungsschritt kann folgender Frageimpuls den Fokus des Unterrichtsgesprächs auf eine allgemeinere Ebene führen:

■ *Wir haben gesehen, dass Religion und Glauben in Schnitzlers Stück keine Bedeutung mehr haben – hier ist bereits eine Parallele zur Philosophie Nietzsches deutlich geworden. Erkennen Sie noch andere Themen Nietzsches im „Reigen"?*

Die Antworten der Lernenden können stichpunktartig an der Tafel gesammelt werden:

Nietzsches Themen im „Reigen"

- schwindende Bedeutung der Religion:
  - Nennung „Gottes" nur noch floskelhaft („Oh Gott", „Um Gotteswillen" etc.)
  - Figuren beten nicht mehr Gott, sondern sich gegenseitig an
- Sinnverlust, Orientierungslosigkeit
- Moral hat keine Bedeutung mehr
- Lüge und Heuchelei der Menschen untereinander
- Frage nach Macht und Möglichkeit der Sprache
- Problem der Identität
- ...

Drei der Themenkomplexe, die das intellektuelle Spannungsfeld um 1900 bestimmten und sich auch im „Reigen" widerspiegeln – nämlich die Relativität aller moralischen und ethischen Werte, Sprach- und Ich-Skepsis sowie die Chance des Menschen angesichts der neu gewonnenen Freiheit –, sollen in den folgenden Erarbeitungsschritten anhand detaillierter Textanalysen erarbeitet werden.

4.2 Das Problem der Moral

Im Folgenden geht es um das Problem der zunehmenden Relativierung moralischer Werte und Normen um 1900, um ein Phänomen also, das insbesondere Nietzsche in seinen gesellschafts- und kulturkritischen Texten diagnostiziert hat und das auch in Schnitzlers „Reigen" thematisiert ist.
Eingeleitet werden kann dieser Unterrichtsschritt mit einem allgemeinen Frageimpuls:

- *Was versteht man unter Moral? Welche Synonyme von Moral kennen Sie?*

Vermutlich wird sich das Kursplenum rasch darauf einigen können, dass Moral die Handlungsmuster, -regeln und -prinzipien vorgibt, die den Zusammenhalt einer Gesellschaft garantieren sollen. Bei der Moral geht es also um „gutes" Handeln. Bedeutungsähnliche Ausdrücke für Moral sind beispielsweise Ethos, Sitte und Sittlichkeit.
Nach dieser ersten allgemeinen Begriffsbestimmung kann das **Arbeitsblatt 26**, S. 120, herangezogen werden, auf dem jeweils ein Text von Immanuel Kant und Friedrich Nietzsche zur Moral abgedruckt ist:

- *Lesen Sie zunächst den Text Immanuel Kants über Moral. Was stellt er mit Blick auf die Gesellschaft seiner Zeit fest? Und was folgert er daraus? Fassen Sie seine Gedanken mit eigenen Worten zusammen.*

Kant konstatiert, dass mit dem wachsenden Grad der Zivilisation auch der Grad der „Schauspielerei" zwischen den Menschen zunimmt. Das heißt, sie geben ihre sittliche Gesinnung lediglich vor, spielen nur eine Rolle: Sie achten sich gegenseitig nur scheinbar und sind nur scheinbar uneigennützig. Allerdings beklagt Kant diesen Zustand keineswegs. Vielmehr geht er davon aus, dass die Menschen die Tugenden, die sie zunächst nur vortäuschen, durch ihr Tun allmählich verinnerlichen und dass die anfangs nur gespielte Sittlichkeit allmählich zur wahren Gesinnung wird.

- *Was halten Sie von Kants Vorstellung? Halten Sie sie für realistisch? Welches Weltbild steckt hinter einer solchen Vorstellung? Wissen Sie, wann Kant gelebt und welcher philosophischen Epoche er angehört hat?*

Vermutlich teilt die Mehrheit des Kurses Kants Meinung nicht, sondern sieht das Verhältnis zwischen gespieltem Verhalten und wahrer sittlicher Gesinnung um einiges skeptischer. Die meisten der Lernenden haben wohl eher die Erfahrung gemacht, dass Menschen, die eine sittlich-moralische Einstellung nur vortäuschen, keineswegs allmählich zu „besseren Menschen" werden – im Gegenteil. Um nachvollziehen zu können, wie Kant zu seiner Position gefunden hat, bietet sich ein kurzer Lehrervortrag über ihn und seine Zeit an.
War es für die Aufklärung, deren Repräsentant Kant ist, noch selbstverständlich, dass im Zentrum des Handelns eine allgemeingültige Moral – ein Sittengesetz – steht, deren Berechtigung jeder Mensch kraft vernünftiger Einsicht erkennen und nachvollziehen kann, schwand dieser Glaube im Laufe des 19. Jahrhunderts zunehmend. So drastisch wie kein anderer Philosoph spottete Nietzsche am Ende des Jahrhunderts über Kants Moralvorstellung als „schöne naive Sache". Für ihn kann es nach dem „Tod Gottes", also nach der Abkehr von allen metaphysischen Wahrheiten, keine universell gültigen Werte mehr geben. Moral ist für ihn relativ: Was in einer Zeit als moralisch gut beurteilt wird, kann in einer anderen Zeit moralisch schlecht sein. Außerdem kann ein scheinbar moralisch schlechtes Verhalten des Einzelnen gut für die Allgemeinheit sein. Für Nietzsche ist die moderne Welt viel zu komplex und undurchschaubar geworden, als dass allgemein aufgestellte Moral- und Sittlichkeitsgebote für das Handeln der Menschen noch maßgeblich sein könnten.
In seinem Text über „Privat- und Welt-Moral" (**Arbeitsblatt 26**, S. 120) ist Nietzsches Auffassung über die Relativität der Moral prägnant zusammengefasst. Nach der gemeinsamen Lektüre kann das Unterrichtsgespräch durch folgende Frageimpulse eingeleitet und weitergeführt werden:

- *Warum kann es für Nietzsche keine allgemeingültige Moral geben? Inwiefern sieht er sogar Gefahren im alten, von Kant repräsentierten Glauben, dass alle Menschen gleich handeln sollen? Wie nennt er diesen Glauben?*
- *Inwiefern hält Nietzsche es für denkbar, dass scheinbar böses Handeln des Einzelnen letztlich sogar gut für die Allgemeinheit sein könnte?*
- *Welche Aufgabe haben nach Nietzsche die „großen Denker des nächsten Jahrhunderts" zum Wohle der Menschheit?*

Der Übergang vom Kant'schen Glauben an eine universell gültige Moral zu einer relativistischen Vorstellung aller moralischen Werte, repräsentiert durch Nietzsche, lässt sich durch folgendes Tafelbild stichpunktartig zusammenfassen:

Zunehmende Relativierung der Moral im Laufe des 19. Jahrhunderts

Ende 18. Jh./Anfang 19. Jh.:
Aufklärung, Kant:

- allgemeines Sittengesetz
- alle Menschen streben nach gleicher Moral
- gutes Handeln des Einzelnen ist gut für die Allgemeinheit
- Moral steht im Zentrum der Gesellschaft
- Mensch lebt in geordneter, erklärbarer Welt

Ende 19. Jh.:
Moderne, Nietzsche:

- durch „Tod Gottes" keine allgemeingültige Moral mehr
- „gutes" Handeln ist relativ, situationsabhängig
- Moral ist „eine schöne, naive Sache"
- Mensch lebt ohne Orientierung in undurchschaubar gewordener Welt

schwindender Glaube an universelle moralische Werte

Im ebenfalls Ende des 19. Jahrhunderts entstandenen „Reigen" spiegelt sich die von Nietzsche beschriebene zunehmende Relativierung aller Moralvorstellungen wider. „Indem Schnitzler die unterschiedlichsten Sozialtypen sich in Variation im intimsten und privatesten Bereich begegnen lässt", konstatiert Ortrud Gutjahr, „legt er die Finger auf den wundesten Punkt der bürgerlichen Gesellschaft: die Moral. In diesem literarisch einmaligen Experiment der Jahrhundertwende gelingt es Schnitzler in frappanter Weise, die Doppelbödigkeit der Moral und mit ihr den Wertezerfall und die Orientierungslosigkeit seiner Gesellschaft darzustellen."[1] Inwiefern sich dieser Moralverlust in Schnitzlers Drama eingeschrieben hat, sollen die Schülerinnen und Schüler im Folgenden anhand detaillierter Textanalysen erarbeiten. Zum Einstieg in diesen Unterrichtsschritt bieten sich folgende Frageimpulse an:

- *Handeln die Figuren in Schnitzlers „Reigen" moralisch? Oder spielen sie – wie es Kant beschrieben hat – ihre sittliche Einstellung nur vor? Verinnerlichen sie dadurch allmählich eine sittliche Gesinnung? Begründen Sie Ihre Meinung anhand entsprechender Textpassagen.*

Es ist offensichtlich, dass die Figuren im „Reigen" nicht moralisch handeln: Sie betrügen und belügen einander, folgen keinem übergeordneten Sittengesetz, sondern rein egoistischen Zielen. Für sie hat der Mitmensch keinen Wert an sich, sondern dient lediglich der eigenen Lustbefriedigung. Insbesondere die zwei Eheleute, die über tugendhafte Sittlichkeit sprechen, sich aber heimlich untreu sind, zeigen in ihrem Handeln Doppelmoral und Scheinheiligkeit. Durch folgende Frageimpulse kann das Unterrichtsgespräch auf diese zwei Figuren gelenkt werden:

- *Insbesondere welche Figuren im „Reigen" behaupten in ihrer Rede eine sittliche Gesinnung, handeln aber ganz anders? Welche drei Szenen offenbaren ihre gelebte Doppelmoral und Scheinheiligkeit?*
- *An welcher Stelle stehen diese Szenen innerhalb der Gesamthandlung?*
- *Welche Gründe könnte diese Positionierung haben?*

[1] Ortrud Gutjahr: Im Wechselspiel von Enthusiasmus und Melancholie. Zu Arthur Schnitzlers „Reigen". In: Melancholie und Enthusiasmus. Studien zur Literatur- und Geistesgeschichte der Jahrhundertwende. Hrsg. v. Karol Sauerland. Frankfurt/M., Bern, New York u. Paris 1988, S. 69–83; hier: S. 74

Die Lernenden werden vermutlich schnell erkennen, dass sich die im „Reigen“ thematisierte Doppelmoral insbesondere im Verhalten der beiden Eheleute widerspiegelt. Auch Ortrud Gutjahr betont: „Das moralische Herzstück des ‚Reigen‘ liegt nämlich in den Mittelszenen vier, fünf, sechs, in denen das Ehepaar zusammentrifft bzw. die junge Frau mit dem jungen Herrn und der Gatte mit dem süßen Mädel.“[1] So ist es sicherlich kein Zufall, dass Schnitzler diese drei Dialoge in die Mitte seines zehnteiligen Stücks gestellt hat; alle anderen Szenen gruppieren sich gleichsam um dieses „moralische Herzstück“ herum. Die zentrale Position der drei Dialoge, in denen die Eheleute auftreten, kann durch folgendes Tafelbild veranschaulicht werden:

Das „moralische Herzstück“ im Reigen

Szene:	**Figuren:**	
1	Dirne/Soldat	
2	Soldat/Dienstmädchen	
3	Dienstmädchen/junger Herr	
4	**junger Herr/Ehefrau** ↑	
5	**Ehefrau ↔ Ehemann** ↓	**„moralisches Herzstück“**
6	**Ehemann/süßes Mädel**	
7	süßes Mädel/Dichter	
8	Dichter/Schauspielerin	
9	Schauspielerin/Graf	
10	Graf/Dirne	

Obwohl das Wort „Doppelmoral“ im Unterrichtsgespräch vermutlich schon mehrfach gefallen ist, ist eine genaue Definition gar nicht so leicht. Die Schülerinnen und Schüler sollen in Arbeitsgruppen folgende Fragen beantworten:

- *Überlegen Sie sich Beispiele für Doppelmoral. Was versteht man eigentlich darunter? Formulieren Sie eine knappe Definition. Wie kann man Doppelmoral entlarven?*

Ganz allgemein gesagt, bezeichnet Doppelmoral ein Verhalten, das „mit zweierlei Maß“ misst: Werturteile, die für andere Personen getroffen werden, werden nicht auf das eigene Handeln angewendet. So lässt sich Doppelmoral am besten durch die Gegenüberstellung von Sprechen und Verhalten eines Menschen entlarven.
Nachdem die Arbeitsgruppen ihre Antworten vorgestellt und miteinander verglichen haben, können die Ergebnisse durch folgendes Tafelbild gesichert werden:

[1] Ortrud Gutjahr: Im Wechselspiel von Enthusiasmus und Melancholie. Zu Arthur Schnitzlers „Reigen“. In: Melancholie und Enthusiasmus. Studien zur Literatur- und Geistesgeschichte der Jahrhundertwende. Hrsg. v. Karol Sauerland. Frankfurt/M., Bern, New York u. Paris 1988, S. 69–83; hier: S. 75

Doppelmoral

Sprache:	≠	Handeln:
moralische Forderungen		unmoralisch, egoistisch

➔ **Unterschied zwischen Sprache und Handeln**

Im Anschluss daran sollen die Lernenden die Doppelmoral der Eheleute anhand einer detaillierten Textanalyse – nämlich des **Dialogs zwischen den zwei Figuren von S. 44, Z. 15, bis S. 50, Z. 20** – aufdecken. Der Kurs wird dafür in zwei Arbeitsgruppen aufgeteilt, von denen sich die erste mit dem Ehemann und die zweite mit der Ehefrau auseinandersetzt. Die Gruppen erhalten folgenden Auftrag:

- *Lesen Sie den Dialog zwischen den Eheleuten von Seite 44, Zeile 15, bis Seite 50, Zeile 20, und erarbeiten Sie, inwiefern sich der Ehemann/die Ehefrau scheinheilig und voller Doppelmoral zeigt.*

Nach einer gewissen Bearbeitungszeit werden die Antworten der Arbeitsgruppen im gesamten Kursrahmen besprochen.
Die Gruppe, die sich mit dem **Ehemann** beschäftigt hat, stellt ihre Ergebnisse vor. Folgende Aufgaben und Frageimpulse bieten sich während des darauf folgenden Unterrichtsgesprächs zur Weiterführung und Vertiefung an:

- *Wie inszeniert sich der Ehemann gegenüber seiner Frau? In welcher Rolle präsentiert er sich?*
- *Inwiefern ist er scheinheilig, wenn er auf seine Zeit vor der Ehe zurückblickt?*
- *Welchen Frauentyp stellt er seiner Ehefrau entgegen? Wie beschreibt er diese Frauen, wie seine eigene Frau?*
- *Fassen Sie die Sittlichkeits- und Moralvorstellungen des Mannes mit eigenen Worten zusammen. Hält er sich selbst an diese Vorstellungen?*
- *Warum wohl reagiert der Mann so alarmiert auf die Frage seiner Frau, ob unter den unanständigen Frauen auch verheiratete Frauen seien?*
- *Wie interpretieren Sie die Erklärung des Mannes, dass eine seiner früheren Geliebten gestorben sei?*

Die Doppelmoral des Mannes zeigt sich natürlich vor allem darin, dass er seiner Frau einen moralisch-sittlichen Vortrag hält, sie aber immer wieder heimlich mit anderen Frauen betrügt. Seine gesamten Worte erweisen sich dadurch als verlogene, scheinheilige Farce, unterscheiden sie sich doch diametral von seinem Handeln. Während seiner Rede inszeniert er sich als erfahrener Mann, „der sich in der Welt umgesehen hat" (S. 44, Z. 16) und dem man nichts mehr vormachen könne. Dabei reduziert er seine Gattin zur bloßen Zuhörerin – „geh, leg den Kopf an meine Schulter" (S. 44, Z. 17) –, er selbst scheint sich in der Rolle desjenigen, der die Welt und die Menschen durchschaut hat, überaus wohlzufühlen. Seine Scheinheiligkeit zeigt sich bereits ganz zu Beginn der Textpassage, als er seine sexuellen Abenteuer, die er „notgedrungen vor der Ehe durchzumachen" (S. 44, Z. 27f.) hatte, als schweres Los darstellt: „Denn wir sind ganz verwirrt und unsicher geworden durch die vielfachen Erlebnisse" (S. 44, Z. 26f.). Aufgrund der damaligen Erfahrungen – „[e]s ist meine traurigste Erinnerung" (S. 49, Z. 18) – habe er im Gegensatz zu seiner Frau kein rechtes Gefühl mehr für die Liebe, sie sei ihm „gründlich widerwärtig gemacht" (S. 44, Z. 32) worden. Fast scheint es, als erwarte er von seiner Gattin Mitleid für sein früheres Schicksal. Mit Blick auf die Frauen, mit denen er damals intim wurde, schlüpft er bald in die Rolle des Moralapostels. Während er sie abwertend „Geschöpfe" (S. 44, Z. 33) und „bedauernswerte Wesen" (S. 45, Z. 1f.) nennt, zeigt er in scheinheiliger Weise doch Nachsicht mit ihnen: „werfen wir keinen Stein auf sie" (S. 45, Z. 2). In seinen weiteren Ausführungen unterscheidet er immer stärker zwischen seiner eigenen Ehefrau, die sittlich rein und anständig ist, und den verkommenen Frauen, wie er sie in seiner Jugend kennenlernen musste: „Ihr, die ihr junge Mädchen aus guter Familie wart, die ruhig unter Obhut euerer Eltern auf den Ehrenmann warten konntet, der euch zur Ehe begehrt; – ihr kennt ja das Elend nicht, das die meisten von diesen armen Geschöpfen der Sünde in die Arme treibt." (S. 45, Z. 7–11) An keiner einzigen Stelle fragt er sich, weshalb eigentlich „Ehrenmänner" vor der Ehe ein promiskuitives Leben führen dürfen, Frauen dafür aber als unanständig und verdorben verurteilt werden. Auch in dieser Hinsicht zeigt sich eine deutliche Doppelmoral in der Sittlichkeitsauffassung des Mannes. Gerade weil er eine strenge Grenze zwischen den unzüchtigen Frauen und seiner reinen, anständigen Gattin zieht, ist er peinlich berührt, als ihn diese darum bittet, von seinen früheren Erlebnissen zu erzählen: Dies sei „geschmacklos" (S. 46, Z. 14), eine „Entweihung" (S. 46, Z. 15). Es scheint, als müsse er seine Frau insgeheim vor allen anrüchigen Dingen schützen, als dürfe sie nicht einmal im bloßen Gespräch mit ihnen in Kontakt kommen. So ist es kein Wunder, dass er auf die Frage, ob unter den unanständigen „Geschöpfen" auch verheiratete Frauen gewesen seien, überaus alarmiert reagiert. Nach mehrmaligem besorgtem Nachfragen nimmt er seiner Gattin schließlich das Versprechen ab: „Dass du nie mit einer Frau verkehren wirst, bei der du auch den leisesten Verdacht hast, dass sie ... kein tadelloses Leben führt." (S. 10–12) So hat der Ehemann im Laufe seines Vortrags mit Blick auf die „unanständigen Frauen" ein immer stärkeres Feindbild konstruiert, von dem er sich und seine Gattin moralisch absetzen kann: Je unanständiger diese „armen Wesen" sind, desto reiner und sittlicher erscheinen er und seine Frau. Vor diesem Hintergrund ist es nur konsequent, dass er eine seiner früheren Geliebten schließlich für tot erklärt und kurz darauf gesteht: „Es klingt fast lächerlich, aber ich habe die Empfindung, dass alle diese Frauen jung sterben." (S. 49, Z. 35f.) Unbewusst scheint er den „armen Geschöpfen" aufgrund ihrer anrüchigen Lebensführung den Tod zu wünschen, der Moralapostel erweist sich letztlich auch als strenger, strafender Inquisitor.

Die Ergebnisse des Unterrichtsgesprächs können stichpunktartig an der Tafel zusammengefasst werden:

Der Ehemann im Gespräch mit seiner Frau

- ist scheinheilig und verlogen, da er Moralpredigt hält, seine Frau aber heimlich betrügt
- präsentiert sich als erfahrener Mann, der seiner Frau die Welt erklären kann
- stellt seine früheren sexuellen Erfahrungen als schweres Los dar → scheinheilig
- wird zum Moralapostel
- Männer dürfen vor der Ehe promiskuitiv leben, Frauen nicht → Doppelmoral
- Kluft zwischen seiner Ehefrau und den „armen Geschöpfen"
- setzt alles daran, diese Kluft zu vertiefen
- schafft mit „unanständigen Geschöpfen" Feindbild, um sich und seine Gattin moralisch zu erhöhen
- unbewusst bestraft er die promiskuitiv lebenden Frauen mit Todesfantasien

➜ auffälliger Kontrast zwischen Reden und Handeln → Doppelmoral

Im Anschluss daran präsentiert die zweite Gruppe ihre Ergebnisse über die **Ehefrau**. Das entstehende Unterrichtsgespräch kann beispielsweise durch folgende Frageimpulse weitergeführt und vertieft werden:

- *Wie zeigt sich die Ehefrau im Gespräch mit ihrem Mann? Welche Rolle spielt sie? Welcher Wesenszug blitzt hinter dieser Rolle immer wieder kurz auf?*
- *Die Ehefrau will mehr über die früheren sexuellen Abenteuer ihres Mannes erfahren. Wie begründet sie dieses Interesse? Was könnte ihr eigentlicher Grund sein?*
- *Glauben Sie, dass die Frau den Moralvortrag ihres Mannes ernst nimmt? Begründen Sie Ihre Antwort.*
- *Welche Sittlichkeits- und Moralvorstellungen hat die Frau angeblich? Hält sie sich selbst an diese Vorstellungen?*

Die Ehefrau nimmt im Gespräch ganz die Rolle der Zuhörerin und Stichwortgeberin für ihren Gatten ein, lauscht scheinbar gebannt dessen Moralvortrag. Auch wenn es auf den ersten Blick so scheint, als ginge es ihr im Gespräch nur darum, seine Sittlichkeitsvorstellungen brav zu bestätigen, blitzt doch immer wieder auch eine andere Seite in ihr auf. Schon mit ihrer anfänglichen Frage „Ja, was sind das für Geschöpfe?" signalisiert sie auch eine gewisse Neugierde für die früheren sexuellen Erlebnisses ihres Mannes. Es ist durchaus vorstellbar, dass sie – noch ganz in Gedanken an ihren zurückliegenden Seitensprung mit dem jungen Herrn Alfred (4. Dialog) – die Vorstellung ihres Mannes mit einer anderen Frau sexuell reizt. Während sie die vom Ehemann streng gezogene Grenze zwischen den anständigen und den unzüchtigen Frauen offiziell teilt, lassen doch einige schnell eingeworfene Zwischenbemerkungen von ihr auf eine insgeheim ganz andere Gesinnung schließen. So meint sie mit Blick auf die „armen Geschöpfe": „Aber warum sind sie zu bedauern? – Denen geht's ja ganz gut?" (S. 45, Z. 20), und schiebt kurz darauf süffisant nach: „Offenbar fällt es sich ganz angenehm." (S. 45, Z. 26) Zumindest unbewusst scheint sie sich mit jenen Frauen zu identifizieren, die ihr Gatte in seinem Vortrag moralisch verurteilt, hat sie ihn doch kurz zuvor selbst betrogen. So wird deutlich, dass die Gattin die Moralvorstellungen ihres Mannes nur scheinbar teilt, insgeheim macht sie sich über ihn und seine Ansichten lustig. Besonders verlogen wird das Gespräch mit ihrer Frage: „War ... eine verheiratete Frau – unter ihnen?" (S. 47, Z. 4) Es scheint, als wollte sie bewusst „mit dem Feuer spielen", weiß sie doch, in welch heikle Situation sie die Frage bringt. Und wirklich: Ihr Gatte reagiert höchst beunruhigt und nimmt ihr nach einem Gespräch, das eher einem Verhör gleicht (S. 47, Z. 5–S. 48, Z. 4), das Versprechen ab, niemals mit einer unanständigen Frau zu verkehren. Mit der Entgegnung der Gattin – „Das muss ich dir erst versprechen?" (S. 48, Z. 14) – hat ihre Scheinheiligkeit und Doppelmoral ihren Höhepunkt im Gespräch erreicht: Während sie ihren Ehemann kurz zuvor noch mit einem anderen betrogen hat, inszeniert sie sich jetzt als Frau, die so tugendhaft ist, dass für sie nicht einmal der bloße Kontakt mit „unanständigen" Frauen infrage käme.
Wieder können die Ergebnisse des Unterrichtsgesprächs an der Tafel gesichert werden:

Die Ehefrau im Gespräch mit ihrem Mann

- spielt die Rolle der Zuhörerin, lauscht scheinbar gebannt ihrem Gatten
- zeigt Neugier für frühere sexuelle Erlebnisse ihres Mannes → sexuell reizvoll
- bejaht nur scheinbar die Grenze zwischen anständigen und unzüchtigen Frauen, identifiziert sich insgeheim mit der anderen Seite
- macht immer wieder freche Andeutungen; fragt nach unanständigen verheirateten Frauen, spielt mit dem „Feuer"
- Doppelmoral zeigt sich v.a. in ihrem Versprechen, niemals mit unanständigen Frauen zu verkehren – obwohl sie ihren Mann zuvor heimlich betrogen hat

➜ **auffälliger Kontrast zwischen Reden und Handeln → Doppelmoral**

Zur Vertiefung dieses Unterrichtsschritts bietet sich folgender Schreibauftrag an, der dazu beiträgt, dass sich die Schülerinnen und Schüler noch besser in die Perspektive der Figuren hineinversetzen können:

- *Stellen Sie sich vor, der Ehemann und die Ehefrau schreiben nach dem Gespräch jeweils heimlich in ihrem Tagebuch. Versetzen Sie sich in die Perspektive einer der beiden Figuren und schreiben Sie diesen Eintrag. Achten Sie dabei darauf, dass die Scheinheiligkeit und Doppelmoral der Figur deutlich wird.*

Der Tagebucheintrag des Ehemanns könnte beispielsweise so lauten:

„Mit Emma seit längerer Zeit wieder einmal geschlafen, war sehr schön. Warum nicht häufiger? Vorher über sittliches Verhalten geredet. Wie naiv und unschuldig Emma doch ist! Sie klebte förmlich an meinen Lippen, als ich ihr von den verkommenen Geschöpfen erzählte, mit denen ich meinen Spaß hatte – früher, vor unserer Ehe, wie ich betonte. Emma wirkte erschrocken, als könnte sie sich ein solch ruchloses Verhalten gar nicht vorstellen. Die reinste Unschuld! Und doch so begehrenswert nach unserem Gespräch …

Auf einmal sah ich in ihr wieder die Frau, nicht nur die Mutter unseres Kindes. Wie schön sie doch noch immer ist! Das fällt sicherlich auch anderen Männern auf. Manchmal sehe ich deren Blicke verstohlen über Emmas Körper wandern, wenig fehlte, und sie würden sie ansprechen, wäre ich nicht dabei. Aber auf Emma ist Verlass, sie würde mich niemals betrügen. Seltsam nur, dass sie heute bei meinen Worten plötzlich loskichern musste – fast wie ein kleines, albernes Mädchen.

Ein süßes Mädel, das wär wieder mal was! Morgen Abend geh ich nach draußen, wer weiß, was ich Leckeres in den Gassen finde. Emma wird es ja nicht erfahren. Und was sie nicht weiß, macht sie nicht heiß."

Und hier ein Beispiel für einen möglichen Tagebucheintrag der Ehefrau:

„Heute Abend hielt mir Karl mal wieder einen seiner Vorträge über tugendhaftes und sittliches Verhalten. Musste einmal laut auflachen, zu komisch wirkte er. Wenn er sich doch selbst einmal hören könnte! Ich frage mich, ob er wirklich daran glaubt, was er da über „das Wesen der Liebe" und das „sittliche Elend" der – wie hat er sich ausgedrückt? – „meist recht bedauernswerten Wesen" schwadroniert. Oh, mein lieber Karl, wie naiv du bist! Wenn du wüsstest, was deine reine und unschuldige Frau so alles treibt, wenn sie nicht zu Hause ist …

Aber Gewissensbisse habe ich doch, wenn ich an Alfred denke. Wie schön es gestern mit ihm im Salon war. Und doch ist es nicht recht. Ich muss meine Beziehung zu Alfred beenden, aber dafür fehlt mir

im Moment noch die Kraft. Schließlich habe auch ich meine Bedürfnisse. Wenn Karl doch immer so leidenschaftlich und sinnlich wäre wie heute Abend, dann könnte ich viel leichter auf meine kleinen Abenteuer verzichten.
Aber weshalb eigentlich ein schlechtes Gewissen? – Bin ich mir denn sicher, dass Karl mir treu ist? Weiß ich denn, was mein ach so edler Gatte macht, wenn er spätabends noch in der Stadt unterwegs ist?"

In den bisherigen Unterrichtsschritten wurde erarbeitet, dass sich die Doppelmoral und Scheinheiligkeit der Eheleute durch die Beobachtung des Unterschieds zwischen ihrem Sprechen und ihrem Verhalten zeigt. Dabei ist den beiden Figuren selbst gar nicht bewusst, dass der jeweilige Ehepartner ebenfalls untreu ist – dies weiß lediglich der Rezipient (= Leser bzw. Zuschauer) des Dramas, da er auch die Betrugsszenen (4. und 6. Dialog) kennt, die das Ehegespräch (5. Dialog) einrahmen. Indem Schnitzler dem Zuschauer das scheinheilige Verhalten der Personen auf der Bühne direkt vor Augen führt, ermöglicht er ihm aber auch einen Rückschluss auf das eigene Verhalten und jenes der realen Mitmenschen. Der Zuschauer ertappt sich gewissermaßen beim Verdacht, ob nicht womöglich auch er und seine Zeitgenossen so verlogen und unmoralisch sein könnten wie die Figuren im Stück. Schnitzler hält seinen Zeitgenossen mithin einen Spiegel vor – sicherlich einer der Gründe, weshalb der „Reigen" derart angefeindet wurde. Durch folgenden Frageimpuls kann das Unterrichtsgespräch auf diesen rezeptionsbezogenen Aspekt gelenkt werden:

- *Wir haben gesehen, dass die Doppelmoral der Eheleute durch den Unterschied zwischen Sprechen und Handeln deutlich wird. Dieser Unterschied wird aber nur dem Zuschauer bewusst, weil er weiß, dass sich die beiden Figuren gegenseitig betrügen. Welche Rückschlüsse könnte der Zuschauer dadurch auf sich und auf seine Mitmenschen ziehen? Inwiefern könnte hier einer der Gründe für den Streit um den „Reigen" liegen?*

Die Ergebnisse des Unterrichtsgesprächs lassen sich durch folgende grafische Zusammenfassung an der Tafel sichern:

Beobachtungen und mögl. Rückschlüsse des Rezipienten

Rezipient:
Leser
Theaterbesucher

beobachtet

Eheleute:
Lügen
Heimlichkeiten voreinander
Doppelmoral
Scheinheiligkeit

zieht Rückschlüsse auf eigenes Verhalten und das seiner Mitmenschen

Schnitzler hält dem Rezipienten Spiegel vor → auch deshalb massiver Protest gegen ihn

Die Unterrichtseinheit kann durch eine allgemeine Diskussion abgeschlossen werden:

- *Wir haben gesehen, dass eines der zentralen Themen in Schnitzlers „Reigen" Doppelmoral und Heuchelei ist. Wie schätzen Sie die heutige Gesellschaft ein? Ist die herrschende Doppelmoral stärker oder schwächer geworden? Begründen Sie Ihre Meinung.*

Gut als Schreibauftrag für zu Hause ist folgende Aufgabe geeignet:

- *Stellen Sie sich eine Situation aus der heutigen Zeit vor, in der ein Mann/eine Frau Scheinheiligkeit und Doppelmoral im Verhalten zeigt. Diese Scheinheiligkeit kann sich auf Sexualität, aber auch auf andere Lebensbereiche beziehen. Schreiben Sie eine Kurzgeschichte über diese Person, in der ihre praktizierte Doppelmoral deutlich wird.*

4.3 Sprach- und Ich-Skepsis

Um 1900 erreichte die in den vorangegangenen Jahren gewachsene Sprachkrise ihren Höhepunkt. Wurde die Sprache bislang wie ein selbstverständliches Instrument eingesetzt, mit dem man die Welt einteilen und beschreiben kann, rückte sie nun selbst in den Fokus. Gerade die Philosophie, die ebenfalls ein weitgehend unreflektiertes Verhältnis zur Sprache gehabt hatte, erkannte ihr Versäumnis. Nietzsche war einer der Ersten, die sich kritisch den Wörtern und der Grammatik zuwandten. Schon 1873 betonte er in seiner Schrift „Ueber Wahrheit und Luege im aussermoralischen Sinne", dass Wahrheit stets ein Produkt sprachlicher Konventionen sei, „ein bewegliches Heer von Metaphern"[1]. 1901/1902 erschien Fritz Mauthners Buch „Beiträge zu einer Kritik der Sprache" und steht damit am Beginn der im 20. Jahrhundert immer bedeutender werdenden Sprachphilosophie. Im Zuge des sog. *Linguistic Turns* („sprachliche Wende") wandte sich der philosophische Blick nun von den „Dingen in der Welt" ab und richtete sich verstärkt auf deren sprachliche Repräsentanten, die Wörter. Immer stärker wurde das Bewusstsein, dass unsere Weltsicht untrennbar mit unserem Sprachgebrauch verknüpft ist. „Die Grenzen meiner Sprache sind die Grenzen meiner Welt", konstatiert Ludwig Wittgenstein, einer der einflussreichsten Sprachphilosophen des 20. Jahrhunderts. Doch nicht nur in der Philosophie, auch in der Literatur wuchs gegen 1900 die Skepsis gegenüber der Sprache. 1902 erschien Hugo von Hofmannsthals berühmter „Chandos-Brief", in dem ein ehemaliger Poet zu erklären versucht, weshalb er seine literarische Tätigkeit eingestellt hat. Er empfinde tiefes Misstrauen gegenüber den Worten. In besonderen Momenten eröffne sich ihm eine geheimnisvolle Sicht auf die Welt; die alltäglichsten Dinge erschienen ihm dann so fremd, dass sie durch Sprache nicht mehr zu beschreiben seien.

Eng verbunden mit der wachsenden Sprachkritik zu Beginn des 20. Jahrhunderts ist auch die wachsende Skepsis gegenüber der Autonomie des Subjekts resp. des Ichs. In den Jahrhunderten zuvor diente das Ich in der Philosophie als eine Art archimedischer Punkt, als Letztbegründungsebene, von der aus die Welt als geschlossene Einheit betrachtet werden konnte. So blieb Descartes (1596–1650), dem ‚Begründer' der neuzeitlichen Philosophie, als letzter sicherer Punkt des Denkens nichts anderes mehr als das denkende Bewusstsein selbst – *„cogito ergo sum" („Ich denke, also bin ich")*. Mit der Kritik an der Sprache verlor auch das Ich seine einstige privilegierte Stellung in den philosophischen Systemen. So erklärte der Philosoph und Physiker Ernst Mach (1838–1916) die Vorstellung eines autonomen, mit sich selbst identischen Ichs für „unrettbar" und degradierte es zur bloßen „denkökonomischen Einheit". Und Sigmund Freud proklamierte mit Blick auf die irrationalen Vorgänge des Unbewussten ganz ähnlich, dass das Ich „nicht einmal Herr ist im eigenen Hause". Die Sprachphilosophie schließlich ging davon aus, dass das Ich lediglich ein Konstrukt der Sprache sei und daher keine von der Sprache getrennte Selbstständigkeit habe.

---

1 Friedrich Nietzsche: Ueber Wahrheit und Lüge im aussermoralischen Sinne. In: Ders.: Sämtliche Werke. Kritische Studienausgabe in 15 Einzelbänden. Hg. v. Giorgio Colli und Mazzino Montinari. München 1988. Bd. 1, S. 873–890; hier: S. 880

In dieser Unterrichtseinheit soll mit den Schülerinnen und Schülern anhand detaillierter Textanalysen aufgezeigt werden, inwiefern sich diese Skepsis gegenüber der Sprache und dem Ich auch in den „Reigen" eingeschrieben hat. Als Einstieg bietet sich jedoch die Lektüre und Analyse von Schnitzlers Erzählung „Ich" aus dem Jahre 1917 an, da sie die damals wachsende Sprach- und Ich-Skepsis im Gegensatz zum „Reigen" explizit thematisiert.
Nach der gemeinsamen Lektüre von Schnitzlers Erzählung „Ich" (**Arbeitsblatt 27**, S. 121 ff.) erhalten die Lernenden folgende Schreibaufträge:

- *Schreiben Sie eine kurze Inhaltsangabe zur Geschichte, in der der Spannungsbogen der Handlung mit ihren zentralen Wendepunkten deutlich wird, oder nehmen Sie eine Gliederung der einzelnen Handlungsabschnitte vor.*
- *Beschreiben Sie danach das Grundproblem, das Schnitzlers Erzählung thematisiert. Kennen Sie dieses Problem aus Ihrem eigenen (Alltags-)Leben?*

Einige der Schülerinnen und Schüler lesen zunächst ihre Inhaltsangaben vor. Sie könnte beispielsweise so formuliert sein:

Schnitzlers Erzählung „Ich" handelt von einem Mann, der durch ein eigentlich harmlos scheinendes Erlebnis zutiefst verunsichert und schließlich verrückt wird. Zunächst wird von seinem bürgerlichen Leben berichtet. Als „ein völlig normaler Mensch" mit Beruf, Frau und Kindern ist er fest in seinen Alltagsstrukturen eingebettet und steht dadurch so sicher wie unreflektiert in der Welt. Die Normalität seines Lebens ist mit einem Mal zu Ende, als der Mann auf einem Spaziergang am Park ein Schild mit der Aufschrift „Park" sieht. Verwirrt setzt er sich an einen Teich und grübelt über das Verhältnis zwischen Ding und Wort nach. Bald darauf fragt er sich, wie der Teich wohl für eine Mücke ausschauen mag; schließlich ertappt er sich beim Gedanken, ob nicht das ganze Leben ein Traum sein könnte. Auf dem Heimweg hat die gesamte Umwelt ihre Selbstverständlichkeit verloren: Straßenbahn, Häuser – alles kommt dem Mann plötzlich fremd und geheimnisvoll vor. Zu Hause beginnt er, auf die Möbelstücke Zettel mit deren Begriffen zu kleben. Danach flieht er ins Kaffeehaus, wo ihn die Zeitungslektüre mit all den zahllosen Wörtern, die von anderen Lebenswirklichkeiten erzählen, nur noch mehr verwirrt. Beim Anblick der Kassiererin wird ihm darüber hinaus das Problematische der Namensbezeichnung für Menschen bewusst. Wie zuvor bei bloßen Gegenständen verunsichert ihn nun die Frage, ob und wie Menschen eigentlich sprachlich zu (er-)fassen sind. Diese Verunsicherung richtet sich bald auch auf seine Familie, denen er heimlich Zettel mit dem jeweiligen Verwandtschaftsgrad zusteckt. Diese „verrückte" Handlung kann ihm freilich keine Orientierung und Sicherheit mehr geben. Er verliert jeden Halt. Am Ende der Erzählung – der Mann hat inzwischen den Höhepunkt seiner geistigen Verwirrung erreicht – tritt er dem Arzt, den seine besorgte Frau gerufen hat, mit einem Zettel auf der Brust entgegen: Auf diesem Zettel steht „Ich".

Es ist zu erwarten, dass die Schülerinnen und Schüler die Grundthematik der Erzählung noch nicht genau erfassen können, schließlich sollen Informationen zur Sprachskepsis um 1900 erst noch folgen. Allgemein kann an dieser Stelle aber schon erarbeitet werden, dass Schnitzler in seiner Erzählung das Verhältnis zwischen Welt und Sprache, zwischen Ding und Wort thematisiert. Es geht um die grundsätzliche Frage, inwiefern der Mensch durch Sprache die Wirklichkeit erkennt – bzw. ob die Sprache nicht die Voraussetzung ist, eine eigene Wirklichkeit zu konstruieren.
Die Ergebnisse können durch folgendes Tafelbild gesichert werden:

Schnitzlers Erzählung „Ich"

Handlungsabschnitte:

- Vorgeschichte: Mann lebt bürgerliches Leben mit Frau, Kindern, Beruf; er ist ein „völlig normaler Mensch", der einen sicheren, unreflektierten Stand in der Welt hat
- Auslösendes Erlebnis: Mann sieht am Park ein Schild mit der Aufschrift „Park" → große Irritation
- Auf dem Heimweg verlieren die Umwelt, aber auch seine eigenen Handlungen ihre Selbstverständlichkeit.
- Daheim beginnt er, Gegenstände mit Zetteln zu beschriften.
- Im Kaffeehaus wird ihm bei der Zeitungslektüre das problematische Verhältnis zwischen Begriff und Objekt (auch bei Menschen) bewusst.
- Am nächsten Tag hat er einen Zettel auf der Brust, auf dem „Ich" steht.

Grundproblematik:

- Verhältnis Welt/Sprache, Ding/Wort
- Ist Sprache ein Instrument, um Wirklichkeit zu erkennen?
- Oder: Ist Sprache ein Instrument, um Wirklichkeit zu konstruieren?

Nachdem die Schülerinnen und Schüler erkannt haben, dass Schnitzlers Erzählung „Ich" die Frage nach dem Verhältnis zwischen Ding und Wort – oder allgemeiner formuliert: zwischen Welt und Sprache – thematisiert, kann nun zur „Sprachskepsis um 1900" übergegangen werden. Aufgrund seiner philosophie- und kulturgeschichtlichen Bedeutung bietet sich zunächst ein kurzes Schülerreferat oder ein Lehrervortrag über dieses Thema an (Hofmannsthals „Chandos-Brief" ließe sich als besonders wichtiges Beispiel ausführlicher darstellen).[1] Zusätzlich oder alternativ zum Vortrag kann das **Arbeitsblatt 28**, S. 124, herangezogen werden. Nach der gemeinsamen Lektüre von Rilkes Gedicht „Ich fürchte mich so ..." erhalten die Schüler und Schülerinnen folgende Aufgabe:

- *Beschreiben Sie die von Rilke formulierte Angst mit eigenen Worten. Können Sie diese Angst nachvollziehen? Was meint das lyrische Ich mit dem Satz „Ihr bringt mir alle die Dinge um"?*

Die Lernenden werden vermutlich erkennen, dass Rilke in seinem Gedicht das gleiche Problem thematisiert wie Schnitzler in seiner Erzählung „Ich": Es geht um das Verhältnis zwischen Welt und Wort, um die Frage, ob die Wirklichkeit durch sprachliche Strukturen überhaupt adäquat abgebildet werden kann. Das lyrische Ich leidet darunter, dass die Menschen alle Dinge durch Wörter zu fassen versuchen, weil dadurch das Wundervolle, Geheimnisvolle der Welt verloren geht. Ist die Welt erst einmal eingeteilt und kategorisiert in feste Begriffe und strenge Grammatik, werden die Dinge, die das lyrische Ich eigentlich gerne „singen" hört, „starr und stumm" – sie sterben. So schreibt Rilke mit lyrischen Mitteln (also ebenfalls im Medium der Sprache) über die Grenzen der Sprache.

[1] Literaturempfehlung für das Referat: Hugo von Hofmannsthal: Ein Brief. Reitergeschichte. Ausgewählt und eingeleitet von Hans-Ulrich Lindken. Stuttgart u. a.: Klett 1994. (Dieses Buch enthält neben dem Primärtext auch Texte zur Sprachkrise um 1900.)

Aber es geht bei den Grenzen der Sprache nicht nur um die äußere Welt. Auch und vor allem Wahrnehmungen und Gefühle kann man letztlich nicht wirklich beschreiben. Die Sprache versagt in solchen Momenten. Es ist nicht möglich, seinem Gesprächspartner – ja sogar sich selbst – sprachlich vollständig zu vermitteln, was einen gerade bewegt. Besonders spürbar werden diese Grenzen der Sprache bei sehr starken Gefühlen: ob nun bei sehr positiven wie Freude oder Verliebtheit oder bei negativen wie Angst oder Trauer. An dieser Stelle könnte eine kurze Partnerarbeit durchgeführt werden:

- *Versuchen Sie, Ihrem Nachbarn bestimmte Gefühle und Wahrnehmungen zu beschreiben. Beschreiben Sie ihm beispielsweise, was Angst ist oder auch eine Farbempfindung wie Blau. Achten Sie dabei genau auf die Worte, die Sie verwenden. Ihr Nachbar soll schließlich beurteilen, ob Ihnen die Beschreibung wirklich gelungen ist.*

Vermutlich werden die meisten der Lernenden mit Erstaunen feststellen, wie schwierig – ja unmöglich – es ist, psychische Vorgänge durch Sprache adäquat zu kommunizieren. So dürfte es kaum gelingen, einem von Geburt an Blinden auch nur eine Ahnung davon zu vermitteln, was ein Farbempfinden ist. Gerade in solchen Situationen stößt man auf die Grenzen der Sprache.
Haben viele Dichter und Philosophen um die Jahrhundertwende die Grenzen der Sprache lediglich konstatiert (und nicht selten beklagt), so bietet Nietzsche in etlichen seiner Texte auch eine Erklärung dafür.[1] Besonders prägnant formuliert er seine Sprachkritik in dem auf dem **Arbeitsblatt 28**, S. 124, abgedruckten Aphorismus aus „Menschliches, Allzumenschliches", mit dessen Lektüre der Unterrichtsverlauf fortgeführt werden kann. Die Schülerinnen und Schüler erhalten folgenden Schreibauftrag:

- *Lesen Sie Nietzsches Aphorismus aus „Menschliches, Allzumenschliches" und beantworten Sie dann stichpunktartig folgende Fragen:*
  - *Welche Funktion hat nach Nietzsche die Sprache für den Menschen?*
  - *Von welchem „Stolz" des Menschen gegenüber dem Tier spricht Nietzsche?*
  - *Inwiefern handelt es sich beim Glauben des Menschen an die Sprache letztlich um einen Irrtum?*

Die Sprache, so Nietzsche, diente dem Menschen dafür, sich in der Welt in scheinbarer Sicherheit einzurichten; sie ist daher die Voraussetzung für jede Kultur. Solange er die Begriffe und Namen der Dinge für ewige Wahrheiten („aeterna veritates") gehalten hat, meinte der Mensch, mit der Sprache ein Instrument der Welterkenntnis zu haben, das ihn vom Tier unterscheide. Er glaubte, durch die Sprache die Wahrheit der Welt erkennen und beschreiben zu können. Dass er den Dingen lediglich Begriffe zuwies und sie dadurch in ein selbst konstruiertes Raster einordnete, war ihm nicht bewusst. Diesen Irrtum erkennen die Menschen zwar allmählich, doch die Entwicklung der Vernunft, die ebenfalls auf dem Glauben an die Sprache beruht, ist nicht mehr rückgängig zu machen.
Die Ergebnisse des Unterrichtsgesprächs können stichpunktartig an der Tafel gesichert werden:

[1] Am ausführlichsten in seinem frühen Aufsatz „Ueber Wahrheit und Lüge im aussermoralischen Sinn". Für den Unterricht bietet sich aber aus Zeitgründen eher die Betrachtung eines einzelnen Aphorismus an.

Sprachskepsis

- um 1900 wächst Zweifel an Möglichkeiten der Sprache
- unüberbrückbarer Spalt zwischen Sprache und Welt, Wort und Ding
- Grenzen der Sprache werden deutlich
- das „Eigentliche" lässt sich sprachlich nicht mitteilen
- Sprache als Konstruktion/Konvention des Menschen
- wichtige Texte:
  - Hofmannsthal: „Chandos-Brief"
  - Rilke: „Ich fürchte mich so …"
  - Nietzsche: z. B. „Über Wahrheit und Lüge im außermoralischen Sinn"

Um in einem nächsten Schritt auf das zweite Thema dieser Unterrichtseinheit – nämlich auf die um 1900 wachsende Ich-Skepsis – überzuleiten, bietet sich die erneute Lektüre von Schnitzlers Erzählung „Ich" (**Arbeitsblatt 27**, S. 121 ff.) an, diesmal allerdings nur der letzten acht Abschnitte (von „Er blickte auf. In der Kassa saß das Fräulein Magdalena" bis zum Ende). Nach der gemeinsamen Lektüre dieser Textpassage kann das Unterrichtsgespräch mit folgendem Frageimpuls eingeleitet werden:

- *Inwiefern haben die Verwirrungen des Protagonisten hier eine neue, noch gefährlichere Phase erreicht? Was hat sich im Vergleich zu früher verändert? Worauf richtet sich nun seine Aufmerksamkeit?*

Die Schülerinnen und Schüler werden vermutlich problemlos feststellen, dass die Sprachskepsis des Mannes sich gegen Ende der Erzählung nicht mehr auf bloße Dinge wie einen Park, einen Garten oder einen Tisch richtet, sondern auf Menschen in seiner Umgebung. Auf einmal wird ihm das Problematische der Namensbezeichnung für Personen bewusst. Zunächst richtet sich seine Aufmerksamkeit auf die Kassiererin: „Die Frage war jetzt nur, was für einen Zettel man ihr ankleben sollte. Magdalene? Fräulein Magdalene? Oder Sitzkassierin? Jedenfalls war es unmöglich, dieses Kaffee zu verlassen, eher er sie richtig bezeichnet." Wie zuvor bei bloßen Gegenständen verunsichert ihn nun die Frage, ob und wie Menschen eigentlich sprachlich richtig zu fassen sind. Diese Verunsicherung richtet sich bald auch auf seine engsten Verwandten, denen er heimlich Zettel mit dem jeweiligen Verwandtschaftsgrad zusteckt. Diese „verrückte" Handlung kann ihm freilich keine Orientierung und Sicherheit mehr geben. Hatte der Mann in der ersten Phase seiner Verwirrung das Geborgenheitsgefühl in der Welt der Gegenstände verloren, so wird ihm nun in der zweiten Phase auch die soziale Welt der Menschen fremd und unheimlich.
Nachdem alle Lernenden diese dramatische Steigerung der Verwirrungen des Protagonisten begriffen haben, lohnt sich ein nochmaliger Blick auf den letzten Abschnitt von Schnitzlers Erzählung:

„Indessen hat die Frau den Arzt verständigt. Wie der hereintritt, tritt ihm der Kranke entgegen mit einem Zettel auf der Brust, auf dem mit großen Buchstaben steht: ‚Ich'. –"

Nach der gemeinsamen Lektüre dieser Textpassage kann das Unterrichtsgespräch durch folgende Frageimpulse weitergeführt werden:

- *Inwiefern hat der Mann hier den Höhepunkt seiner geistigen Verwirrung erreicht? Warum könnte die Frage nach dem Ich die größte Verunsicherung für einen Menschen sein?*
- *Nehmen Sie eine Gliederung der einzelnen Stufen der zunehmenden Verwirrung des Mannes vor.*
- *Was hat die Frage nach dem Ich mit der Skepsis gegenüber der Sprache zu tun?*

Der Mann hat nun den dramatischen Höhepunkt seiner Verwirrung erreicht. Nachdem er in der ersten Phase eine große Verunsicherung gegenüber den bloßen Dingen in seiner Umwelt verspürt hat und in der zweiten Phase auch an der sprachlichen (Er-)Fassbarkeit von anderen Menschen zweifelte, steht er nun dem eigenen „Ich" fremd gegenüber. Sein Subjekt hat sich gleichsam aufgeteilt in eine innere, fühlende, nicht mehr greifbare Seite und eine äußere, sprachlich-begriffliche Seite namens „Ich", die ihm aber fremd und tot erscheint. Indem der Mann sich nicht einmal mehr seines eigenen Selbst bewusst ist, hat er den letztmöglichen Halt in der Welt verloren – er ist existenziell heimatlos geworden.
Die verschiedenen Phasen, die der Mann in Schnitzlers Erzählung „Ich" – von einem unhinterfragten Geborgenheitsgefühl in der Welt hin zu einer existenziellen Verunsicherung – durchmacht, lassen sich wie folgt an der Tafel grafisch zusammenfassen:

Übergang von Welt-Geborgenheit zur existenziellen Unsicherheit in Schnitzlers „Ich"

1. Existenzielle Geborgenheit: die Welt ist eine unhinterfragte Selbstverständlichkeit
↓
2. (Begriffe für) **Dinge** werden fremd | Sprachskepsis
↓
3. (Namen für) **Menschen** werden fremd | führt zu
↓
4. Das eigene **Ich** wird fremd | ↓ Ich-Skepsis
↓
5. Existenzielle Unsicherheit: aus dem Alltag „verrückt", **die Welt als Ganzes** wird fremd

Nach der Analyse der Verwirrungen von Schnitzlers Protagonisten können die Schülerinnen und Schüler nach ihren eigenen Erlebnissen gefragt werden:

- *Haben Sie selbst schon erlebt, dass Ihnen Ihr Ich wie Schnitzlers Protagonisten rätselhaft und fragwürdig geworden ist? Erzählen Sie von diesen Situationen. Was haben Sie dabei empfunden und gedacht?*

Zusätzlich oder alternativ dazu ist auch folgender Unterrichtsschritt denkbar: Nachdem der Kurs in einzelne Arbeitsgruppen aufgeteilt worden ist, schreibt die Lehrkraft zwei kurze Fragen an die Tafel:

Wer bin ich?
Was ist das Ich?

- *Schreiben Sie Ihre Antwortversuche zunächst auf und besprechen Sie sie dann in der Gruppe. Gibt es Gemeinsamkeiten der Antworten? Können Sie sich auf eine Antwort einigen?*

Nach einer Weile soll jede Gruppe ihre Antworten vorstellen und zu begründen versuchen. Voraussichtlich wird sich ein angeregtes Unterrichtsgespräch entwickeln, in dem nicht zuletzt deutlich wird, wie unterschiedlich die Beschreibungen – je nach eingenommener Perspektive – ausfallen können. Um das Gespräch anzuregen und zu steuern, bieten sich verschiedene Zwischenfragen an, zum Beispiel:

- *Ist Ihnen die Beantwortung der Frage nach dem Ich leichtgefallen?*
- *Sind Sie mit Ihrer Antwort restlos zufrieden? Wenn nicht: Warum nicht?*
- *Erkennen Sie verschiedene Ebenen, auf denen die Frage beantwortet werden kann? Welche?*

Eines der Ziele dieses Unterrichtsschritts soll es sein, die Lernenden dafür zu sensibilisieren, dass scheinbar Alltägliches wie das eigene Ich-Bewusstsein jede Selbstverständlichkeit verliert, sobald es reflektierend hinterfragt wird. So werden vermutlich auch einige Schülerinnen und Schüler betonen, dass eine letztgültige Antwort auf die Frage nach dem Ich gar nicht möglich ist, da es sich jedem Versuch, es gedanklich zu (er-)fassen, immer wieder entzieht.
Zur Vertiefung dieser Erkenntnis kann auch Nietzsches Text über „das sogenannte ‚Ich'" (**Arbeitsblatt 29**, S. 125) herangezogen werden. Darin konstatiert Nietzsche, dass sich der Mensch aufgrund der Eigenheiten der Sprache immer fremd bleiben müsse. So gebe es zwar Wörter für extreme Gefühlszustände, wie beispielsweise Zorn, Hass, Liebe, Mitleid etc.; da aber für die viel häufigeren milderen Gefühle die passenden Begriffe fehlten, habe man keinen rechten Zugang zu ihnen. Der Mensch zimmere sich mit dem vorhandenen Sprachmaterial gleichsam ein „sogenanntes ‚Ich'" – eine Ich-Konstruktion – zusammen, das mit seinem eigentlichen Charakter aber wenig zu tun habe.
Nach der gemeinsamen Lektüre des **Arbeitsblatts 29**, S. 125, sind beispielsweise folgende Frageimpulse denkbar:

- *Inwiefern ist es nach Nietzsche für den Menschen nicht möglich, seinen eigentlichen Charakter zu erfassen? Welche Rolle spielt dabei die Sprache?*
- *Was meint Nietzsche, wenn er vom „sogenannten ‚Ich'" spricht?*

Die Ergebnisse des Unterrichtsgesprächs lassen sich stichpunktartig an der Tafel sichern:

Nietzsche über das „sogenannte ‚Ich'"

- Mensch hat nur Begriffe für extreme Gefühlszustände
- mildere Zustände kann er nicht beschreiben und nicht erfassen
- dadurch falscher Rückschluss auf eigenen Charakter
- Mensch konstruiert mit Sprache ein „sogenanntes ‚Ich'"

➔ **Mensch bleibt sich selbst aufgrund seiner Sprache immer fremd**

Im anschließenden Unterrichtsschritt kann nun anhand detaillierter Textanalysen erarbeitet werden, inwiefern sich die um 1900 gewachsene Skepsis gegenüber Sprache und Ich auch in Schnitzlers „Reigen" widerspiegelt. Besonders deutlich zeigt sich diese Skepsis beim Dichter (insbesondere in seinem Gespräch mit dem süßen Mädel, 7. Dialog), dessen Äußerungen deshalb im Folgenden genauer betrachtet werden sollen. Der Kurs wird hierfür in zwei Arbeitsgruppen aufgeteilt.

Die erste Gruppe erhält folgenden Auftrag:

- *Lesen Sie den 7. Dialog und achten Sie insbesondere darauf, inwiefern sich eine grundsätzliche Skepsis gegenüber der Sprache in den Äußerungen des Dichters abzeichnet. Schreiben Sie die entsprechenden Stellen heraus und interpretieren Sie sie.*

Die zweite Gruppe soll diesen Auftrag bearbeiten:

- *Lesen Sie den 7. Dialog und achten Sie insbesondere darauf, inwiefern sich eine grundsätzliche Skepsis gegenüber der eigenen Identität und jener anderer Personen in den Äußerungen des Dichters abzeichnet. Schreiben Sie die entsprechenden Stellen heraus und interpretieren Sie sie.*

Nach einer gewissen Bearbeitungszeit werden die Ergebnisse der Arbeitsgruppen im gesamten Kursrahmen besprochen.
Die **erste Gruppe** soll zeigen, inwiefern sich eine gewisse Skepsis gegenüber der Sprache in den Äußerungen des Dichters zeigt. Zur Vertiefung und Fortführung des Unterrichtsgesprächs bieten sich folgende Frageimpulse an:

- *Bei einem Dichter handelt es sich eigentlich um einen Menschen, der souverän und voller Sensibilität mit Sprache umgehen kann. Wie verhält sich dies beim Dichter? Wie geht er mit den Worten um?*
- *Halten Sie alles, was der Dichter dem süßen Mädel sagt, für wahrhaftig? An welcher Stelle könnte er lügen?*
- *Wie benutzt er ganz allgemein die Sprache? Hat sie in seinen Äußerungen immer einen Bezug zur Realität?*

Spätestens durch die weiterführenden Fragen dürften die Schülerinnen und Schüler erkannt haben, dass der Dichter bereits gegen Anfang des Dialogs nach den richtigen Worten sucht: „Jetzt sind wir sozusagen aus dem Bad gestiegen und schlagen ... die Dämmerung wie einen Bademantel *(lacht)* ah nein – das muss anders gesagt werden ... Findest du nicht?" (S. 72, Z. 29–32) Kurz darauf notiert er sich verschiedene Begriffe – „Sonne, Bad, Dämmerung, Mantel" (S. 73, Z. 5) – in sein Notizbuch, vermutlich für ein Gedicht oder eine Erzählung. Dabei wirkt er aber eher komisch: nicht nur weil seine Wortreihe keineswegs originell ist, sondern auch weil er sich mit seinem Gehabe vor dem Mädel anscheinend wichtig zu machen versucht. Es geht ihm gar nicht um sein Sprachgefühl, sondern vielmehr um seine Wirkung auf andere. Ein natürliches, selbstverständliches Verhältnis zur Sprache scheint er schon lange verloren zu haben. Dass der Dichter Worte häufig auch floskelhaft gebraucht, ohne sie ehrlich zu meinen, zeigt sich in seiner Antwort auf die Frage, ob er das süße Mädel auch wirklich liebe: „Aber ich bete dich ja an. Ich bete dich ja an, mein Schatz, mein Frühling ... mein ..." (S. 77, Z. 4f.) Diese Worte erscheinen allzu übertrieben, als dass sie ernst gemeint sein könnten, gerade in ihrem Pathos wirken sie fahl und verlogen. Genauso unglaubwürdig ist auch seine bald darauf folgende Liebeserklärung: „Du ergreifst mich tief.

Wir wollen zusammenbleiben, ja? Wir werden einander sehr lieb haben." (S. 79, Z. 18f.) Schließlich handelt es sich beim süßen Mädel nicht um eine schon lange geliebte, sondern um eine kürzlich und zufällig getroffene Frau, deren Platz vermutlich schon wenige Tage später eine andere einnehmen wird. Dabei ist es allerdings durchaus denkbar, dass sich der Dichter vom Klang seiner eigenen Worte berauschen lässt und zumindest eine Weile lang glaubt, was er da in den höchsten Tönen verspricht. Dieses eigenartige Verhältnis zur Sprache wird auch in anderen Äußerungen deutlich, wenn sich der Dichter in Traumwelten hineinfantasiert. So meint er zum süßen Mädel: „Wir können uns jetzt auch vorstellen, dass wir in einem Schloss in Indien sind." (S. 75, Z. 25f.) Kurz darauf lädt er sie direkt in seine Fantasiewelt ein: „Und jetzt komm in unser indisches Schloss." (S. 76, Z. 36) Den grotesken Höhepunkt dieser Realitätsverleugnung erreicht er aber gegen Ende des Dialogs, wenn er laut imaginiert: „Ich hatte es mir schön vorgestellt, mit dir zusammen, allein mit dir, irgendwo in der Einsamkeit draußen, im Wald, in der Natur ein paar Wochen zu leben. Natur ... in der Natur. Und dann, eines Tages Adieu – voneinander gehen, ohne zu wissen, wohin." (S. 79, Z. 34–S. 80, Z. 1f.) Besonders an dieser Stelle wird deutlich, dass der Dichter kein normales Verhältnis zur Wirklichkeit hat. Für ihn scheinen die Welten, die er durch Sprache und Fantasie erschafft, von größerer Bedeutung zu sein als die reale Welt.
Die Ergebnisse des Unterrichtsgesprächs lassen sich durch folgendes Tafelbild stichpunktartig sichern (wobei es aus Platzgründen sinnvoll sein kann, lediglich die jeweiligen Deutungen der hier aufgeführten Äußerungen anzuschreiben):

Sprachskepsis des Dichters

Äußerungen	Deutung
• sucht nach richtigen Worten für ein Gedicht. Dann: „ah nein – das muss anders gesagt werden" (S. 72)	• hat natürliches Verhältnis zur Sprache verloren • ihm geht es eher um die Wirkung auf andere als um sein Sprachgefühl
• „Aber ich bete dich ja an. Ich bete dich ja an, mein Schatz, mein Frühling ... mein ..." (S. 77) • „Du ergreifst mich tief. Wir wollen zusammenbleiben, ja? Wir werden einander sehr lieb haben." (S. 79)	• verwendet Sprache floskelhaft, ohne ehrlich hinter dem Gesagten zu stehen
• „Wir können uns jetzt auch vorstellen, dass wir in einem Schloss in Indien sind." (S. 75) • „Und jetzt komm in unser indisches Schloss." (S. 76) • „Ich hatte es mir schön vorgestellt, mit dir zusammen, allein mit dir, irgendwo in der Einsamkeit draußen, im Wald, in der Natur ein paar Wochen zu leben. Natur ... in der Natur. Und dann, eines Tages Adieu – voneinander gehen, ohne zu wissen, wohin." (S. 79f.)	• baut mit Sprache imaginierte Welten auf • Worte haben dadurch keinen Bezug mehr zur Realität

Im Anschluss daran präsentiert die **zweite Arbeitsgruppe** ihre Ergebnisse. Die Lernenden dieser Gruppe hatten den Auftrag, den Dialog hinsichtlich der Frage zu analysieren, inwiefern sich Skepsis gegenüber Identität und Ich in den Äußerungen des Dichters zeigt. Erneut sind verschiedene Frageimpulse zur Motivierung und Vertiefung des Unterrichtsgesprächs denkbar, so beispielsweise:

- *In welchen Äußerungen wird erahnbar, dass für den Dichter die Identität eines Menschen nicht mehr selbstverständlich ist?*
- *Inwiefern zeigt er auch eine große Unsicherheit hinsichtlich seiner eigenen Identität? Halten Sie ihn für einen selbstsicheren Menschen? Begründen Sie Ihre Meinung anhand passender Textpassagen.*
- *Warum wohl behauptet er einmal, dass er Biebitz heiße, und dann wieder das Gegenteil? Was könnte er damit beabsichtigen? Was meinen Sie: Ist sein Name wirklich Biebitz oder nicht? Begründen Sie Ihre Meinung.*

Durch gezielte Nachfragen werden die Lernenden vermutlich erkennen, dass der Dichter bereits zu Anfang des Dialogs eine gewisse Grundskepsis gegenüber der fest umrissenen Identität anderer Menschen zeigt. So antwortet er auf die Frage nach dem Komponisten des Musikstücks: „Überhaupt wer's gemacht hat, das ist immer egal." (S. 71, Z. 32) Noch deutlicher wird diese Unsicherheit wenig später, wenn er sich in der Dunkelheit des Raumes nicht mehr an das Aussehen des jungen Mädels erinnern kann und zu philosophieren beginnt: „Du, das ist beinah unheimlich, ich kann mir dich nicht vorstellen – In einem gewissen Sinne hab ich dich schon vergessen – Wenn ich mich auch nicht mehr an den Klang deiner Stimme erinnern könnte ... was wärst du da eigentlich? – Nah und fern zugleich ... unheimlich." (S. 74, Z. 28–32) Diese Äußerungen deuten darauf hin, dass er das Gefühl für die Selbstverständlichkeit der Identität anderer Menschen verloren hat, sie sind ihm fremd und ungreifbar geworden. Noch fremder aber steht er sich selbst gegenüber. Auch wenn es auf den ersten Blick so scheinen mag, als habe der Dichter ein großes Selbstwertgefühl, scheint er doch insgeheim an der Frage nach seinem Ich zu leiden. Immer wieder versetzt er das süße Mädel in Verwirrung über seine eigentliche Identität. So behauptet er gleich zu Beginn des Dialogs, dass das Musikstück, das er ihr vorspielt, von ihm stamme, um dies gleich darauf wieder zurückzunehmen. Später behauptet er plötzlich, einen ganz einfachen Beruf auszuüben: „Ich bin ja nicht Schriftsteller, ich bin Kommis und am Abend spiel ich bei Volkssängern Klavier." (S. 79, Z. 11 f.) Insgeheim scheint er mit all diesen Behauptungen die Frage zu umkreisen, welchen Wert er für andere Menschen hat, wenn diese von all seinen Erfolgen als Schriftsteller – „Was ist der Ruhm!" (S. 79, Z. 8) – absehen würden: „du würdest mich auch lieben, wenn ich Schnittwarenkommis wäre" (S. 78, Z. 34 – S. 79, Z.1), meint er zum süßen Mädel. Offensichtlich beruhigt ihn die Vorstellung, dass er ohne alle Attribute (Erfolg, Ruhm, Geld etc.). für einen anderen Menschen liebenswert ist. Vor diesem Hintergrund ist auch zu verstehen, warum er immer wieder behauptet, der Schriftsteller Biebitz zu sein, um dies dann wiederholt zu verneinen. Vieles spricht dafür, dass der Dichter tatsächlich Biebitz ist. Da er aber fürchtet, die junge Frau könnte ihn allein wegen seines dichterischen Ruhms lieben, muss er sie über seine eigentliche Identität im Unklaren lassen. Andererseits aber ist es ihm auch wichtig, wie sie über sein literarisches Werk urteilt: „Völlig werde ich dich erst kennen, wenn ich weiß, was du bei diesem Stück empfunden hast." (S. 81, Z. 31 f.) Da er in seinem literarischen Schaffen seine eigentliche Identität zum Ausdruck zu bringen versucht, ist ihm die Meinung des süßen Mädels zum Stück so wichtig. So behauptet er, Biebitz sei sein Freund (S. 81, Z. 22 f.), um die junge Frau zum Theaterbesuch zu bewegen. Wieder können die Ergebnisse des Unterrichtsgesprächs stichpunktartig an der Tafel gesichert werden (wobei es aus Platzgründen sinnvoll sein kann, lediglich die jeweiligen Deutungen der hier aufgeführten Äußerungen anzuschreiben):

Ich-/Subjekt-Skepsis des Dichters

Äußerungen	Deutung
• „Überhaupt wer's gemacht hat, das ist immer egal." (S. 71) • erinnert sich nicht mehr ans Aussehen des Mädels. Dann: „Wenn ich mich auch nicht mehr an den Klang deiner Stimme erinnern könnte … was wärst du da eigentlich?" (S. 74)	• hat selbstverständliches Verhältnis zur Identität anderer verloren
• behauptet, Lied sei von ihm, dann doch nicht (S. 71) • „Sag, interessiert's dich denn gar nicht, wie ich mit dem Zunamen heiß?" (S. 76) • „Ich werd dir lieber nicht sagen, wie ich heiß, sondern wie ich mich nenne." (S. 76) • „du würdest mich auch lieben, wenn ich Schnittwarenkommis wäre." (S. 79) • „Ich nenne mich Biebitz" (S. 77) • „Robert bin ich und will ich für dich bleiben. Ich hab nur gescherzt. Ich bin ja nicht Schriftsteller, ich bin Kommis und am Abend spiel ich bei Volkssängern Klavier." (S. 79) • „Ich bin nicht Biebitz, aber Biebitz ist mein Freund." (S. 81) • „Völlig werde ich dich erst kennen, wenn ich weiß, was du bei diesem Stück empfunden hast." (S. 81)	• hat völlig gestörtes Verhältnis zur eigenen Identität • weiß nicht, wer er genau ist • versucht, sein Ich durch Namen und Attribute sowie durch Beschreibungen anderer zu fassen

Nachdem erarbeitet worden ist, dass der Dichter in seinen Äußerungen Skepsis sowohl gegenüber der Sprache als auch gegenüber der eigenen Identität zeigt, bietet sich ein genauerer Blick auf seine Verfassung und seinen Charakter an. Mit folgenden Frageimpulsen kann das Unterrichtsgespräch fortgeführt werden:

- *Wie geht es dem Dichter? Ist er glücklich? Oder leidet er unter seiner Existenz? Begründen Sie Ihre Antwort anhand einzelner Äußerungen von ihm.*
- *Was erwartet der Dichter vom süßen Mädel? Sieht er in ihr ein gleichwertiges Gegenüber? Inwiefern funktionalisiert er die junge Frau?*

Vor dem Hintergrund des bereits Erarbeiteten werden die Schülerinnen und Schüler vermutlich problemlos erkennen, dass der Dichter kein glücklicher Mensch ist. Er ist zwar als Dichter erfolgreich, der Ruhm bedeutet ihm aber offensichtlich wenig. „Sag mir, mein Kind, bist du glücklich?" (S. 80, Z. 17), fragt er das süße Mädel und präzisiert kurz darauf: „Ich mein, wenn du von alledem absiehst, wenn du dich einfach leben spürst. Spürst du dich überhaupt leben?" (S. 80, Z. 27f.) Diese eindringlichen Fragen lassen zumindest erahnen, dass der Dichter *sich selbst* nicht leben spürt. Er ist sich selbst zu sehr entfremdet, als dass er Glück und Zufriedenheit angesichts seiner reinen Existenz empfinden könnte. Wie bereits gesehen, hat er kein wirkliches Selbstwertgefühl und braucht daher andere Menschen, die ihn spiegeln. Diese Menschen, so auch das süße Mädel, sind ihm letztlich aber egal. So ist es bezeichnend, dass er im Gespräch zwar immer wieder um seinen Namen kreist, kein einziges Mal aber nach dem Namen der jungen Frau fragt. Ihre Persönlichkeit interessiert ihn nicht weiter, er funktionalisiert sie. Sie ist für ihn nur insofern von Bedeutung, als er in ihr

einerseits einen Spiegel sieht und er sie andererseits erniedrigen kann („Freilich, bist du dumm", S. 72, Z. 14), um sich selbst zu erhöhen.
Die Ergebnisse des Unterrichtsgesprächs lassen sich stichpunktartig an der Tafel sichern:

Der Dichter

- zutiefst entfremdet von sich, daher unglücklich
- funktionalisiert das süße Mädel:
  - ihre Persönlichkeit ist ihm egal, fragt nicht nach Namen
  - gebraucht sie als Spiegel für seine Identität
  - beleidigt sie, um sich selbst zu erhöhen

Zum Abschluss dieses Unterrichtsschritts empfiehlt sich folgender Schreibauftrag, den die Lernenden auch gut zu Hause bearbeiten können:

- *Schreiben Sie eine kurze Personencharakterisierung über den Dichter, in der unter anderem auch seine Skepsis gegenüber Sprache und Ich beachtet ist.*

Eine solche Personencharakterisierung könnte beispielsweise so formuliert sein:

Der Dichter leidet zutiefst an der Sprache und der eigenen Identität. Beides hat für ihn längst jede Selbstverständlichkeit verloren, was ihn zu einem typischen Vertreter der Moderne macht. Immer wieder sucht er nach den passenden Worten, er ahnt aber letztlich, dass sie seinen Empfindungen nicht gerecht werden können. Noch fremder steht er der Identität anderer Menschen und seinem eigenen Ich gegenüber. Er weiß nicht, wer er eigentlich ist, hat gleichsam seine eigene Mitte verloren. Erfolg und Ruhm bedeuten ihm wenig, können die Sinnleere, die er tief in sich spürt, nicht ausfüllen. So gebraucht der Dichter andere Menschen als Spiegel, um seine Persönlichkeit besser (er-)fassen zu können. Außerdem erniedrigt er sie durch Beleidigungen, in der (vergeblichen) Hoffnung, seinen eigenen Wert dadurch erhöhen zu können. Glück und Zufriedenheit kann er dadurch aber ebenfalls nicht finden.

4.4 „Freie Geister"

Zuletzt soll in dieser Unterrichtseinheit noch ein Blick auf den Grafen geworfen werden, der dem von Nietzsche beschriebenen „freien Geist" – einem Menschen, der den „Tod Gottes", mithin die Relativität aller Werte, erkannt hat und sein Leben dennoch oder gerade deshalb bejaht – am nächsten kommt. Eingeleitet werden kann dieser Unterrichtsschritt durch folgenden Frageimpuls:

- *Wir haben gesehen, dass um 1900 alte Werte und Normen an Gültigkeit verlieren. Der moderne Mensch steht unsicher und orientierungslos in der Welt. Welche Chancen und Möglichkeiten erkennen Sie für den Menschen angesichts eines derartigen Epochenumbruchs?*

Voraussichtlich werden manche Schülerinnen und Schüler bemerken, dass die Verabschiedung der Gültigkeit alter Werte und Normen neben aller Unsicherheit auch Platz für eine neue Freiheit schafft. Der Mensch ist nicht mehr genötigt, sein Handeln nach alten Vorschriften zu richten (was natürlich auch eine immense Gefahr birgt). Auch die Abkehr von einem Glauben an Gott und eine transzendente Welt eröffnet neue Möglichkeiten: So kann sich der Mensch beispielsweise auf die Immanenz, also seine irdische Existenz, konzentrieren, ohne noch auf eine Belohnung „im Jenseits" zu hoffen. Nachdem die Lernenden ihre Antworten vorgetragen haben, bietet sich die gemeinsame Lektüre von Nietzsches Text über die „freien Geister" (**Arbeitsblatt 30**, S. 126) an. Das darauf folgende Unterrichtsgespräch kann durch folgende Frageimpulse motiviert und weitergeführt werden:

- *Wer sind für Nietzsche die „freien Geister"? Wodurch unterscheiden sie sich von den anderen Menschen?*
- *Was meint Nietzsche damit, dass die „freien Geister" „gleichsam auf den Bergen warten"?*
- *Inwiefern sehen die „freien Geister" viele Schatten, also viel Unheil, in der kommenden Zeit? Was erfüllt sie dennoch mit Heiterkeit?*

Nach dem Unterrichtsgespräch kann Nietzsches Text stichpunktartig an der Tafel zusammengefasst werden:

Nietzsches „freie Geister"

= „geborene Rätselrater", „Erstlinge und Frühgeburten des kommenden Jahrhunderts", Philosophen, Nietzsche selbst

- haben „Tod Gottes" – im Ggs. zu den meisten anderen Menschen – erkannt; glauben daher nicht mehr an die Gültigkeit moralischer Werte etc.
- prognostizieren kommende Schatten = schreckliche Zeiten
- bejahen dennoch den Abschied von der alten Welt und sehen kommender Freiheit voller Tatendrang entgegen

→ **sind voller Heiterkeit und Zuversicht**

Im Anschluss daran kann das Unterrichtsgespräch auf Schnitzlers „Reigen" gelenkt werden:

- *Welche Figur in Schnitzlers „Reigen" kommt Nietzsches Konzept der „freien Geister" am nächsten? Begründen Sie Ihre Meinung.*

Vermutlich erkennen die Schülerinnen und Schüler verschiedene Figuren Schnitzlers als „freie Geister": So werden manche voraussichtlich den Dichter (aufgrund seiner Reflexionen) und die Schauspielerin (aufgrund ihrer gezeigten Souveränität und ihres Spotts gegenüber der Religion) nennen. Beide sind aber noch zu sehr in den allgemeinen Strukturen verhaftet, als dass sie Nietzsches Ideal wirklich nahekämen. Einiges spricht dafür, den Grafen – zumindest ansatzweise – als „freien Geist" aufzufassen. Besonders deutlich wird seine Einstellung zu grundsätzlichen Lebensfragen im Dialog mit der Schauspielerin, hier insbesondere von S. 96, Z. 17–S. 100, Z. 7. Nach der gemeinsamen Lektüre dieser Textpassage in verteilten Rollen erhalten die Lernenden folgenden Auftrag:

- *Unterstreichen Sie alle Aussagen des Grafen, die einen Rückschluss auf seinen Charakter und seine Einstellung zu grundsätzlichen Lebensfragen erlauben. Nennen Sie seine Wesenszüge und Einstellungen.*

Die Ergebnisse dieses Auftrags lassen sich mit folgendem Tafelbild sichern (wobei es aus Platzgründen sinnvoll sein kann, lediglich die jeweiligen Deutungen der hier aufgeführten Äußerungen anzuschreiben):

Der Graf im Gespräch mit der Schauspielerin (9. Dialog)

Äußerungen:	**Charaktereigenschaft/Einstellung:**
„ich bin ein Philosoph" (S. 96, Z. 26) „ich denk zu viel nach" (S. 96, Z. 27) „Ich hab zu viel Zeit, drum denk ich nach." (S. 96, Z. 31)	• reflektierend
• „da **oben**" – „da **unten**" [= keine wirkliche Orientierung mehr] (S. 97, Z. 2 und Z. 4) • „Die **Menschen** sind überall dieselben; da wo mehr sind, ist halt das Gedränge größer, das ist der ganze Unterschied." (S. 98, Z. 4–6) • „Sie haben's gut, Sie wissen doch wenigstens, warum Sie **leben**." (S. 98, Z. 14f.) • „**Glück**? Bitt Sie, Fräulein, Glück gibt's nicht." (S. 98, Z. 23) • „die **Sachen, von denen am meisten g'redt wird**, gibt's nicht ... z. B. **Liebe**." (S. 98, Z. 24f.)	• Glaube an übergeordnete Werte und Normen verloren
• „Genuss ... Rausch ... also gut, da lässt sich nichts sagen ... das ist was Sicheres. Jetzt genieße ich, ... gut, weiß ich, ich genieß." (S. 98, Z. 30) • „sobald man sich nicht dem Moment hingibt, also an später denkt oder an früher ... na, ist es doch gleich aus." (S. 99, Z. 3f.) • „wenn einem das einmal klar geworden ist, ist's egal, ob man in Wien lebt oder in der Pusta oder in Steinamanger." (S. 99, Z. 10–12) • „Vielleicht bin ich sogar totgeschossen worden und hab's gar nicht bemerkt." (S. 100, Z. 6f.)	• dennoch nicht verzweifelt • fatalistische, pragmatische Grundhaltung • lebt im Augenblick

Für eine vertiefende Auseinandersetzung mit der Figur des Grafen bietet sich dieser Schreibauftrag an:

■ *Schreiben Sie eine kurze Personencharakteristik des Grafen, in der die erarbeiteten Wesenszüge und Einstellungen deutlich werden.*

Eine solche Charakteristik könnte folgendermaßen formuliert sein:

Der Graf in Schnitzlers „Reigen" ist ein typischer Repräsentant der Moderne. Ihn hat die Nachricht vom „Tod Gottes", also vom Ende jeder transzendenten Hoffnung auf Erlösung, offensichtlich schon erreicht: Seine Äußerungen gegenüber der Schauspielerin deuten darauf hin, dass er den Glauben an traditionelle Werte und Ideale wie Religion, Moral, Leben, Glück und Liebe längst verloren hat. Auch die Menschen bedeuten ihm nichts mehr, insgeheim scheint er auf alle, die noch fest und unreflektiert in alten Lebensstrukturen verankert sind, herabzublicken. Er unterscheidet sich von den meisten anderen Menschen durch seine permanenten Reflexionen – manche behaupten, er denke zu viel –, die ihm einen Blick hinter die Fassaden der (alltäglichen) Wirklichkeit eröffnet haben. Als „Philosoph" hat er die Relativität aller Wahrheiten und Standpunkte erkannt und verfolgt daher keine übergeordneten Ziele mehr. Auch wenn er nicht glücklich ist, ist er trotz dieser Einsichten doch keineswegs verzweifelt, er hat im Gegenteil eine überaus fatalistische Lebenseinstellung gewonnen: ‚Das Leben ist eben so, wie es ist – und irgendwann ist es zu Ende, damit ist eigentlich alles gesagt.' Sein ganzes Handeln ist somit nicht mehr idealistisch, sondern rein pragmatisch und hedonistisch ausgerichtet: Es zielt auf den Augenblick, auf das Jetzt. So sucht der Graf keine Erfüllung in der Zukunft, sondern die kurzfristige Befriedigung, beispielsweise den Rausch, in der Gegenwart.

Nachdem die Schülerinnen und Schüler sich intensiv mit der Figur des Grafen auseinandergesetzt haben, kann er detailliert mit Nietzsches Idealtypus des „freien Geistes" verglichen werden. Folgender Schreibauftrag soll in Einzelarbeit ausgeführt werden:

- *Vergleichen Sie Schnitzlers Grafen mit Nietzsches „freiem Geist". Inwiefern ähneln sich die beiden Figuren? Worin unterscheiden sie sich?*

Es ist zu erwarten, dass die Lernenden die Gemeinsamkeiten, aber auch Unterschiede zwischen den zwei Figuren problemlos erkennen: So haben sie beide die Nachricht vom „Tod Gottes" empfangen, an die Gültigkeit übergeordneter Werte und Normen glauben sie nicht mehr. Sie unterscheiden sich allerdings fundamental durch die aus dieser Einsicht gezogenen Konsequenzen: Während der Graf sich für ein pragmatisch-fatalistisches Leben entschieden hat, in dem nur noch der Augenblick zählt, sieht Nietzsches „freier Geist" der kommenden Zukunft mit all ihren neuen Möglichkeiten voller Zuversicht und Tatendrang entgegen. Die Lebensverneinung und Desillusion des Grafen steht einer grundsätzlichen Lebensbejahung und Neugierde des „freien Geistes" gegenüber. Ist der Graf letztlich unglücklich und hat jede Hoffnung verloren, so ist der „freie Geist" voller Heiterkeit und Optimismus.
Diese Ergebnisse lassen sich mit folgendem Tafelbild übersichtlich darstellen:

	Schnitzlers Graf	**Nietzsches „freier Geist"**
Gemeinsamkeiten:	• haben Nachricht vom „Tod Gottes" empfangen	
	• haben der „Wirklichkeit" hinter die Fassaden geschaut	
	• glauben nicht mehr an die alten Werte wie Religion, Moral etc.	
	• fühlen sich den anderen Menschen überlegen	
Unterschiede:	• Lebensverneinung	• Lebensbejahung
	• desillusioniert	• sieht neue Möglichkeiten
	• unglücklich	• heiter
	• fatalistisch	• optimistisch
	• keine Hoffnung mehr	• voller Zuversicht und Freude
	• lebt nur im Jetzt	• sehnt Zukunft herbei

→ **Graf repräsentiert nur *eine Seite* von Nietzsches „freiem Geist"**

Als Abschluss der gesamten Unterrichtseinheit bietet sich eine rückblickende Diskussion an, die beispielsweise mit folgenden Frageimpulsen initiiert und weitergeführt werden kann:

- *Blicken Sie kritisch auf die vergangene Unterrichtseinheit zurück. Inwiefern lesen Sie Schnitzlers „Reigen" im Kontext der Philosophie Nietzsches nun anders? Hat sich vielleicht sogar Ihr Weltbild etwas verändert? Inwiefern?*

Aphorismen Nietzsches

Gott ist tot! Gott bleibt tot! Und wir haben ihn getötet! Wie trösten wir uns, die Mörder aller Mörder?
Die fröhliche Wissenschaft

Ich würde nur an einen Gott glauben, der zu tanzen verstünde.
Also sprach Zarathustra

Zu den Dingen, welche einen Denker in Verzweiflung bringen können, gehört die Erkenntnis, dass das Unlogische für den Menschen nötig ist, und dass aus dem Unlogischen vieles Gutes entsteht.
Menschliches, Allzumenschliches

In irgendeinem abgelegenen Winkel des in zahllosen Sonnensystemen flimmernd ausgegossenen Weltalls gab es einmal ein Gestirn, auf dem kluge Tiere das Erkennen erfanden. Es war die hochmütigste und verlogenste Minute der „Weltgeschichte“: aber doch nur eine Minute. Nach wenigen Atemzügen der Natur erstarrte das Gestirn, und die klugen Tiere mussten sterben.
Über Luege und Wahrheit im außermoralischen Sinn

Ich misstraue allen Systematikern und gehe ihnen aus dem Weg. Der Wille zum System ist ein Mangel an Rechtschaffenheit.
Götzen-Dämmerung

Ich fürchte, wir werden Gott nicht los, weil wir noch an die Grammatik glauben …
Götzen-Dämmerung

Nein, gerade Tatsachen gibt es nicht, nur Interpretationen. Wir können kein Faktum „an sich“ feststellen: vielleicht ist es ein Unsinn, so etwas zu wollen. „Es ist alles subjektiv“ sagt ihr: aber schon das ist *Auslegung,* das „Subjekt“ ist nichts Gegebenes, sondern etwas Hinzu-Erdichtetes, Dahinter-Gestecktes.
Nachlass

Der Einwand, der Seitensprung, das fröhliche Misstrauen, die Spottlust sind Anzeichen der Gesundheit: Alles Unbedingte gehört in die Pathologie.
Jenseits von Gut und Böse

Nachdem ich lange genug den Philosophen zwischen die Zeilen und auf die Finger gesehen habe, sage ich mir: Man muss noch den größten Teil des bewussten Denkens unter die Instinkt-Tätigkeiten rechnen.
Jenseits von Gut und Böse

Der Mensch ist gegen sich selbst, gegen Auskundschaft und Belagerung durch sich selbst, sehr gut verteidigt, er vermag gewöhnlich nicht mehr von sich als seine Außenwerke wahrzunehmen. Die eigentliche Festung ist ihm unzugänglich, selbst unsicher, es sei denn, dass Freunde und Feinde die Verräter machen und ihn selbst auf geheimen Wegen hinführen.
Menschliches, Allzumenschliches

Die Bestie in uns will belogen werden; Moral ist Notlüge, damit wir von ihr nicht zerrissen werden. Ohne die Irrtümer, welche in den Annahmen der Moral liegen, wäre der Mensch Tier geblieben.
Menschliches, Allzumenschliches

Der Heilige, an dem Gott sein Wohlgefallen hat, ist der ideale Kastrat … Das Leben ist zu Ende, wo das „Reich Gottes“ *anfängt.*
Götzen-Dämmerung

Ja, so sollte es auf der Grabschrift der Universitätsphilosophie heißen: „Sie hat niemanden betrübt.“
Schopenhauer als Erzieher

Roland Kroemer: Über Friedrich Nietzsches Bedeutung um 1900

Die Philosophie Friedrich Nietzsches (1844–1900) spiegelt symptomatisch den soziokulturellen Epochenumbruch gegen Ende des 19. Jahrhunderts wider, der mit fundamentalen Erschütterungen des traditionellen Welt- und Wirklichkeitsbildes verbunden ist. Wie kein anderer Denker seiner Zeit sagte Nietzsche althergebrachten Überzeugungen den Kampf an und hinterfragte ihre scheinbare Selbstverständlichkeit. Bereits die Titel seiner Bücher – etwa „Menschliches, Allzumenschliches", „Jenseits von Gut und Böse", „Götzen-Dämmerung" oder „Der Antichrist – Fluch auf das Christentum" – geben die Richtung seines Denkens an. Halbwahrheiten oder falsche Kompromisse waren seine Sache nicht. „Wie man mit dem Hammer philosophiert" lautet der programmatische Untertitel eines Werks. In einer Gesellschaft, die einerseits noch tief von christlichen Idealen geprägt war, die andererseits, vor dem Hintergrund der Aufklärung und im Zuge rasanter wissenschaftlicher und technischer Fortschritte, so stark wie nie zuvor an die Möglichkeiten von Vernunft und Verstand geglaubt hat, mussten Nietzsches „Unzeitgemäße Betrachtungen" (so der Obertitel von vier frühen Büchern) wie eine Kriegserklärung erscheinen.

Sein Denken wirkte deshalb so provokant, weil es auf die Grundstrukturen der Gesellschaft abzielte. Was zunächst noch als die Hirngespinste eines Außenseiters abgetan und verdrängt werden konnte, erwies sich bald als die visionäre Vorwegnahme radikaler soziokultureller Umwälzungen, deren Konsequenzen bis heute in allen gesellschaftlichen und wissenschaftlichen Bereichen ablesbar sind. Nietzsche ist der Prophet der Moderne, einer Epoche, in der einstige Gewissheiten zunehmend fragwürdig geworden sind. So betonte er – in bewusster Abkehr von Immanuel Kant und dessen Transzendentalphilosophie – den Relativismus aller moralischen Werte: Was in einer Zeit als gut und richtig gilt, kann in einer anderen Zeit schlecht und falsch sein. Moral hat keine universelle Gültigkeit, sondern beruht lediglich auf menschlicher Konvention und ist daher stets abhängig von individuellen wie kulturellen Faktoren. Auch die Religion, insbesondere das Christentum, hat Nietzsche scharf angegriffen. Für ihn entpuppt sich die christliche „Nächstenliebe" als *Sklavenmoral,* mit der die Schwachen die Starken unterdrücken. Der Glaube an Gott und eine transzendente (übersinnliche) Welt ist für ihn einer der tragischsten Irrtümer der Geschichte, lenke er den Menschen doch von einem ausgefüllten und das Diesseits bejahenden Leben ab. „Gott ist tot!" – Dieses berühmte Diktum fasst Nietzsches Philosophie wohl am prägnantesten zusammen. In ihm formulieren sich nicht nur ein radikaler Atheismus und die Ablehnung aller religiösen Heilsversprechungen, sondern die generelle Verabschiedung von der Vorstellung einer absoluten Wahrheit. In seinem Buch „Götzen-Dämmerung" erklärt Nietzsche: „Das, was Götze auf dem Titelblatt heißt, ist ganz einfach das, was bisher Wahrheit genannt wurde. Götzen-Dämmerung – auf Deutsch: es geht zu Ende mit der alten Wahrheit ..." Der moderne Mensch findet keinen Halt mehr an früheren Gewissheiten, die Welt ist ihm fremd und unsicher geworden. Der „unheimlichste aller Gäste" steht nun vor der Tür, der *Nihilismus:* „Die radikale Ablehnung von Wert, Sinn und Wünschbarkeit."

Autorentext

- *Was macht das Besondere der Philosophie Nietzsches aus?*
- *Was sind die Hauptthemen seiner Philosophie?*
- *Weshalb wirkte Nietzsches Denken zu seiner Zeit wie eine Provokation?*

Nietzsches Parabel vom „tollen Menschen"

125. ***Der tolle Mensch.*** – Habt ihr nicht von jenem tollen Menschen gehört, der am hellen Vormittage eine Laterne anzündete, auf den Markt lief und unaufhörlich schrie: „Ich suche Gott! Ich suche Gott!" – Da dort gerade Viele von Denen zusammenstanden, welche nicht an Gott glaubten, so erregte er ein großes Gelächter. Ist er denn verloren gegangen? sagte der Eine. Hat er sich verlaufen wie ein Kind? sagte der Andere. Oder hält er sich versteckt? Fürchtet er sich vor uns? Ist er zu Schiff gegangen? ausgewandert? – so schrieen und lachten sie durcheinander. Der tolle Mensch sprang mitten unter sie und durchbohrte sie mit seinen Blicken. „Wohin ist Gott? rief er, ich will es euch sagen! Wir haben ihn getötet, – ihr und ich! Wir Alle sind seine Mörder! Aber wie haben wir dies gemacht? Wie vermochten wir das Meer auszutrinken? Wer gab uns den Schwamm, um den ganzen Horizont wegzuwischen? Was taten wir, als wir diese Erde von ihrer Sonne losketteten? Wohin bewegt sie sich nun? Wohin bewegen wir uns? Fort von allen Sonnen? Stürzen wir nicht fortwährend? Und rückwärts, seitwärts, vorwärts, nach allen Seiten? Gibt es noch ein Oben und ein Unten? Irren wir nicht wie durch ein unendliches Nichts? Haucht uns nicht der leere Raum an? Ist es nicht kälter geworden? Kommt nicht immerfort die Nacht und mehr Nacht? Müssen nicht Laternen am Vormittage angezündet werden? Hören wir noch Nichts von dem Lärm der Totengräber, welche Gott begraben? Riechen wir noch Nichts von der göttlichen Verwesung? – auch Götter verwesen! Gott ist todt! Gott bleibt tot! Und wir haben ihn getötet! Wie trösten wir uns, die Mörder aller Mörder? Das Heiligste und Mächtigste, was die Welt bisher besaß, es ist unter unseren Messern verblutet, – wer wischt dies Blut von uns ab? Mit welchem Wasser könnten wir uns reinigen? Welche Sühnfeiern, welche heiligen Spiele werden wir erfinden müssen? Ist nicht die Größe dieser Tat zu groß für uns? Müssen wir nicht selber zu Göttern werden, um nur ihrer würdig zu erscheinen? Es gab nie eine größere Tat, – und wer nur immer nach uns geboren wird, gehört um dieser Tat willen in eine höhere Geschichte, als alle Geschichte bisher war!" – Hier schwieg der tolle Mensch und sah wieder seine Zuhörer an: auch sie schwiegen und blickten befremdet auf ihn. Endlich warf er seine Laterne auf den Boden, dass sie in Stücke sprang und erlosch. „Ich komme zu früh, sagte er dann, ich bin noch nicht an der Zeit. Dies ungeheure Ereigniss ist noch unterwegs und wandert, – es ist noch nicht bis zu den Ohren der Menschen gedrungen. Blitz und Donner brauchen Zeit, das Licht der Gestirne braucht Zeit, Taten brauchen Zeit, auch nachdem sie getan sind, um gesehen und gehört zu werden. Diese Tat ist ihnen immer noch ferner, als die fernsten Gestirne, – und doch haben sie dieselbe gethan!" – Man erzählt noch, dass der tolle Mensch des selbigen Tages in verschiedene Kirchen eingedrungen sei und darin sein Requiem aeternam deo[1] angestimmt habe. Hinausgeführt und zur Rede gesetzt, habe er immer nur dies entgegnet: „Was sind denn diese Kirchen noch, wenn sie nicht die Grüfte und Grabmäler Gottes sind?" –

Aus: Friedrich Nietzsche: Die fröhliche Wissenschaft. In: Ders.: Sämtliche Werke. Kritische Studienausgabe in 15 Einzelbänden. Hg. v. Giorgio Colli und Mazzino Montinari. München, dtv 1988. Bd. 3, S. 343–651; hier: 480ff.

---

[1] Totenmesse für den ewigen Gott

- *Was meint Nietzsche damit, dass die Menschen Gott getötet hätten?*
- *Welche Konsequenzen hat der „Tod Gottes" nach Nietzsche für die Menschheit?*
- *Wofür steht „Gott" in Nietzsches Parabel?*

Kant und Nietzsche über Moral

Immanuel Kant: Von dem erlaubten moralischen Schein

Die Menschen sind insgesamt, je zivilisierter, desto mehr Schauspieler: sie nehmen den Schein der Zuneigung, der Achtung vor anderen, der Sittsamkeit, der Uneigennützigkeit an, ohne irgendjemand dadurch zu betrügen; weil ein jeder andere, dass es hiemit eben nicht herzlich gemeint sei, dabei einverständigt ist, und es ist auch sehr gut, dass es so in der Welt zugeht. Denn dadurch, dass Menschen diese Rolle spielen, werden zuletzt die Tugenden, deren Schein sie eine geraume Zeit hindurch nur gekünstelt haben, nach und nach wohl wirklich erweckt, und gehen in die Gesinnung über. – Aber den Betrüger in uns selbst, die Neigung, zu betrügen, ist wiederum Rückkehr zum Gehorsam unter das Gesetz der Tugend, und nicht Betrug, sondern schuldlose Täuschung unserer selbst.

Aus: Immanuel Kant: Anthropologie in pragmatischer Hinsicht. In: Ders.: Werke in zehn Bänden. Hg. v. Wilhelm Weischedel. Darmstadt: Wissenschaftliche Buchgesellschaft. Bd. 10, S. 442f.

- *Was stellt Kant mit Blick auf die Gesellschaft seiner Zeit fest? Was folgert er daraus? Fassen Sie seine Gedanken mit eigenen Worten zusammen.*
- *Was halten Sie von Kants Vorstellung? Halten Sie sie für realistisch? Welches Weltbild steckt hinter einer solchen Vorstellung? Recherchieren Sie, wann Kant gelebt und welcher philosophischen Epoche er angehört hat?*

Friedrich Nietzsche: Privat- und Welt-Moral

Seitdem der Glaube aufgehört hat, dass ein Gott die Schicksale der Welt im Grossen leite und, trotz aller anscheinenden Krümmungen im Pfade der Menschheit, sie doch herrlich hinausführe, müssen die Menschen selber sich ökumenische, die ganze Erde umspannende Ziele stellen. Die ältere Moral, namentlich die Kant's, verlangt vom Einzelnen Handlungen, welche man von allen Menschen wünscht: das war eine schöne naive Sache; als ob ein Jeder ohne Weiteres wüsste, bei welcher Handlungsweise das Ganze der Menschheit wohlfahre, also welche Handlungen überhaupt wünschenswerth seien; es ist eine Theorie wie die vom Freihandel, voraussetzend, dass die allgemeine Harmonie sich nach eingeborenen Gesetzen des Besserwerdens von selbst ergeben m ü s s e. Vielleicht lässt es ein zukünftiger Ueberblick über die Bedürfnisse der Menschheit durchaus nicht wünschenswerth erscheinen, dass alle Menschen gleich handeln, vielmehr dürften im Interesse ökumenischer Ziele für ganze Strecken der Menschheit specielle, vielleicht unter Umständen sogar böse Aufgaben zu stellen sein. – Jedenfalls muss, wenn die Menschheit sich nicht durch eine solche bewusste Gesammtregierung zu Grunde richten soll, vorher eine alle bisherigen Grade übersteigende K e n n t n i s s d e r B e d i n g u n g e n d e r C u l t u r, als wissenschaftlicher Maassstab für ökumenische Ziele, gefunden sein. Hierin liegt die ungeheure Aufgabe der grossen Geister des nächsten Jahrhunderts.

Aus: Friedrich Nietzsche: Menschliches, Allzumenschliches. In: Ders.: Sämtliche Werke. Kritische Studienausgabe in 15 Einzelbänden. Hg. Giorgio Colli und Mazziano Montinari. München: dtv 1988, S. 46

- *Warum kann es für Nietzsche keine allgemeingültige Moral geben? Inwiefern sieht er sogar Gefahren im alten, von Kant repräsentierten Glauben, dass alle Menschen gleich handeln sollen? Wie nennt er diesen Glauben?*
- *Inwiefern hält Nietzsche es für denkbar, dass scheinbar böses Handeln des Einzelnen letztlich sogar gut für die Allgemeinheit sein könnte?*
- *Welche Aufgabe haben nach Nietzsche die „großen Denker des nächsten Jahrhunderts" zum Wohle der Menschheit?*

Arthur Schnitzler: Ich

Bis zu diesem Tage war er ein völlig normaler Mensch gewesen. Früh um sieben Uhr stand er auf, möglichst geräuschlos, um seine Frau nicht zu stören, die gern etwas länger schlief, trank eine Tasse Kaffee, küsste den achtjährigen Buben auf die Stirn, der in die Schule musste, und bemerkte scherzhaft seufzend zu der sechsjährigen Marie: „Ja, nächstes Jahr kommst du auch dran." Während er noch mit den Kleinen scherzte, pflegte seine Frau einzutreten, und es gab eine harmlose Unterhaltung, manchmal sogar recht vergnügt und immer ruhig, denn es war eine gute Ehe, ohne Missverständnisse und ohne Unzufriedenheiten, sie hatten sich gegenseitig nichts vorzuwerfen. Um ein Uhr kam er aus dem Geschäft nach Hause, nicht einmal sonderlich müd, denn was er zu tun hatte, war weder sehr anstrengend noch sehr verantwortungsvoller Natur; er war Abteilungsvorstand, sogenannter Rayonchef[1] in einem Warenhaus mäßigen Ranges in der Währingerstraße. Dann kam ein einfaches, wohlzubereitetes Mittagessen, die Kinder saßen dabei und waren brav und hübsch, der Bub erzählte von der Schule, die Mutter von einem Spaziergang mit der Kleinen, ehe sie den Großen von der Schule abgeholt, und der Vater berichtete allerlei von geringfügigen Erlebnissen, die sich im Warenhaus zugetragen, von neuen Créationen, Sendungen aus Brünn, erwähnte die besondere Trägheit des Chefs, der meist erst um zwölf im Geschäft erschien, [sprach] von irgendeiner komischen Erscheinung unter den Kunden, von einem eleganten Herrn, der weiß Gott durch welchen Zufall sich in das Vorstadtgeschäft verirrt, sich zuerst etwas hochnäsig benommen, dann aber von irgendeinem Krawattenmuster geradezu entzückt gewesen, erzählte von Fräulein Elly, die wieder einmal einen neuen Verehrer hatte, aber ihn ging das eigentlich nichts an, sie war Verkäuferin in der Abteilung für Damenschuhe.

Dann legte er sich für ein halbes Stündchen hin, blickte flüchtig in eine Zeitung; um halb drei war er wieder im Geschäft, es gab viel zu tun, besonders zwischen vier und sechs, er konnte sich völlig den Kunden widmen, zu Hause ging ja alles den gewohnten Gang, die Frau ging mit den Kindern spazieren oder die verheiratete Schwägerin kam zu Besuch oder ihre Mutter; er traf sie manchmal noch zu Hause an.

Gegen acht aß man zu Abend; die Kinder waren schon früher zu Bett gebracht. An jedem zweiten Samstag erfolgte ein Theaterbesuch, dritte Galerie, dritte oder vierte Reihe, Operette zog er vor, aber zuweilen sah man sich auch ein ernstes Stück an, ein klassisches oder eine Gesellschaftskomödie, und den Beschluss solcher Abende machte ein bescheidenes Restaurant. Die Kinder waren indes in guter Obhut. Frau Wilhelm, der kinderlosen Frau des Arztes vom ersten Stock, war es eine rechte Freude, so lange in der Wohnung bei den Kleinen zu wachen, bis die Eltern nach Hause kamen.

Auch an diesem Abend, dem Samstag vor Pfingsten, waren sie im Theater gewesen, das Ehepaar Huber hatte dann im Gasthaus genachtmahlt, und als sie zu Bette gingen, war der Ehegatte so gut aufgelegt gewesen, dass Anna bemerkte, ob er sie nicht vielleicht mit Frau Constantin verwechsle, die heute die Hauptrolle gespielt und ihm so besonders gut gefallen hatte.

Am nächsten Morgen begab er sich, wie es seine Sonntagsgewohnheit war, auf einen kleinen Ausflug, fuhr mit der Straßenbahn nach Sievering, wanderte auf den Dreimarkstein, wo er einem guten Bekannten begegnete, mit ihm stehen blieb und über das schöne Wetter plauderte, dann spazierte er allein hinab nach Neuwaldegg. Er überschritt eine kleine Brücke, wie er es schon hundert Mal vorher getan, die weite große Wiese mit prächtigen Baumgruppen lag vor ihm, die er weiß Gott wie oft gesehen, und sein Blick fiel von ungefähr auf eine roh hölzerne Tafel, die an einen Baum genagelt war und auf der mit großen schwarzen Buchstaben, wie von Kinderhand geschrieben, das Wort „Park" zu lesen stand. Er erinnerte sich nicht, diese Tafel jemals früher gesehen zu haben. Sie fiel ihm auf, aber er dachte gleich, dass sie immer da gewesen war, man sah es ihr an, dass es eine ganz alte Tafel war. Ja natürlich, dies war ein Park, niemand konnte daran zweifeln, der Schwarzenbergpark war es, Privatbesitz des böhmischen Fürstengeschlechts, aber dem Publikum seit Jahrzehnten freigegeben. Doch da stand nicht Schwarzenbergpark oder Privatbesitz, sondern komischerweise einfach: Park. Man sah doch, dass es ein Park war, niemand konnte daran zweifeln. Er unterschied sich nicht sonderlich von der Umgebung, er war nicht abgeschlossen, es gab kein Entrée[2], er stand nicht unter besonderen Gesetzen, es war Wald und Wiese und Wege und Bänke, jedenfalls war es ziemlich überflüssig, dass da eine Tafel hing, auf der das Wort „Park" geschrieben stand.

Immerhin musste es seinen Grund haben. Vielleicht gab es Leute, die nicht so sicher waren wie er, dass das ein Park war. Vielleicht hielten sie es für ganz gewöhnlichen Wald [an der] Wiese, wie den Wald und die Wiesen, von denen er eben herunterkam. Denen musste man es freilich in Erinnerung bringen, dass dies ein Park war. Ein schöner Park übri-

1 Rayon: Abteilung eines Warenhauses

2 Eingang

gens, herrlich – vielleicht gab es Leute, die es für ein Paradies gehalten hätten, wenn die Tafel dort nicht gehangen wäre. Haha, ein Paradies. Und da hätte vielleicht einer sich danach benommen – seine Kleider abgeworfen und öffentliches Ärgernis erregt. Wie sollte ich [denn] wissen, sagte er auf der Polizei, dass es nur ein Park war und nicht das Paradies. Nun konnte das nicht mehr passieren. Es war höchst vernünftig gewesen, die Tafel dorthin zu hängen. Er begegnete einem Paar, einem nicht mehr sehr jungen, wohlbeleibten Paar, und er lachte so laut, dass sie erschraken und ihn groß ansahen.

Es war noch nicht spät, er setzte sich auf eine Bank. Ja, es war ganz sicher eine, obzwar nicht darauf geschrieben stand, dass es eine Bank war, und der Teich drüben, der wohlbekannte, war ganz bestimmt ein Teich – oder ein Weiher – oder ein kleiner See oder ein Meer, ja, es kam nur darauf an, wie man ihn ansah, für eine Eintagsfliege war es wahrscheinlich ein Meer. Für solche Eintagsfliegen sollte man auch eine Tafel aufhängen: Teich. Aber für die Eintagsfliegen war es ja eben kein Teich, und nebstbei konnten sie nicht lesen. Nun, wer weiß, dachte er weiter, wir wissen verdammt wenig von den Eintagsfliegen. Da schwirrte eine um ihn. Mittag war es – die war just einen halben Tag alt, vielmehr fünfzig Jahre ... im Verhältnis, denn am Abend war sie ja tot. Vielleicht feierte sie soeben ihren fünfzigsten Geburtstag. Und die andern kleinen Fliegen, die um sie schwirrten, die waren Gratulanten. Ein Geburtstagsfest, dem er beiwohnte. Es war ihm, als säße er sehr lange da und er blickte auf die Uhr. Er war nur drei Minuten da gesessen, ja, dies war bestimmt eine Uhr, wenn auch auf dem Deckel nicht eingegraben stand, dass sie eine war. Aber es konnte ja auch sein, dass er träumte. Dann war das keine Uhr, dann lag er im Bett und schlief und auch die Eintagsfliege war nur ein Traum.

Zwei junge Burschen gingen vorüber. Lachten sie über ihn? Über seine dummen Einfälle? Aber die wussten ja nichts davon. So sicher war das freilich nicht. Es gab ja Gedankenleser. Sehr möglich, dass dieser Junge mit der Hornbrille ganz genau wusste, was in ihm vorging, und darüber lachte. Die Frage war nur, ob er Grund dazu hatte, dieser Jüngling mit der Hornbrille? Denn es wäre ja möglich, dass dies Ganze wirklich ein Traum war, dann träumte er auch das Lachen dieses Andern.

Mit einem plötzlichen Entschluss trat er sich selbst mit einem Fuß auf den andern, und zum Überfluss fasste er sich an der Nase. Er spürte alles ganz genau. Und das wollte er als Beweis für sein Wachsein gelten lassen. Kein sehr zwingender freilich, denn am Ende konnte er auch den Fußtritt und den Griff an die Nase träumen. Aber er wollte sich für diesmal zufriedengeben.

Er machte sich auf den Heimweg, um eins erwartete ihn das Mittagessen. Er fühlte sich sonderbar leicht, er lief geradezu, er schwebte, nicht nur figürlich. Es kam immer ein Bruchteil einer Sekunde, in der keiner seiner Füße den Boden berührte.

Er nahm die Straßenbahn. Die flog noch rascher als er; geheimnisvoll diese elektrische Kraft. Es war halb zwei. Nun feierte die Eintagsfliege ihren fünfundfünfzigsten Geburtstag. Die Häuser rasten an ihm vorbei. So, nun musste er umsteigen. Er wusste genau, dass er hier umsteigen musste. Sonderbar, das alles zu wissen. Wie wenn er vergessen hätte, dass er in der Andreasgasse wohnte? Andreasgasse vierzehn, zweiter Stock, Tür zwölf. Bestimmt. Was alles in einem Gehirne Raum hat. Er wusste auch, dass er morgen acht Uhr früh im Geschäft sein wollte. Er sah es vor sich, er sah die Krawatten, sah jedes Muster. Hier war die blaurot gestreifte, hier die gesprenkelte, hier die mit dem gelblichen Ton. Er sah sie alle, und er sah auch die Aufschrift über dem Fach, da stand: Halsbinden, obwohl doch jeder wusste, dass es Halsbinden waren. Ganz klug, dass dort an einem Baum die Tafel „Park" hing. Nicht alle Menschen waren so geistesgegenwärtig und scharfsinnig wie er, dass sie ohne Weiteres wussten, dies ist ein Park, und dies ist eine Halsbinde.

Er stand vor seiner Wohnungstür. Er hatte weder bemerkt, dass er die Straßenbahn verlassen, noch dass er durch seine Gasse gegangen, noch dass er durch das Haustor getreten, noch dass er die Treppe hinaufgegangen war. Möglich, dass er heraufgeflogen war. Man setzte sich zu Tisch. Dies war der Suppentopf, dies waren die Suppenteller, Löffel, Gabel, Messer. Er wusste es von allen ganz genau. Für ihn musste man keine Bezeichnungen hinschreiben. Er betrachtete alle Gegenstände sehr sorgfältig. Es stimmte. Und er erzählte von der Eintagsfliege, die eben ihren Geburtstag feierte. Sie hatte große Assemblé[1]. Das Wort flatterte durch die Luft. Niemals in seinem Leben hatte er dieses Wort ausgesprochen. Wo kam es her? Wo ging es wieder hin?

Nachmittags konnte er nicht schlafen. Er lag auf dem Diwan[2] im Speisezimmer, niemand war bei ihm. Er nahm sein Notizbuch. Es war bestimmt sein Notizbuch und weder seine Brief- noch seine Zigarrentasche, und schrieb auf ein Blatt „Kredenz", auf ein anderes „Schrank", auf ein anderes „Bett", auf ein anderes „Sessel". Das musste er einige Male schreiben. Dann befestigte er diese Blätter an die Kredenz[3], an den Schrank, schlich sich ins Schlafzimmer, wo seine Frau ihren Nachmittagsschlummer hielt, und mit einer Stecknadel befestigte er das Blättchen „Bett". Er ging weg, ehe sie aus dem Mittagsschlaf erwacht war. Dann begab er sich in das Kaffeehaus und las Zeitung, vielmehr er versuchte es nur. All das

1 Versammlung
2 niedriges Liegesofa
3 Anrichte, Anrichteschrank

Gedruckte, das er vor sich sah, erschien ihm verwirrend und beruhigend zugleich. Hier standen Namen, Bezeichnungen, über die ein Zweifel nicht bestehen konnte. Aber die Dinge, auf die sich diese Namen bezogen, waren weit. Es war ganz sonderbar zu denken, dass eine Beziehung existierte zwischen irgendeinem Wort, das da gedruckt war, z. B.: Theater in der Josefstadt, und dem Haus, das ganz woanders in einer anderen Straße stand. Er las die Namen der Darsteller. Zum Beispiel Dubonet, Advokat – Herr Mayer. Diesen Herrn Dubonet, das war das Allerseltsamste, den gab es gar nicht. Den hatte irgendwer erfunden, aber hier stand sein Name gedruckt. Der Herr Mayer aber, der den Dubonet spielte, der existierte wirklich. Es konnte sein, dass er diesem Herrn Mayer schon oft auf der Straße begegnet war, ohne nur zu ahnen, dass es gerade Herr Mayer war. Er trug ja keine Aufschrift, wenn er auf der Straße spazieren ging. Und täglich begegnete er so Hunderten Menschen, von denen er nicht im Entferntesten ahnte, woher sie kamen, wohin sie gingen, wie sie hießen, es konnte sein, dass einer von ihnen, kaum um die Ecke, vom Schlag getroffen tot zusammenstürzte. Am nächsten Tag stand es wohl auch in der Zeitung, dass Herr Müller, oder wie er hieß, tot zusammengestürzt sei; er aber, Herr Huber, würde keine Ahnung haben, dass er ihm noch fünf Minuten vor seinem Tode begegnet war. Erdbeben in San Franzisko. Das steht auch hier in der Zeitung. Aber außer diesem Erdbeben, das hier in der Zeitung stand, gab es doch noch ein ganz anderes, das wirkliche. Dann fiel sein Blick auf Inserate, Ankündigungen. Es gab Geschäfte, die ihm bekannt waren. Bei diesem oder jenem Inserat stieg zu gleicher Zeit ein Gebäude vor ihm auf, in dem er jenes Geschäft wusste oder vermutete. Andere aber blieben tot. Er sah nichts als die gedruckten Buchstaben. Er blickte auf. In der Kassa[1] saß das Fräulein Magdalene. Ja, so hieß sie. Es war ein etwas außergewöhnlicher Name für eine Kaffeehauskassiererin. Er hörte nur immer den Namen von den Kellnern ausgesprochen. Er selbst hatte nie das Wort an sie gerichtet. Da saß sie, etwas dick, nicht mehr ganz jung, immerfort beschäftigt. Niemals hatte er sich um sie im Geringsten gekümmert. Jetzt plötzlich, nur weil er sie zufällig angesehen, trat sie aus all den andern hervor. Das Kaffeehaus war ziemlich gefüllt, mindestens sechzig, achtzig, vielleicht hundert Menschen waren da. Höchstens von zweien oder dreien kannte er den Namen. Unbegreiflich, dass diese gleichgültige Kassierin plötzlich die wichtigste Person war. Einfach dadurch, dass er sie ansah. Von allen andern wusste er gar nichts, alle waren sie Schatten. Auch seine Frau, seine Kinder, alle waren sie geradezu nichts im Verhältnis zu Fräulein Magdalene. Die Frage war jetzt nur, was für einen Zettel man ihr ankleben sollte. Magdalene? Fräulein Magdalene? Oder Sitzkassierin? Jedenfalls war es unmöglich, dieses Kaffee zu verlassen, ehe er sie richtig bezeichnet. Es war beruhigend zu wissen, dass draußen auf einer Tafel das Wort „Park" geschrieben stand. Die ganze Landschaft, durch die er heute gewandert, verschwand wie hinter einem Vorhang. Sie existierte nicht mehr. Er atmete auf, wenn er an die hölzerne Tafel dachte. „Park".

Indes hatte er seinen schwarzen Kaffee ausgetrunken, der Kellner räumte die Tasse mit Schale und Glas fort, die weiße Marmorplatte lag nackt vor ihm. Unwillkürlich nahm er seinen Bleistift und schrieb mit großen Buchstaben auf die Platte: „Tisch". Auch das erleichterte ihn ein wenig. Aber wie viel gab es noch zu tun?

Als er wieder heimkam, waren alle Zettel entfernt, die er an die verschiedenen Gerätschaften befestigt hatte. Seine Frau fragte ihn, was ihm denn eigentlich eingefallen sei. Er fühlte, dass er sie vorläufig nicht einweihen durfte, und sagte, es sei ein Scherz gewesen. Immerhin, es sei doch ein nützlicher Scherz, nicht wahr? Man sollte die Kleinen rechtzeitig daran gewöhnen, von allen Dingen und Menschen auch zu wissen, wie sie heißen. Welche ungeheure Verwirrung war in der Welt. Niemand kennt sich aus.

Nachmittag kam die Schwiegermutter mit der verheirateten Schwägerin zu Besuch. Während sie drin ihren Kaffee trinken mit Marie (seiner Frau), benützt er die Gelegenheit, schreibt Zettel, „Schwiegermutter", „Schwägerin" und heftet sie an die Mäntel. Die merkten es nicht, als sie fortgingen.

Am nächsten Morgen versieht er die Kleidungsstücke von Sohn und Tochter, ehe sie in die Schule gehen, mit Zetteln.

Im Geschäft lässt er sich beim Chef melden, macht ihm Vorschläge: Überall soll man Zettel hinspendeln, auch auf die Krawatten zum Beispiel, sogar die Farben muss man bezeichnen. Graue Krawatte, rote, es gibt ja Farbenblinde. Er besteht auch darauf, dass die einzelnen Verkäuferinnen betitelt werden.

Er kommt nach Hause, ist empört, dass alle Zettel wieder entfernt sind. Die Kinder kommen aus der Schule, er ist beruhigt, da er die Zettel, die aus irgendeinem Grunde nicht entfernt wurden, vorfindet.

Indessen hat die Frau den Arzt verständigt. Wie der hereintritt, tritt ihm der Kranke entgegen mit einem Zettel auf der Brust, auf dem mit großen Buchstaben steht: „Ich". –

Aus: Arthur Schnitzler: Ich. In: Ders.: Ich. Erzählungen. Frankfurt a. M.: Fischer Taschenbuchverlag 1992, S. 99–106

■ *Schreiben Sie eine kurze Inhaltsangabe zur Geschichte, in der der Spannungsbogen der Handlung mit ihren zentralen Wendepunkten deutlich wird, oder nehmen Sie eine Gliederung der einzelnen Handlungsabschnitte vor.*

[1] (österr.) Kasse

Rilke und Nietzsche über das Problem der Sprache

Rainer Maria Rilke: Ich fürchte mich so ...

Ich fürchte mich so vor der Menschen Wort.
Sie sprechen alles so deutlich aus:
Und dieses heißt Hund und jenes heißt Haus,
und hier ist Beginn und das Ende ist dort.

Mich bangt auch ihr Sinn, ihr Spiel mit dem Spott,
sie wissen alles, was wird und war;
kein Berg ist ihnen mehr wunderbar,
ihr Garten und Gut grenzt grade an Gott.

Ich will immer warnen und wehren: Bleibt fern.
Die Dinge singen hör ich so gern.
Ihr rührt sie an: sie sind starr und stumm.
Ihr bringt mir alle die Dinge um.

Aus: Rainer Maria Rilke: Sämtliche Werke. Bd. I: Gedichte. Erster Teil. Hrsg. vom Rilke-Archiv in Verbindung mit Ruth Sieber-Rilke. Frankfurt a. M.: Insel 1995, S. 194f.

- *Beschreiben Sie die von Rilke formulierte Angst mit eigenen Worten. Können Sie diese Angst nachvollziehen? Was meint das lyrische Ich mit dem Satz „Ihr bringt mir alle die Dinge um"?*

Friedrich Nietzsche: Die Sprache als vermeintliche Wissenschaft

Die Bedeutung der Sprache für die Entwicklung der Kultur liegt darin, dass in ihr der Mensch eine eigene Welt neben die andere stellte, einen Ort, welchen er für so fest hielt, um von ihm aus die übrige Welt aus den Angeln zu heben und sich zum Herrn derselben zu machen. Insofern der Mensch an die Begriffe und Namen der Dinge als an aeternae veritates[1] durch lange Zeitstrecken hindurch geglaubt hat, hat er sich jenen Stolz angeeignet, mit dem er sich über das Tier erhob: er meinte wirklich in der Sprache die Erkenntnis der Welt zu haben. Der Sprachbildner war nicht so bescheiden, zu glauben, dass er den Dingen eben nur Bezeichnungen gebe, er drückte vielmehr, wie er wähnte, das höchste Wissen über die Dinge mit den Worten aus; in der Tat ist die Sprache die erste Stufe der Bemühung um die Wissenschaft. Der Glaube an die gefundene Wahrheit ist es auch hier, aus dem die mächtigsten Kraftquellen geflossen sind. Sehr nachträglich – jetzt erst – dämmert es den Menschen auf, dass sie einen ungeheuren Irrtum in ihrem Glauben an die Sprache propagiert haben. Glücklicherweise ist es zu spät, als dass es die Entwicklung der Vernunft, die auf jenem Glauben beruht, wieder rückgängig machen könnte. –

Aus: Friedrich Nietzsche: Menschliches, Allzumenschliches. In: Ders.: Sämtliche Werke. Kritische Studienausgabe in 15 Einzelbänden. Hg. v. Giorgio Colli und Mazzino Montinari. München 1988. Bd. 2, S. 9–704; hier: S. 30f.

[1] aeternae veritates = ewige Wahrheiten

- *Welche Funktion hat nach Nietzsche die Sprache für den Menschen?*
- *Von welchem „Stolz" des Menschen gegenüber dem Tier spricht Nietzsche?*
- *Inwiefern handelt es sich beim Glauben des Menschen an die Sprache letztlich um einen Irrtum?*

Nietzsche: Das sogenannte „Ich"

Die Sprache und die Vorurtheile, auf denen die Sprache aufgebaut ist, sind uns vielfach in der Ergründung innerer Vorgänge und Triebe hinderlich: zum Beispiel dadurch, dass eigentlich Worte allein für s u p e r l a t i v i s c h e Grade dieser Vorgänge und Triebe da sind –, nun aber sind wir gewohnt, dort, wo uns Worte fehlen, nicht mehr genau zu beobachten, weil es peinlich ist, dort noch genau zu denken; ja, ehedem schloss man unwillkürlich, wo das Reich der Worte aufhöre, höre auch das Reich des Daseins auf. Zorn, Hass, Liebe, Mitleid, Begehren, Erkennen, Freude, Schmerz, – das sind Alles Namen für e x t r e m e Zustände: die milderen mittleren und gar die immerwährend spielenden niederen Grade entgehen uns, und doch weben sie gerade das Gespinnst unseres Charakters und Schicksals. Jene extremen Ausbrüche – und selbst das mässigste u n s b e w u s s t e Wohlgefallen oder Missfallen beim Essen einer Speise, beim Hören eines Tones ist vielleicht immer noch, richtig abgeschätzt, ein extremer Ausbruch – zerreissen sehr oft das Gespinnst und sind dann gewaltthätige Ausnahmen, zumeist wohl in Folge von Aufstauungen: – und wie vermögen sie als solche den Beobachter irre zu führen! Nicht weniger, als sie den handelnden Menschen in die Irre führen. W i r s i n d A l l e n i c h t D a s , als was wir nach den Zuständen erscheinen, für die wir allein Bewusstsein und Worte – und folglich Lob und Tadel – haben; wir v e r k e n n e n uns nach diesen gröberen Ausbrüchen, die uns allein bekannt werden, wir machen einen Schluss aus einem Material, in welchem die Ausnahmen die Regel überwiegen, wir verlesen uns in dieser scheinbar deutlichsten Buchstabenschrift unseres Selbst. U n s e r e M e i n u n g ü b e r u n s aber, die wir auf diesem falschen Wege gefunden haben, das sogenannte „Ich", arbeitet fürderhin mit an unserem Charakter und Schicksal. –

Aus: Friedrich Nietzsche: Morgenröthe. In: Ders.: Sämtliche Werke. Kritische Studienausgabe in 15 Einzelbänden. Hg. v. Giorgio Colli und Mazzino Montinari. München: dtv 1988, S. 107f.

- *Inwiefern ist es nach Nietzsche für den Menschen nicht möglich, seinen eigentlichen Charakter zu erfassen? Welche Rolle spielt dabei die Sprache?*
- *Was meint Nietzsche, wenn er vom „sogenannten ‚Ich'" spricht?*

Nietzsche über die „freien Geister"

Was es mit unserer Heiterkeit auf sich hat. – Das grösste neuere Ereigniss, – dass „Gott todt ist", dass der Glaube an den christlichen Gott unglaubwürdig geworden ist – beginnt bereits seine ersten Schatten über Europa zu werfen. Für die Wenigen wenigstens, deren Augen, deren Argwoh n in den Augen stark und fein genug für dies Schauspiel ist, scheint eben irgend eine Sonne untergegangen, irgend ein altes tiefes Vertrauen in Zweifel umgedreht: ihnen muss unsre alte Welt täglich abendlicher, misstrauischer, fremder, „älter" scheinen. In der Hauptsache aber darf man sagen: das Ereigniss selbst ist viel zu gross, zu fern, zu abseits vom Fassungsvermögen Vieler, als dass auch nur seine Kunde schon angelangt heissen dürfte; geschweige denn, dass Viele bereits wüssten, was eigentlich sich damit begeben hat – und was Alles, nachdem dieser Glaube untergraben ist, nunmehr einfallen muss, weil es auf ihm gebaut, an ihn gelehnt, in ihn hineingewachsen war: zum Beispiel unsre ganze europäische Moral. Diese lange Fülle und Folge von Abbruch, Zerstörung, Untergang, Umsturz, die nun bevorsteht: wer erriethe heute schon genug davon, um den Lehrer und Vorausverkünder dieser ungeheuren Logik von Schrecken abgeben zu müssen, den Propheten einer Verdüsterung und Sonnenfinsterniss, deren Gleichen es wahrscheinlich noch nicht auf Erden gegeben hat? Selbst wir geborenen Räthselrather, die wir gleichsam auf den Bergen warten, zwischen Heute und Morgen hingestellt und in den Widerspruch zwischen Heute und Morgen hineingespannt, wir Erstlinge und Frühgeburten des kommenden Jahrhunderts, denen eigentlich die Schatten, welche Europa alsbald einwickeln müssen, jetzt schon zu Gesicht gekommen sein sollten: woran liegt es doch, dass selbst wir ohne rechte Theilnahme für diese Verdüsterung, vor Allem ohne Sorge und Furcht für uns ihrem Heraufkommen entgegensehn? Stehen wir vielleicht zu sehr noch unter den nächsten Folgen dieses Ereignisses – und diese nächsten Folgen, seine Folgen für uns sind, umgekehrt als man vielleicht erwarten könnte, durchaus nicht traurig und verdüsternd, vielmehr wie eine neue schwer zu beschreibende Art von Licht, Glück, Erleichterung, Erheiterung, Ermuthigung, Morgenröthe ... In der That, wir Philosophen und „freien Geister" fühlen uns bei der Nachricht, dass der „alte Gott todt" ist, wie von einer neuen Morgenröthe angestrahlt; unser Herz strömt dabei über von Dankbarkeit, Erstaunen, Ahnung, Erwartung, – endlich erscheint uns der Horizont wieder frei, gesetzt selbst, dass er nicht hell ist, endlich dürfen unsre Schiffe wieder auslaufen, auf jede Gefahr hin auslaufen, jedes Wagniss des Erkennenden ist wieder erlaubt, das Meer, unser Meer liegt wieder offen da, vielleicht gab es noch niemals ein so „offnes Meer". –

Aus: Friedrich Nietzsche: Die fröhliche Wissenschaft. In: Ders.: Sämtliche Werke. Kritische Studienausgabe in 15 Einzelbänden. Hrsg. v. Giorgi Colli und Mazzioni Montinari. München: dtv 1988, S. 573f.

- *Wer sind für Nietzsche die „freien Geister"? Wodurch unterscheiden sie sich von den anderen Menschen?*
- *Was meint Nietzsche damit, dass die „freien Geister" „gleichsam auf den Bergen warten"?*
- *Inwiefern sehen die „freien Geister" viele Schatten, also viel Unheil, in der kommenden Zeit? Was erfüllt sie dennoch mit Heiterkeit?*

Baustein 5

Psychoanalytische Interpretation

In diesem Baustein soll Schnitzlers Drama aus der Perspektive der von Sigmund Freud begründeten Psychoanalyse gelesen werden. Die Schülerinnen und Schüler erkennen dabei anhand eigener Textanalysen, wie aufschlussreich die Interpretation eines literarischen Werkes aus dem Blickwinkel eines bestimmten geisteswissenschaftlichen Diskurses sein kann. Häufig gelangt man dadurch zu Erkenntnissen, die durch eine rein textimmanente Interpretation nicht zu erzielen wären. Eine psychoanalytische Lesart bietet sich vor allem auch deshalb an, weil Freuds erste Werke – ebenso wie Schnitzlers „Reigen" – in Wien um 1900 entstanden. Die inhaltlichen Parallelen zwischen den Texten des Wissenschaftlers und jenen des Dichters sind so auffällig, dass Freud in Schnitzler sogar einen „Doppelgänger" sah. Im Einzelnen geht es um:

- erste Informationen über Sigmund Freud und seine Entdeckung,
- einen für die Textanalyse wichtigen Aufsatz Freuds,
- die Interpretation des „Reigen" aus psychoanalytischer Perspektive,
- die auffälligen Parallelen zwischen Schnitzler und Freud.

5.1 Sigmund Freud und die Psychoanalyse

Das Ziel dieses Unterrichtsschritts kann und soll es nicht sein, den Schülerinnen und Schülern einen umfassenden Überblick über die Psychoanalyse zu geben. Viel wichtiger ist es, dass sie eine generelle Vorstellung von der Bedeutung gewinnen, die Freuds Entdeckung nicht zuletzt auch für literaturwissenschaftliche Untersuchungen hat. Zunächst können die Lernenden nach ihrem Vorwissen gefragt werden:

- *Was fällt Ihnen zum Namen „Sigmund Freud" ein? Welche wissenschaftlichen Erkenntnisse verbinden Sie mit ihm? Kennen Sie Begriffe, die ihm zuzuschreiben sind?*

Die Lehrkraft schreibt die zugerufenen Antworten stichpunktartig an die Tafel. Zur Unterstützung kann man die Lernenden auch konkret nach ihrer Kenntnis bestimmter psychoanalytischer Begriffe fragen, die längst Eingang in die Alltagssprache gefunden haben: so beispielsweise „Unbewusstes", „Es", „Über-Ich", „Ödipuskomplex", „Traumdeutung", „Freud'sche Fehlleistung" etc.
Zur Vertiefung bietet sich ein Schülerreferat über Freud und die Psychoanalyse an. Alternativ oder zusätzlich dazu kann auch der Lexikonartikel über Freud (**Arbeitsblatt 31**, S. 143) hinzugezogen werden. Nach der gemeinsamen Lektüre lässt sich das Unterrichtsgespräch durch folgende Fragen fortführen:

- *Welche Entdeckungen Freuds werden im Lexikonartikel genannt? Was ist das Revolutionäre an der Psychoanalyse?*

Die Psychoanalyse geht davon aus, dass das menschliche Handeln, Denken und Fühlen zu einem großen Teil vom Unbewussten beeinflusst ist, also dem Bereich der menschlichen

Psyche, der dem Bewusstsein nicht direkt zugänglich ist. Das Unbewusste kann sich allerdings im Alltagsleben in Form von Fehlleistungen zeigen, beispielsweise im plötzlichen Vergessen unangenehmer Dinge oder in peinlichen Versprechern. Am deutlichsten wird die Macht des Unbewussten in Träumen, die für die Psychoanalyse Ausdruck unbewusster Wünsche und Ängste sind. So musste der Mensch durch die Psychoanalyse die narzisstische Kränkung erfahren, dass sein Leben von Kräften gesteuert wird, über die er selbst keinen Einfluss hat. Fast noch skandalöser aber war Freuds Betonung der infantilen Sexualität. Bis zum Anfang des 20. Jahrhunderts herrschte die Ansicht vor, dass Kinder asexuelle Wesen seien und sich der Geschlechtstrieb erst mit Beginn der Pubertät entwickle. Die Psychoanalyse entdeckte hingegen, dass nicht nur jedes Kind schon von der Geburt bis zum Erreichen der Pubertät verschiedene Phasen der Sexualität durchläuft, sondern dass diese Phasen und deren Bewältigung darüber hinaus auch von erheblicher Bedeutung für die Charakterentwicklung des Menschen sind.
Um das Revolutionäre der Psychoanalyse für die damalige Zeit zu veranschaulichen, bietet sich außerdem die Lektüre des Textes auf dem **Arbeitsblatt 32**, S. 144, an, in dem Freud selbst betont, dass seine Entdeckung des Unbewussten nach den Entdeckungen Kopernikus' (Widerlegung des geozentrischen Weltbilds) und Darwins (Mensch als Produkt der Evolution) die dritte narzisstische Kränkung des Menschen darstelle.
Nach der gemeinsamen Lektüre des Arbeitsblatts 32 kann das Unterrichtsgespräch durch folgende Frageimpulse geführt werden:

- *Welche drei Kränkungen des Menschen nennt Freud?*
- *Was meint er damit, dass der Mensch „nicht einmal Herr ist im eigenen Hause"?*
- *Warum bedeutet diese Einsicht eine narzisstische Kränkung des Menschen?*

Nachdem die Antworten der Schülerinnen und Schüler besprochen worden sind, können die Ergebnisse durch folgende Tafelanschrift gesichert werden:

Sigmund Freud (1856–1939)

- **Begründer der Psychoanalyse**: Wissenschaft und Therapieform
- **„Entdecker" des Unbewussten**: dem Bewusstsein nicht zugänglich, es zeigt sich allerdings im Alltag durch Fehlleistungen (Vergessen, Versprecher etc.)
- **Träume** als Ausdruck unbewusster Wünsche und Ängste → Träume als „via regia" (Königsweg) zum Unbewussten
- **Narzisstische Kränkung**: der Mensch ist nicht mehr „Herr im eigenen Haus", Leben und Denken sind beeinflusst von unbewussten Kräften
- Skandalöse Entdeckung der **infantilen Sexualität**: auch die Kindheit ist nicht „unschuldig"

➡ **Psychoanalyse bietet neue Perspektive auf menschliche Psyche, deckt deren verborgene, dunkle Seiten auf**

In einem nächsten Schritt kann eines der zentralen Konzepte der Psychoanalyse vorgestellt werden. Das bekannteste Persönlichkeitsmodell der Psychoanalyse ist das Instanzenmodell. Es geht davon aus, dass die menschliche Psyche in drei Instanzen – das Über-Ich, das Ich und das Es – untergliedert ist, die einerseits kooperieren, andererseits aber auch in Konflikt miteinander geraten können. Eine leicht verständliche Beschreibung dieses Modells findet sich auf dem **Arbeitsblatt 33**, S. 145.

Das Unterrichtsgespräch kann mit folgendem Auftrag eingeleitet werden:

- *Lesen Sie das Arbeitsblatt 33 und erarbeiten Sie die Grundbegriffe des psychoanalytischen Persönlichkeitsmodells. Versuchen Sie, die drei Instanzen Ich, Über-Ich und Es in einer Grafik so anzuordnen, dass ihre gegenseitigen Abhängigkeiten deutlich werden.*

Eine grafische Darstellung des Instanzenmodells könnte folgendermaßen ausschauen:[1]

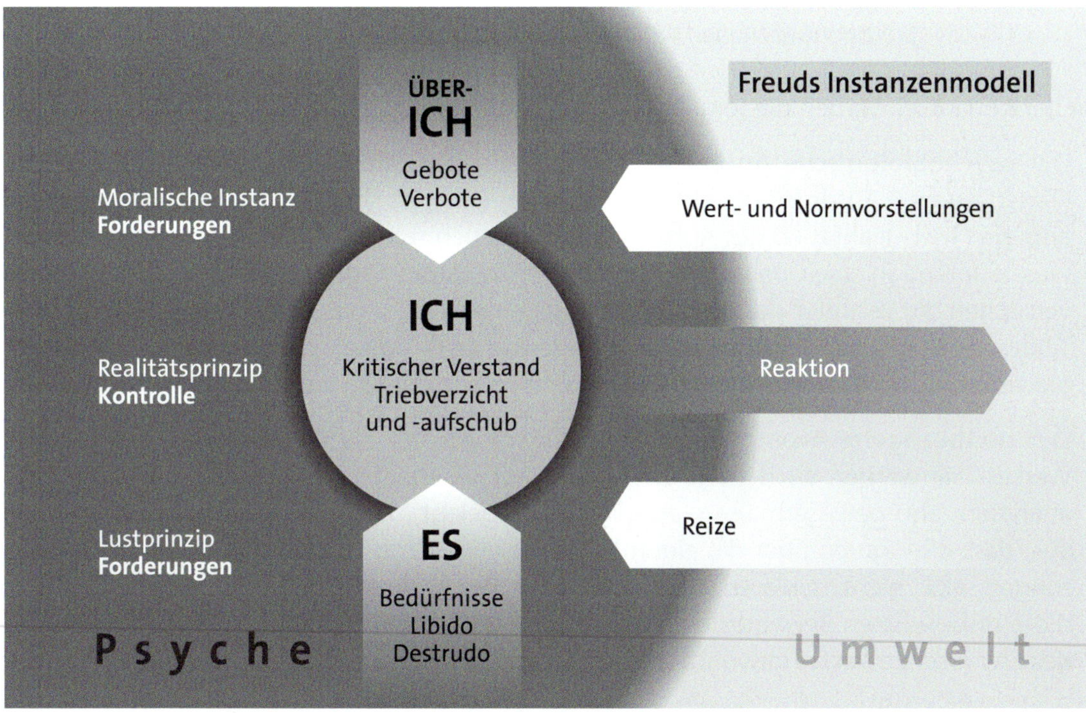

Um die jeweilige Funktion, aber auch das Zusammenspiel der drei psychischen Instanzen anschaulicher zu machen, könnte ein Rollenspiel durchgeführt werden, bei dem eine Gruppe der Lernenden die Perspektive des Über-Ichs, eine zweite jene des Ichs und eine dritte jene des Es' einnimmt. Aus der jeweiligen Interessensicht dieser einzelnen Instanzen heraus sollen die Gruppen nun über bestimmte Themen diskutieren. Eine Aufgabe kann beispielsweise folgendermaßen lauten:

- *Stellen Sie sich vor, Sie haben nächste Woche eine Klausur in Mathematik zu schreiben und müssten sich eigentlich in den nächsten Tagen intensiv darauf vorbereiten. Allerdings scheint gerade die Sonne und Sie würden viel lieber mit Freunden ein Eis essen gehen. Nehmen Sie die Rolle der zugeteilten psychischen Instanz ein und versuchen Sie, die anderen Instanzen davon zu überzeugen, Ihrem Willen zu folgen.*

Der Verlauf der Diskussion ist abzusehen: Das Über-Ich wird darauf pochen, sofort mit der Klausurvorbereitung zu beginnen – schließlich wird dieses Verhalten von der Schule und der Gesellschaft erwartet und womöglich durch eine gute Note honoriert. Dabei argumentiert es vernünftig, wenn nicht sogar ängstlich. Das Es hingegen wird die Strebsamkeit des Über-Ichs verhöhnen und darauf drängen, in die Sonne zu gehen und dem Wunsch nach Lustbefriedigung nachzugeben. In diesen Streit zwischen Über-Ich und Es wird sich immer wieder das Ich als vermittelnde Instanz einschalten und versuchen, einen Kompromiss zu finden,

[1] Aus: Wikipedia, Stichwort: „Psychoanalyse"

der etwa in dem Plan bestehen könnte, für ein paar Stunden nach draußen zu gehen, danach aber sogleich mit dem Lernen zu beginnen.
Im Anschluss daran und zur Vorbereitung auf die anschließende Interpretation des Dramas können die Schülerinnen und Schüler den Lexikonartikel auf dem **Arbeitsblatt 31**, S. 143, noch einmal hinsichtlich folgender Frage lesen:

- *Auf der Grundlage der Theorie Freuds hat sich längst eine psychoanalytische Literaturwissenschaft herausgebildet. Welche drei Ansätze werden im Lexikonartikel genannt? Inwiefern unterscheiden sich diese drei psychoanalytischen Interpretationsmethoden voneinander?*

Im Lexikonartikel werden die folgenden Ansätze genannt:

1. Der **psychobiologische Ansatz** geht davon aus, dass literarische Werke – ähnlich wie (Tag-)Träume – Ausdruck des Unbewussten des Dichters sind. In den Texten zeigen sich also die (Trieb-)Fantasien des Autors, über die er sich selbst nicht im Klaren ist. Seine bewusste Intention spielt bei dieser Art der Interpretation somit keine Rolle. Im Gegenteil versuchen die Vertreter des psychobiologischen Ansatzes, die „verborgenen Seiten" des Textes zu beschreiben, beispielsweise verdeckte (z. B. ödipale) Strukturen aufzudecken, die verwendete Metaphorik psychoanalytisch zu entschlüsseln etc.

2. Der **textbezogene Ansatz** richtet sein Augenmerk auf die Figuren eines literarischen Werkes. Sie werden als richtige Menschen mit eigenem Unbewussten aufgefasst und analysiert, also gewissermaßen ‚auf die Couch gelegt'. Dieser Ansatz geht somit davon aus, dass die Figuren über die eigentlichen Beweggründe ihrer Handlungen und Äußerungen selbst nicht im Klaren sind – erst durch die psychoanalytische Perspektive können diese unbewussten Beweggründe aufgedeckt werden, wodurch ein tieferes Verständnis des literarischen Textes gewonnen werden kann.

3. Der **rezeptionsbezogene Ansatz** erforscht die Wirkung der Lektüre eines literarischen Werkes auf den Leser, also den Rezipienten. Dessen Gefühle, die er während des Lesens entwickelt – seien es positive wie Vergnügen oder Lust, seien es negative wie Angst oder Traurigkeit –, versucht dieser Ansatz, durch eine tiefere Ebene, nämlich durch psychische Vorgänge im Unbewussten des Lesers, insbesondere durch sein unbewusstes Begehren, zu erklären.

Die Ergebnisse können durch folgendes Tafelbild gesichert werden:

1. **Psychobiologischer Ansatz:** Das literarische Werk wird als Symptom für die unbewussten Triebfantasien des Autors aufgefasst und vor diesem Hintergrund analysiert.

2. **Textbezogener Ansatz:** Die literarischen Figuren werden als reale Menschen mit unbewussten Triebregungen analysiert.

„Klassische" psychoanalytische Literaturwissenschaft

↓

3. **Rezipientenbezogener Ansatz:** Die Wirkung eines Textes auf seinen Leser wird analysiert und durch dessen unbewusstes Begehren zu erklären versucht.

Zur Veranschaulichung dieser drei Ansätze ist folgender schriftlicher Auftrag (auch in Form einer Hausaufgabe) denkbar:

- *Überlegen Sie sich für jeden der drei Ansätze der psychoanalytischen Literaturwissenschaft jeweils eine Fragestellung, der eine Interpretation des „Reigen" nachgehen könnte.*

Hier ein paar Beispiele für mögliche Fragestellungen (die von den Schülerinnen und Schülern selbstverständlich nicht beantwortet werden sollen; sie sollen vielmehr nur eine Ahnung von den vielfältigen Möglichkeiten psychoanalytischer Literaturwissenschaft vermitteln):

Psychobiologischer Ansatz:
- Welche Sexualsymbole (z. B. phallische Symbole) lassen sich im 1. Dialog finden und psychoanalytisch deuten?
- Was könnte die Konstruktion der verschiedenen Frauenfiguren und deren Verhaltsweisen im „Reigen" über die unbewussten Fantasien des Autors Arthur Schnitzler verraten?

Textbezogener Ansatz:
- Wie könnte man die unterschwellige Angst des jungen Herrn vor dem Ehemann (4. Dialog) aus psychoanalytischer Perspektive interpretieren?
- Wie ließen sich die anfänglichen Erektionsprobleme des jungen Herrn im gleichen Dialog vor psychoanalytischem Hintergrund erklären? Wodurch werden diese Probleme schließlich überwunden?

Rezipientenbezogener Ansatz:
- Was löst das Gespräch zwischen den Eheleuten, die sich gegenseitig heimlich betrügen, in der Psyche des Lesers aus?
- Welche (unbewusste) Wirkung könnten die Gedankenstriche in jeder Szene des Dramas auf den Leser haben?

5.2 Freuds Aufsatz „Über die allgemeinste Erniedrigung des Liebeslebens"

Für eine psychoanalytische Interpretation von Schnitzlers „Reigen" – insbesondere des Verhaltens der Figuren zueinander jeweils vor und nach dem Geschlechtsakt – bietet sich als Grundlagentext Freuds Aufsatz „Über die allgemeinste Erniedrigung des Liebeslebens" (1912) an. Zum besseren Verständnis dieses Aufsatzes sollen mit den Schülerinnen und Schülern zunächst die wichtigsten psychoanalytischen Thesen zur sexuellen Entwicklung jedes Menschen erarbeitet werden. Eine prägnante Zusammenfassung dieses Konzepts findet sich auf dem **Arbeitsblatt 34**, S. 146f.. Die Lernenden erhalten folgende Aufgaben:

- *Lesen Sie den Text über die Sexualentwicklung des Kindes und unterstreichen Sie die Kernthesen.*
- *Fassen Sie die einzelnen Phasen der Sexualentwicklung mit eigenen Worten knapp zusammen.*

Nach Beendigung des Auftrags tragen die Schülerinnen und Schüler im Rahmen eines Unterrichtsgesprächs ihre Ergebnisse vor, wobei mögliche Verständnisprobleme durch die Lehrkraft sogleich aufgegriffen und gemeinsam besprochen werden sollten. Auch kritische Einwände gegen psychoanalytische Thesen sollten nicht unterdrückt, sondern im Gegenteil offen diskutiert werden.

Alternativ oder zusätzlich zu diesem Auftrag kann das psychoanalytische Konzept der Sexualentwicklung auch im Rahmen eines Schülerreferats oder eines Lehrervortrags vorgestellt werden.[1] Dazu kann die zusammenfassende Übersicht über die einzelnen Phasen der infantilen Sexualität in Form einer Overhead-Folie gezeigt werden (siehe **Arbeitsblatt 35**, S. 148).
Nachdem die Schülerinnen und Schüler die Kernthesen der Sexualentwicklung aus der Sicht der Psychoanalyse kennengelernt haben, kann in einem nächsten Schritt Freuds Aufsatz „Über die allgemeinste Erniedrigung des Liebeslebens" herangezogen werden, der für eine Analyse von Schnitzlers „Reigen" besonders geeignet ist. Die für die Interpretation wichtigen Textpassagen dieses Aufsatzes finden sich auf dem **Arbeitsblatt 36**, S. 149f. Die Lernenden bilden kleinere Arbeitsgruppen und erhalten nach der Lektüre folgende schriftliche Aufgaben:

- *Beschreiben Sie, wie nach Freud die ideale Sexualentwicklung des Mannes abläuft. Gehen Sie dabei insbesondere auf die zwei entgegengesetzten Strömungen ein, die bei dieser Entwicklung eine entscheidende Rolle spielen.*
- *Wie sieht nach Freud die missglückte Sexualentwicklung des Mannes aus? Wie zeigt sich diese Entwicklung im Verhalten des Mannes?*

Im folgenden Unterrichtsgespräch tragen die einzelnen Gruppen ihre Ergebnisse vor. Für die nachfolgenden Textanalysen ist es nicht nötig, dass die Lernenden die mitunter komplizierte Argumentation Freuds bis ins Detail nachvollziehen können. Viel entscheidender ist ihr grundsätzliches Verständnis dafür, wie es dazu kommt, dass viele Männer ihr „Sexualobjekt", also die begehrte Frau, mehr oder weniger deutlich erniedrigen müssen, um sexuell leistungsfähig zu sein. Die Ursache hierfür sieht Freud in einer nicht ideal verlaufenden Sexualentwicklung beim Mann. Die ideale Sexualentwicklung, die nach Freud aufgrund unbewusster Faktoren in der Realität niemals hundertprozentig erreicht werden kann und daher lediglich einen idealtypischen Verlauf darstellt, lässt sich folgendermaßen zusammenfassen: Im Zentrum dieser Entwicklung stehen zwei unterschiedliche Strömungen, nämlich die zärtliche und die sinnliche. Die zärtliche Strömung bildet sich in den ersten Kindheitsjahren und fixiert sich beim Jungen zunächst auf die Mutter. Erst später entwickelt sich auch die sinnliche, „sexuell aufgeladene" Strömung, die sich zunächst ebenfalls auf die Mutter richtet. Allerdings wird zur gleichen Zeit im Unbewussten des Jungen die Inzestschranke aufgebaut, die ihm aufgrund der mit ihr verbundenen Kastrationsängste eine inzestuöse Bindung zur Mutter verbietet. Bei einer idealen Sexualentwicklung sucht sich der heranwachsende Mann schließlich eine andere Frau, um das Inzestverbot zu umgehen. In diesem Fall sind also die zärtliche und die sinnliche Strömung vereinigt. Der Mann kann seine Frau sowohl (zärtlich) lieben als auch (sexuell) begehren, ein erfülltes Sexualleben ist ihm möglich.
Diese ideale Sexualentwicklung des Mannes kann grafisch an der Tafel zusammengefasst werden:

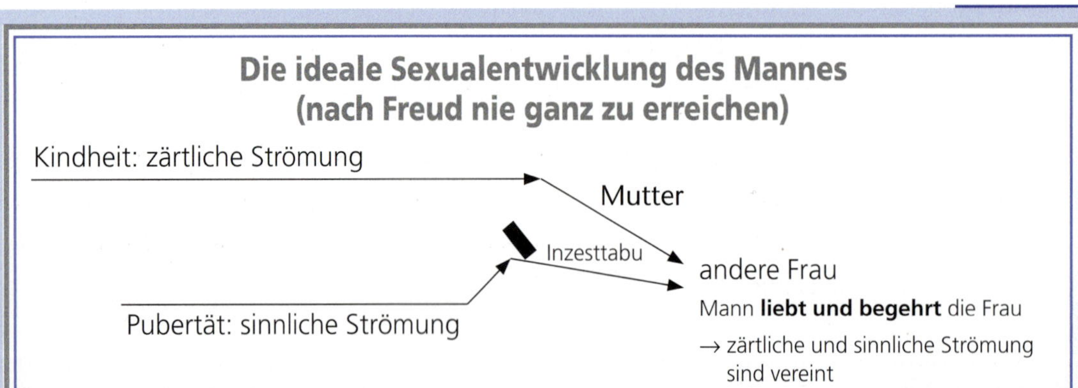

[1] Am ausführlichsten geht Freud in seinen „Drei Abhandlungen zur Sexualtheorie" auf die infantile Sexualität ein. (Sigmund Freud: Drei Abhandlungen zur Sexualtheorie. In: Ders.: Studienausgabe. Bd. 5. Sexualleben. 2., korrigierte Auflage. Frankfurt a. M. 1976, S. 37–145)

Nach Freud kommt es in der Realität (fast) nie zur gänzlichen Vereinigung der beiden gegensätzlichen Strömungen. Für ihn ist nahezu jeder Mann der westlichen Kultur – wenn auch unterschiedlich stark – von den Folgen einer missglückten Integration betroffen. Die Ursache hierfür sieht Freud im Unbewussten des Mannes. In mehr oder weniger deutlicher Weise hat sich die sinnliche Strömung während der Pubertät nicht von der Mutter lösen können, sondern blieb unbewusst auf diese fixiert. So werden alle Frauen, denen sich ein Mann sexuell nähert, unbewusst mit der eigenen Mutter assoziiert. Aufgrund der mit diesen inzestuösen Fantasien verbundenen Kastrationsängste wird er bei der Auslebung seines sexuellen Triebes gestört. Im extremsten Fall treten Erektionsprobleme auf, die der betreffende Mann aber durch die Erniedrigung der Frau überwinden kann. Durch diese Erniedrigung zieht er gleichsam eine strikte Grenze zwischen der zärtlichen und der sinnlichen Strömung und trennt dadurch die begehrte Frau von der Mutter. So können solche Männer nur die Frauen lieben, die sie nicht begehren, und jene Frauen begehren, die sie nicht lieben.
Auch die gestörte (aber „normale“) Sexualentwicklung sollte in einem Tafelbild zusammengefasst werden:

Die gestörte Sexualentwicklung des Mannes
(in gewissem Grad bei fast allen Männern zu finden)

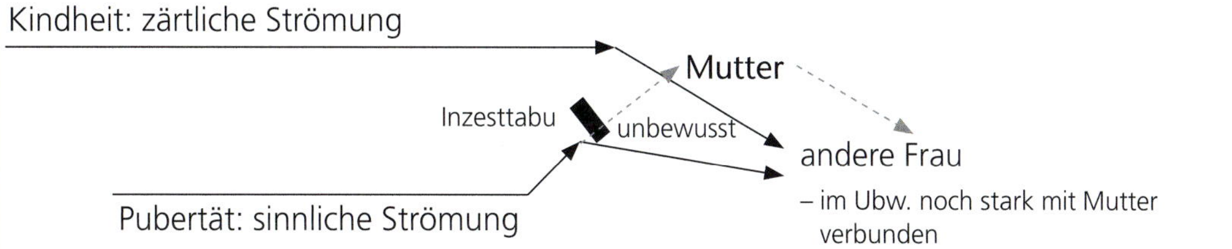

- im Ubw. noch stark mit Mutter verbunden
- Erektionsprobleme aufgrund unbewusster Inzestfantasien = Kastrationsängsten
- Frau muss erniedrigt werden, um von inzestuösen Fantasien abzulenken
- Mann kann Frau **entweder** lieben **oder** begehren

→ zärtliche und sinnliche Strömung sind getrennt

Nachdem die Lernenden diese Kerngedanken von Freuds Aufsatz verstanden haben, kann das Unterrichtsgespräch zu Schnitzlers „Reigen“ mit folgendem Frageimpuls übergeleitet werden:

- *Inwiefern ist Freuds Aufsatz für den „Reigen“ interessant? Welche Szenen des Stückes fallen Ihnen ein, in denen Freuds Thesen bestätigt werden?*

Es ist zu vermuten, dass die Schülerinnen und Schüler vor allem den 4. Dialog nennen, in dem ein Fall der psychischen Impotenz auftritt. Bei genauer Betrachtung aber spielt die Erniedrigung der Frau durch den Mann in fast jedem Dialog des „Reigen“ eine Rolle, wie mit den Schülerinnen und Schülern im folgenden Unterrichtsschritt zu erarbeiten sein wird.

5.3 Der „Reigen" aus psychoanalytischer Perspektive

In dieser Unterrichtseinheit soll Schnitzlers Drama vor dem Hintergrund von Freuds Aufsatz „Über die allgemeinste Erniedrigung des Liebeslebens" gelesen werden. Der Kurs wird dafür in fünf Gruppen aufgeteilt, die jeweils einen der ersten fünf Dialoge des „Reigen" genauer betrachten sollen.[1] Der Arbeitsauftrag kann folgendermaßen formuliert werden:

- *Lesen Sie den Ihrer Gruppe zugewiesenen Dialog aus Schnitzlers „Reigen" und analysieren Sie ihn vor dem Hintergrund von Freuds Aufsatz „Über die allgemeinste Erniedrigung des Liebeslebens". Achten Sie dabei insbesondere auf das Verhalten des Mannes gegenüber der Frau und auf das hierarchische Verhältnis zwischen den beiden. Tritt er ihr vor und nach dem Geschlechtsakt gleichberechtigt gegenüber oder erniedrigt er sie? Welche gesellschaftliche Position hat der Mann, welche die Frau? Unterstreichen Sie besonders aufschlussreiche Textstellen.*

Nach der Bearbeitungszeit werden die einzelnen Gruppenergebnisse in einem gemeinsamen Unterrichtsgespräch präsentiert, miteinander besprochen und durch weitere Informationen ergänzt.

1. Dialog: Die Dirne und der Soldat

Die Gruppe, die sich mit dem 1. Dialog beschäftigt hat, stellt ihre Ergebnisse vor. Folgende Aufgaben und Frageimpulse bieten sich während des darauf folgenden Unterrichtsgesprächs zur Weiterführung und Vertiefung an:

- *Welche der beiden Figuren hat die gesellschaftlich höhere Position? Woran erkennt man ihre soziale Position im Dialog?*
- *In welchen Sätzen des Soldaten wird seine Verachtung gegenüber der Dirne besonders deutlich?*
- *Inwiefern ist der Dialog besonders geeignet für die Illustration von Freuds Aufsatz?*

Es ist zu erarbeiten, dass die Dirne und der Soldat beide der Unterschicht angehören, ein hierarchischer Unterschied zwischen ihnen also kaum besteht. Im konkreten Dialog wird der niedrige Stand beider Figuren unter anderem auch dadurch deutlich, dass sie nur sehr wenige Worte brauchen, um zum Sexualakt zu gelangen – den sie dann auch gleich im Freien ausüben. Trotz ihres vergleichbaren Standes könnte man allerdings annehmen, dass sich der Soldat der Dirne aufgrund ihres tabuisierten Berufs moralisch überlegen fühlt, auch wenn die soziale Position eines einfachen Soldaten um 1900 kaum weniger angesehen war. Durch sein verächtliches Verhalten erzeugt er jedenfalls ein deutliches Gefälle zur Prostituierten. So entgegnet er ihrem anfänglichen Werben abweisend: „Ich hab keine Zeit" (S. 6, Z. 14) und herrscht sie kurz darauf an: „Lass mich in Ruh." (S. 6, Z. 26) Dennoch lässt er sich freilich auf eine intime Begegnung mit der Dirne ein, auch wenn sie für ihn lediglich ein austauschbares Objekt zur Triebabfuhr darstellt. Sein abweisendes Verhalten wird nach dem Geschlechtsakt noch deutlicher. So weigert er sich zunächst, der Dirne trotz Aufforderung seinen Namen zu nennen („Was interessiert dich denn das, wie ich heiß?", S. 9, Z. 28), spottet dann über ihren eigenen Namen: „Ha! – So an' Namen hab ich auch noch nie gehört" (S. 9, Z. 32), um schließlich, ohne der Frau auch nur ein bisschen Geld zu zahlen, das Weite zu suchen.

[1] Um Zeit zu sparen und Redundanzen zu vermeiden, ist zu empfehlen, dass nur fünf von zehn Dialogen analysiert werden. Aus Zeitgründen könnte im Plenum auch nur ein einzelner Dialog betrachtet werden, wobei sich hier insbesondere der 4. Dialog anböte, weil hier eine psychische Impotenz auftritt, wie sie auch Freud in seinem Aufsatz beschreibt.

Nach Freud stellt die Prostituierte im Unbewussten des Mannes gleichsam den Gegenpol zur Mutter dar: Während die Mutter rein und unschuldig erscheint und damit das ideale Ziel für die zärtliche Strömung darstellt, personifiziert die Prostituierte alles Verruchte und sexuell Tabuisierte und ist damit das prädestinierte Objekt für die sinnliche Strömung. Eine Vereinigung der beiden gegensätzlichen Strömungen wird im vorliegenden Dialog auch dadurch verhindert, dass der Soldat die Dirne verächtlich, ohne jeden Respekt behandelt und sie dadurch zum bloßen Sexualobjekt degradiert.
Die Ergebnisse dieses Unterrichtsschritts können stichpunktartig an der Tafel gesichert werden:

1. Dialog: Die Dirne und der Soldat

- Soldat und Dirne auf gleicher ges. Position, Unterschicht
- aber: Soldat abweisend gegenüber Dirne, daher überlegen → „Erniedrigung des Sexualobjekts"
- Frau als Dirne = Vereinigung sinnlicher und zärtlicher Strömungen so gut wie ausgeschlossen
- Sexualität als reine Triebbefriedigung

2. Dialog: Der Soldat und das Stubenmädchen

Nachdem die zuständige Arbeitsgruppe ihre Ergebnisse präsentiert hat, kann das Unterrichtsgespräch im Kurs weitergeführt werden. Hierfür sind beispielsweise folgende zusätzliche Aufgaben und Fragen möglich:

- *Suchen Sie Textpassagen, in denen zumindest eine subtile Verachtung des Soldaten gegenüber dem Dienstmädchen erkennbar wird.*
- *In welchen Sätzen wird besonders deutlich, dass es dem Soldaten nicht um zärtliche Liebe, sondern um Sexualität geht?*
- *Was erwartet wohl das Dienstmädchen von der Begegnung mit dem Soldaten? Sucht sie lediglich sinnliche Befriedigung oder mehr? Begründen Sie Ihre Meinung anhand von Textpassagen.*
- *Inwiefern unterscheidet sich das Verhalten des Soldaten gegenüber dem Stubenmädchen von seinem Verhalten gegenüber der Prostituierten im 1. Dialog? Wie erklären Sie sich diesen Unterschied?*

Im Gegensatz zum 1. Dialog zeigt der Soldat in der Phase des Werbens, also vor dem Geschlechtsakt, einen gewissen, wenn auch nur scheinbaren Respekt vor der Frau. Während er der Prostituierten im vorangegangenen Dialog von Beginn an verächtlich gegenübertrat, ist er dem Stubenmädchen im 2. Dialog zugewandt und umschmeichelt sie sogar mit Komplimenten („Also der Teufel soll mich holen, wenn eine heute beim Swoboda mollerter gewesen ist als Sie, Fräul'n Marie", S. 12, Z. 12f.). Obwohl auch das Stubenmädchen der Unterschicht angehört, verlangen die gesellschaftlichen Konventionen – im Gegensatz zur Prostituierten – ein Mindestmaß an (vorgetäuschtem) Interesse für die Frau als Persönlichkeit, nicht nur als bloßes Sexualobjekt. Der Mann muss zumindest den Schein wahren. Dass er dennoch die zärtliche und die sinnliche Strömung streng voneinander trennt, wird bereits vor dem Sexualakt erkennbar: So hat er beispielsweise den Namen der Frau vergessen, ver-

wechselt sie sogar mit einer anderen („Wie heißen S'? Kathie?", S. 11, Z. 16) und zeigt dadurch, dass es ihm bei seiner Annäherung an das Stubenmädchen letztlich nur um die reine Triebbefriedigung geht. Sexuelle Impotenz liegt ganz offensichtlich nicht vor – kommt es doch in dieser Szene sogar zweimal zum Sexualakt. Bezeichnenderweise entgegnet er zwischen den beiden Malen auf die Bemerkung der Frau, dass sie sein Gesicht nicht sehen könne: „Ah was – G'sicht ..." (S. 14, Z. 19), und betont damit die Austauschbarkeit seiner Sexualobjekte. Das Gesicht, das Individuelle eines Menschen, spielt für ihn keine wirkliche Rolle. Die abwertende Einstellung des Soldaten gegenüber der Frau wird insbesondere nach dem Intimverkehr deutlich. Nun hat er keinen Grund mehr, weiterhin Respekt und Interesse gegenüber dem Stubenmädchen zu heucheln, ist er doch an sein Ziel, die sexuelle Befriedigung, gelangt. Besonders plastisch wird seine Trennung zwischen sinnlicher und zärtlicher Strömung in seiner Antwort auf die Frage der Frau, ob er sie gern habe: „Na, das musst doch g'spürt haben, Fräul'n Marie, ha!" (S. 15, Z. 16) Zielt sie mit ihrer Frage auf persönliches Interesse – und scheint daher auch einer weiteren Bindung nicht abgeneigt –, so reduziert er die Begegnung auf reine Sexualität und Sinnlichkeit. Außerdem gibt er der Frau nur einen oberflächlichen Kuss, weigert sich kurz darauf, sie nach Hause zu begleiten, und tanzt schließlich mit einer anderen Frau: Mit seinem ganzen Verhalten zeigt er, dass ihm – im Gegensatz zum Stubenmädchen – an einer tieferen Beziehung nicht gelegen ist.
Ein zusammenfassendes Tafelbild kann folgendermaßen ausschauen:

2. Dialog: Der Soldat und das Stubenmädchen

- Soldat und Stubenmädchen auf gleicher ges. Position, Unterschicht
- aber: vor allem nach Sexualakt Soldat abweisend gegenüber Frau → „Erniedrigung des Sexualobjekts"
- Stubenmädchen strebt nach tieferer Bindung, Soldat nicht
- Trennung zwischen zärtl. und sinnl. Strömung v.a. deutlich im Satz: „Na, das musst doch g'spürt haben, Fräul'n Marie, ha!" (S. 15, Z. 16)

3. Dialog: Das Stubenmädchen und der junge Herr

Nach der Präsentation der Gruppenergebnisse soll gemeinsam erarbeitet werden, inwiefern auch dieser Dialog aus Freuds Perspektive interpretierbar ist. Folgende Frageimpulse sind hierfür denkbar:

- *In welchem sozialen Verhältnis stehen die beiden Figuren zueinander? Wer ist wem überlegen?*
- *Wertet der junge Herr das Stubenmädchen ab, und wenn ja, an welchen Stellen?*
- *Welche Hinweise gibt es neben den gesprochenen Sätzen noch, dass der junge Herr sich dem Stubenmädchen nach dem Sexualakt entzieht? Notieren Sie sich diese Hinweise.*

Die Lernenden haben sicherlich erkannt, dass in diesem Dialog im Gegensatz zu den beiden vorangehenden Dialogen zwischen den zwei auftretenden Figuren ein hierarchisches Verhältnis aufgrund der jeweiligen sozialen Position besteht: Der junge Herr stammt aus der Oberschicht, das Stubenmädchen aus der Unterschicht. Zwischen ihnen ist von Beginn an ein Abhängigkeitsverhältnis, das sich beispielsweise auch darin zeigt, dass der junge Herr das Stubenmädchen schlicht bei ihrem Vornamen ruft, das Stubenmädchen ihn aber mit

„junger Herr" und später mit „Herr Alfred" anspricht. Aufgrund dieses sozialen Abstandes hat es der Mann gar nicht mehr nötig, sein – mit Freud gesprochen – Sexualobjekt zu erniedrigen, und so gelangt er auch nach wenigen, etwas ungeschickten Annäherungsversuchen zum Ziel und verführt das Stubenmädchen.
Wie in den vorangegangenen Dialogen fällt auch in diesem Dialog auf, dass sich das Verhalten des Mannes gegenüber der Frau nach dem vollzogenen Akt merklich abkühlt. War ihm das Läuten an der Tür vor dem Beischlaf noch gleichgültig („Jetzt hören Sie schon einmal auf ... macht man höchstens nicht auf ...", S. 22, Z. 24), so herrscht er das Stubenmädchen danach barsch an: „Na, so schaun S' endlich nach – durchs Guckerl." (S. 22, Z. 33) Durch diese Anweisungen stellt er das einstige Abhängigkeitsverhältnis nach der kurzen Phase der Intimität sogleich wieder her. Noch deutlicher wird sein Stimmungswandel aber durch die Regieanweisungen dargestellt, durch die seine Distanz gegenüber Marie besonders plastisch wird. Es bietet sich an, die Regieanweisungen nach dem Geschlechtsakt in Form einer Gegenüberstellung an der Tafel zu zeigen, um die zunehmende Distanzierung des Mannes zu veranschaulichen:

Regieanweisungen (alle auf S. 23)

junger Herr		**Stubenmädchen**
öffnet rasch die Rouleaux		*erscheint wieder*
ist unangenehm berührt	⟷	*nähert sich ihm*
entzieht sich ihr		*zärtlich*
streng		
noch strenger		
Geht ins andere Zimmer		

➡ **junger Herr stellt nach Sexualakt ursprüngliche Distanz zum Stubenmädchen wieder her**

Die Ergebnisse des Unterrichtsgesprächs über den 3. Dialog können wie folgt an der Tafel zusammengefasst werden:

3. Dialog: Das Stubenmädchen und der junge Herr

- hierarchisches Verhältnis zwischen dem jungen Herrn und dem Stubenmädchen
- aufgrund der unterschiedl. soz. Positionen keine Erniedrigung „nötig", zärtl. und sinnl. Strömung getrennt
- nach Sexualakt zunehmende Distanzierung des Mannes von der Frau, insb. durch Regieanweisungen
- junger Herr will ursprüngliche Hierarchie wiederherstellen

4. Dialog: Der junge Herr und die junge Frau

Wieder soll das allgemeine Unterrichtsgespräch erst stattfinden, nachdem die betreffende Gruppe ihre Ergebnisse vorgestellt hat. Zur Motivation und Weiterführung bieten sich beispielsweise folgende Frageimpulse und Aufgaben an:

- *Welche soziale Position haben der junge Herr und die junge Frau? Besteht ein Rangunterschied zwischen ihnen?*
- *Lesen Sie noch einmal die ausführlichen Regieanweisungen zu Beginn des Dialogs. Was verraten Sie über die Einstellung des jungen Herrn gegenüber der jungen Frau? In welcher Stimmung ist er vor ihrem Eintreten?*
- *Wie tritt Alfred der jungen Frau gegenüber? Finden Sie Textstellen, in denen Emma von ihm erniedrigt wird?*
- *Welche Gefühle hat Alfred wohl gegenüber Emma? Was wünscht er sich von ihr?*
- *Inwiefern ist dieser Dialog vor dem Hintergrund von Freuds Aufsatz „Über die allgemeinste Erniedrigung des Liebeslebens" am interessantesten?*
- *Beschreiben Sie aus psychoanalytischer Perspektive, wie es zu den anfänglichen Erektionsproblemen des jungen Herrn kommt. Wie werden diese Probleme schließlich überwunden?*

Die Lernenden haben vermutlich erkannt, dass die beiden Figuren dieses Dialogs aus der gleichen sozialen Schicht, nämlich aus der bürgerlichen Oberschicht, kommen. Sie trennt also kein sozialer Rangunterschied. Im Gegensatz zu den vorangegangenen Dialogen tritt der Mann der Frau dennoch nicht mit Verachtung entgegen, um eine Distanz zu ihr herzustellen. Schon in den ausführlichen Regieanweisungen am Anfang wird deutlich, dass Alfred der jungen Frau im Gegenteil einige Wertschätzung entgegenbringt. Vor ihrem Kommen versprüht er Parfüm im Raum, eilt unruhig hin und her, scheint sichtlich nervös zu sein. Als Emma schließlich klingelt, erschrickt er sogar und „fährt leicht zusammen" (S. 25, Z. 3). Im nachfolgenden Gespräch zwischen den beiden wird deutlich, dass es Alfred keineswegs nur um die Befriedung seiner sexuellen Bedürfnisse geht. Hier sind die beiden Strömungen also zunächst nicht voneinander getrennt: Alfred tritt der begehrten Frau mit zärtlichen Absichten gegenüber. Er erniedrigt sie nicht, im Gegenteil, er betont, dass er sie gar „anbete" (S. 28, Z. 16). Doch genau dies ist der Grund dafür, dass er beim ersten Versuch, mit ihr zu schlafen, Erektionsprobleme hat. „Ich habe dich offenbar zu lieb" (S. 34, Z. 10), versucht er sein Versagen selbst zu erklären und liegt damit genau richtig. Unbewusst muss er – so ließe sich aus psychoanalytischer Perspektive interpretieren – bei der Begegnung mit der jungen Frau, der er so zärtlich gegenübertritt, an seine Mutter denken. Die mit solchen inzestuösen Fantasien verbundenen Kastrationsängste sorgen für eine kurzfristige Impotenz. Danach verwandelt sich das Verhalten der Frau: War sie zunächst zurückhaltend und passiv, so nimmt sie nun die Rolle der aktiven und frechen Verführerin ein – und verhilft dem Mann so, die sinnliche Strömung von der zärtlichen zu trennen. Nun kann er mit Emma schlafen, ohne von inzestuösen Fantasien gestört zu werden.
Wieder bietet es sich an, die Ergebnisse des Unterrichtsgesprächs in einem Tafelbild stichpunktartig zu sichern:

4. Dialog: Der junge Herr und die junge Frau

- gleiche soziale Stellung von Mann und Frau
- sinnliche und zärtliche Strömung treffen aufeinander
- junger Herr wertet Frau nicht ab → zunächst Erektionsprobleme
- danach Verhaltensänderung der Frau, wird frecher
- Trennung von zärtlicher und sinnlicher Strömung: Mann gewinnt seine Potenz wieder

5. Dialog: Die junge Frau und der Ehemann

Die entsprechende Arbeitsgruppe präsentiert zunächst wieder ihre Ergebnisse, bevor das Unterrichtsgespräch auf deren Grundlage fortgeführt wird. Denkbar sind dafür folgende Frageimpulse:

- *Wie unterscheidet sich die Beziehung zwischen den zwei Eheleuten von den Beziehungen der Figuren in den anderen Dialogen?*
- *Erniedrigt der Mann seine Gattin? Inwiefern besteht ein Hierarchiegefälle zwischen ihnen?*
- *Inwiefern gleichen sich die Ausführungen des Mannes mit den Thesen in Freuds Aufsatz?*

In dieser Szene wird der einzige gesellschaftlich legitime, da eheliche Geschlechtsakt im gesamten Stück vollzogen. Im Gegensatz zu den Paaren in den anderen Szenen sind die Eheleute seit fünf Jahren miteinander vertraut. Da der Ehemann seine Frau sowohl wertschätzt als auch begehrt, scheinen in ihm die zärtliche und die sinnliche Strömung vereint zu sein. Allerdings hat auch er seine Methoden, um die Sexualität mit seiner Gattin ungestört von inzestuösen Fantasien ausleben zu können. So behauptet er, „schon zehn oder zwölf Liebschaften" (S. 43, Z. 6f.) mit ihr gehabt zu haben. Um die „Heiligkeit" (S. 42, Z. 29) der Ehe zu bewahren, muss die Sexualität also gleichsam in die Zeiten dieser Affären ausgelagert werden. In den anderen Phasen leben die Eheleute „in guter Freundschaft miteinander" (S. 43, Z. 25f.), verzichten also auf jegliche Sinnlichkeit. Dass der Ehemann insgeheim die sinnliche von der zärtlichen Strömung trennt, zeigt sich auch in seiner strengen Unterscheidung zwischen den anständigen und den unanständigen Frauen, die er für „recht bedauernswerte Wesen" hält (S. 45, Z. 1f.). Er unterscheidet zwischen seiner eigenen Ehefrau, die sittlich rein ist, und den verkommenen Frauen, wie er sie in seiner Jugend kennenlernen musste: „Ihr, die ihr junge Mädchen aus guter Familie wart, die ruhig unter Obhut euerer Eltern auf den Ehrenmann warten konntet, der euch zur Ehe begehrt; – ihr kennt ja das Elend nicht, das die meisten von diesen armen Geschöpfen der Sünde in die Arme treibt." (S. 45, Z. 7–11) Gerade weil er eine strenge Grenze zwischen den unzüchtigen Frauen und seiner reinen, anständigen Gattin zieht, ist er peinlich berührt, als ihn diese darum bittet, von seinen früheren Erlebnissen zu berichten: Dies sei „geschmacklos" (S. 46, Z. 14), eine „Entweihung" (S. 46, Z. 15). Und nachdem seine Frau frech insistiert, antwortet er voller Empörung: „Du hast eine Art, zu reden ... denk doch, dass du Mutter bist ... dass unser Mäderl da drin liegt ..." (S. 46, Z. 25f.). An dieser Stelle wird am deutlichsten, dass auch der Ehegatte unbewusst die zärtliche von der sinnlichen Strömung trennt. Während er seine Gattin als Mutter seines Kindes sieht (was ihn natürlich unbewusst auch an seine eigene Mutter erinnert), ist es ihm nicht möglich, sie auch als sexuell begehrenswerte Frau zu betrachten.
Wieder bietet sich ein zusammenfassendes Tafelbild zur Ergebnissicherung an:

5. Dialog: Die junge Frau und der Ehemann

- im Mann zärtliche und sinnliche Strömung scheinbar vereint
- Trennung zeigt sich aber auch bei ihm:
  - Trennung des Ehelebens in „Liebschaften" und „gute Freundschaft"
  - strikte Trennung zwischen anständigen und unanständigen Frauen
  - sieht Gattin entweder als Mutter seines Kindes oder als sex. begehrte Frau

Die Analyse der ersten fünf Dialoge hat gezeigt, dass sich das Verhalten der jeweiligen Paare im „Reigen" tatsächlich aus psychoanalytischer Perspektive interpretieren lässt. Als Abschluss dieses Unterrichtsschritts ist eine rückblickende Diskussion sinnvoll, die durch folgenden Frageimpuls eingeleitet und geführt werden kann:

- *Blicken Sie kritisch auf die vergangene Unterrichtseinheit zurück. Inwiefern lesen Sie Schnitzlers „Reigen" im Kontext der Psychoanalyse nun anders? Ist Ihnen das Verhalten mancher Figuren nun verständlicher geworden?*

5.4 Freud und Schnitzler: Zwei Doppelgänger?

In diesem abschließenden Unterrichtsschritt richtet sich der Fokus auf die auffallenden Parallelen zwischen Schnitzlers und Freuds Werk, die auch durch die vorangegangene Textanalyse deutlich geworden sind. Die Lernenden sollen Antworten auf die Frage finden, wie es zu solchen Parallelen gekommen sein könnte, und ganz allgemein über das Verhältnis zwischen Literatur und Wissenschaft reflektieren.
Als Einstieg bietet sich die Lektüre von Freuds Brief an Schnitzler aus dem Jahr 1922 an (Textausgabe, S. 183–185):

- *Lesen Sie Freuds Brief an Schnitzler. Wie erklärt Freud, dass er sich in all den Jahren niemals persönlich an Schnitzler gewandt hat? Was meint er unter „Doppelgängerscheu"? Worin sieht er insbesondere die Parallelen zum Dichter?*

Freud hat den persönlichen Kontakt zu Schnitzler zuvor aus einer „Art von Doppelgängerscheu" gemieden. Im Werk des Dichters hat er offensichtlich so viele ähnliche Gedanken entdeckt, die auch sein eigenes Werk bestimmen, dass er die Distanz zum anderen wahren zu müssen glaubte. „Freud, der Entdecker der Psychoanalyse", konstatiert Lotte S. Couch, „sah also im literarisch-künstlerischen Werk Schnitzlers genau dieselben Mechanismen im Verhalten der Personen sich spiegeln, die er mit seinem wissenschaftlich orientierten Auge als die Antriebe menschlichen Verhaltens tagtäglich in seiner klinischen Praxis wahrnahm und in dem wissenschaftlichen System der Psychoanalyse geordnet und durchleuchtet hatte."[1] Die inhaltlichen Ähnlichkeiten beziehen sich auf zentrale Erkenntnisse über das unbewusste Seelenleben – etwa „die Triebnatur des Menschen" oder die „Polarität von Lieben und Sterben" –, für die in der damaligen Zeit eigentlich vor allem Freud bekannt war. Das Unterrichtsgespräch lässt sich durch folgenden Frageimpuls fortführen:

- *Freud hat in seinem Brief ausdrücklich auf die Parallelen zwischen seinem und Schnitzlers Werk hingewiesen, und auch wir haben in den vergangenen Textanalysen auffällige Parallelen zwischen Freuds Aufsatz und Schnitzlers Drama aufgedeckt. Wie könnte man solche Gemeinsamkeiten erklären?*

Die Antworten auf die Frage, wie es zu den auffälligen Ähnlichkeiten kam, können sehr unterschiedlich ausfallen. Voraussichtlich werden einige Lernende darauf hinweisen, dass sowohl Freud als auch Schnitzler in Wien um 1900 gelebt haben und ihre Biografien etliche Parallelen aufweisen – dass sie zu ähnlichen Gedanken in ihrem Werk gefunden haben, ist daher gar nicht so unwahrscheinlich. Zur Vertiefung dieses Erklärungsansatzes bietet sich die Lektüre des Textes von Michaela L. Perlmann an (Textausgabe, S. 182f.). Die Schülerinnen und Schüler erhalten folgenden Schreibauftrag:

[1] Lotte S. Couch: Der Reigen. Schnitzler und Sigmund Freud. In: Österreich in Geschichte und Literatur 16 (1972), S. 217–227; hier: S. 218

- *Welche (biografischen) Parallelen zwischen Freud und Schnitzler nennt die Autorin? Inwiefern gibt es auch in Freuds und Schnitzlers späterer Berufswahl noch Schnittpunkte?*

Nachdem die Antworten der Lernenden vorgelesen und miteinander besprochen worden sind, können die Ergebnisse an der Tafel gesichert werden:

Parallelen und Unterschiede der Biografien von Freud und Schnitzler

- aufgewachsen in Wien in der zweiten Hälfte des 19. Jahrhunderts
- gleicher kultureller Hintergrund
- gleiche konfessionelle Herkunft (Judentum)
- gutbürgerliches Elternhaus
- medizinische Ausbildung
- Ausbildung bei den gleichen Professoren
- zunächst ähnliche wissenschaftliche Interessen
- beide zunehmend skeptisch gegenüber Medizin

Freud wird Psychologe mit großem Interesse für Literatur und Kunst	Schnitzler wird Schriftsteller mit großem Interesse für Psychologie

Abgesehen von biografischen Parallelen und dem gleichen soziokulturellen Hintergrund der beiden Männer bietet sich aber noch eine andere Erklärung für die auffallenden Ähnlichkeiten ihrer Gedanken an. Dieser Erklärungsansatz geht davon aus, dass die unbewussten Seelenvorgänge, die Freud entdeckt und wissenschaftlich zu beschreiben versucht hat, für alle Menschen in jeder Epoche und Kultur gelten. Gerade Dichter, also meist überaus sensible Menschen, haben ein Gespür für das Unbewusste und außerdem das Talent, es literarisch darzustellen. So liegt es nahe, dass sie zu ganz ähnlichen Erkenntnissen gelangen wie Freud. Um die Lernenden an diese Perspektive heranzuführen, kann das **Arbeitsblatt 37**, S. 151, herangezogen werden, auf dem Textpassagen Freuds über die Dichter abgedruckt sind. Die Lernenden erhalten folgenden Auftrag:

- *Lesen Sie Freuds Beschreibungen der Dichter. Was meint Freud hier wohl mit „Bundesgenossen"? Welche Eigenschaften der Dichter stellt er heraus? Inwiefern ließe sich dieses Zitat auch als Erklärung für die festgestellten Parallelen im Werk Freuds und Schnitzlers anführen?*

Die Schülerinnen und Schüler werden vermutlich problemlos nachvollziehen können, dass gerade Dichter ein besonderes Gespür für unbewusste Vorgänge haben. Im Gegensatz zu den Psychoanalytikern, die das Unbewusste wissenschaftlich zu fassen versuchen, nähern sie sich den Seelenvorgängen aber meist intuitiv. Außerdem richtet der Psychoanalytiker sein Augenmerk insbesondere auf die Psyche eines anderen Menschen (z. B. des Analysanden), während der Dichter seine eigene Psyche zu erforschen versucht. So verbinden die Psychoanalytiker und die Dichter einerseits ihr besonderes Interesse und ihre große Sensibilität für unbewusste Seelenvorgänge, sie unterscheiden sich allerdings durch ihre Art der Auseinandersetzung mit diesen Vorgängen.

Dieses unterschiedliche Verhältnis zum Unbewussten kann an der Tafel folgendermaßen grafisch zusammengefasst werden:

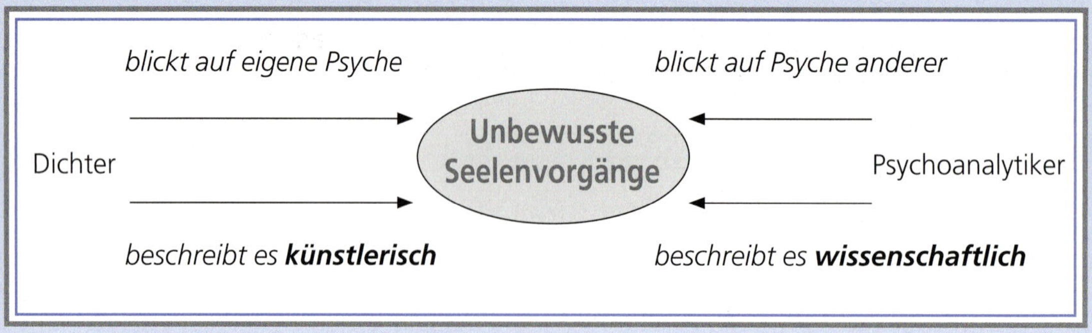

Wieder bietet sich eine allgemeine Abschlussdiskussion am Ende dieses Unterrichtsschritts an:

- *Was halten Sie generell von Freuds Theorie? Glauben Sie, dass literarische Werke aus ihrer Perspektive besser zu verstehen sind? Oder wird man ihnen damit nicht wirklich gerecht? Begründen Sie Ihre Meinung.*

Notizen

Sigmund Freud (Lexikonartikel)

Freud, Sigmund (1856–1939), Neurologe und Psychiater, Begründer der Psychoanalyse. – F., der von 1859 bis zu seiner erzwungenen Emigration 1938 in Wien lebte, nahm dort 1873 das Medizinstudium auf und spezialisierte sich auf Neuropathologie. 1885 wurde er zum Privatdozenten für Nervenkrankheiten ernannt. Im Rahmen einer Hypnosebehandlung von Anna O., einer Patientin des Arztes J. Breuer, entdeckte F. den für die Psychoanalyse konstitutiven Unterschied zwischen bewussten Prozessen und dem Unbewussten, d.h. demjenigen Teil des Seelenlebens, der sich nicht dem Realitätsprinzip beugt und an dem die Fantasie und damit auch ästhetische Kreativität ihren Ursprung hat. 1895 veröffentlichte F. seine *Studien über Hysterie*. Hier zeigt sich bereits die für die Psychoanalyse charakteristische Emphase[1] auf der prägenden Kraft kindlicher Sexualität bzw. des Lustprinzips. In den 1880er-Jahren entwickelte F. die Grundzüge der Psychoanalyse, die er in seiner *Traumdeutung* (1900) darlegte. In diesem Werk, das für die Übertragung psychoanalytischer Methoden auf literar. Texte grundlegend ist, macht F. die scheinbar chaotischen Traumproduktionen einer Deutung zugänglich, indem er sie als Ausdruck unbewusster Ängste und Wünsche interpretiert. Dieser latente[2], verborgene Trauminhalt erscheint im manifesten[3] Traumtext bruchstückhaft und verschoben in Form einer Bildersprache. Den Nachweis der Wirkungen des Unbewussten im Alltagsleben, etwa in Form von Fehlleistungen wie Vergessen, Versprechern und Druckfehlern, versuchte F. in der Studie *Zur Psychopathologie des Alltagslebens* (1904) zu erbringen. Erst mit *Drei Abhandlungen zur Sexualtheorie* und *Der Witz und seine Beziehung zum Unbewussten* (beide 1905) wurde die Psychoanalyse bekannt und gewann allmählich auch international Anhänger. F.s spätere Schriften demonstrieren die Verbindungen zwischen Psychoanalyse und Kulturtheorie. In *Totem und Tabu* (1913), einer psychologischen Deutung der Urgesellschaft, beschäftigt sich F. mit den Ursprüngen von Religion und Moral, in *Das Unbehagen in der Kultur* (1930) mit der Unterdrückung von Triebstrukturen zugunsten von Zivilisationsprozessen. – F.s Werk hatte großen Einfluss auf die moderne Kunst- und Lit.-theorie. F. hat selbst verschiedene psychoanalytische Interpretationen von Kunstwerken, insbes. von literar. Texten, vorgenommen. Das bekannteste Beispiel ist seine Deutung von Sophokles' *Oedipus Rex* und Shakespeares *Hamlet* in der *Traumdeutung*. Hier analysiert er die Art und Schwere der tragischen Katastrophe des Königs Ödipus sowie Hamlets Zögern bei der Rache für den Tod seines Vaters. Diese bis dahin lit.wissenschaftlich nicht erklärbaren Phänomene sowie die kathartische Wirkung (Katharsis) dieser Tragödien begründet er mit der Wirkkraft ödipaler[4] Fantasien. – Aus diesen Thesen leitete die „klassische" Psychoanalytische Lit.wissenschaft drei verschiedene Ansätze ab: (a) einen psychobiologischen Ansatz, in dem das Werk als Symptom für die unbewussten Triebfantasien des Autors gesehen wird, (b) einen textbezogenen Ansatz, in dem literar. Figuren einer Charakter(psycho)-analyse unterzogen werden, und (c) einen rezipientenbezogenen Ansatz, in dem das ästhetische Vergnügen mit der Freisetzung des universell, also auch beim Rezipienten[5] wirkenden unbewussten Begehrens erklärt wird. In dem lit.theoretischen Aufsatz „Der Dichter und das Fantasieren" (1908) bestimmt F. literar.-kulturelle Kreativität als die sozial akzeptierte Sublimierung[6] unbewusster Energien. Indem er literar. Texte mit Tagträumen gleichsetzt, werden die latenten Gehalte von Lit. mit den Methoden der psychoanalytischen Traumanalyse entschlüsselbar. [...]

Doris Feldmann: „Sigmund Freud". In: Ansgar Nünning (Hrsg.): Metzler Lexikon Literatur- und Kulturtheorie, S. 219–220

1 Emphase: Nachdruck (in Reden)
2 latent: vorhanden, aber noch nicht in Erscheinung tretend
3 manifest: offensichtlich, offenkundig, deutlich
4 ödipale Phase: Entwicklungsphase des Kindes
5 Rezipient: Leser, Hörer, Betrachter
6 Sublimierung: Erhöhung, Läuterung, Verfeinerung

- *Welche Entdeckungen Freuds werden im Lexikonartikel genannt? Was ist das Revolutionäre an der Psychoanalyse?*
- *Auf der Grundlage der Theorie Freuds hat sich längst eine psychoanalytische Literaturwissenschaft herausgebildet. Welche drei Ansätze werden im Lexikonartikel genannt?*

Sigmund Freud über die dritte narzisstische Kränkung des Menschen

Mit dieser Hervorhebung des Unbewussten im Seelenleben haben wir aber die bösesten Geister der Kritik gegen die Psychoanalyse aufgerufen. Wundern Sie sich darüber nicht und glauben Sie auch nicht, dass der Widerstand gegen uns nur an der begreiflichen Schwierigkeit des Unbewussten oder an der relativen Unzugänglichkeit der Erfahrungen gelegen ist, die es erweisen. Ich meine, er kommt von tiefer her. Zwei große Kränkungen ihrer naiven Eigenliebe hat die Menschheit im Laufe der Zeiten von der Wissenschaft erdulden müssen. Die erste, als sie erfuhr, dass unsere Erde nicht der Mittelpunkt des Weltalls ist, sondern ein winziges Teilchen eines in seiner Größe kaum vorstellbaren Weltsystems. Sie knüpft sich für uns an den Namen Kopernikus, obwohl schon die alexandrinische[1] Wissenschaft Ähnliches verkündet hatte. Die zweite dann, als die biologische Forschung das angebliche Schöpfungsvorrecht des Menschen zunichtemachte, ihn auf die Abstammung aus dem Tierreich und die Unvertilgbarkeit seiner animalischen Natur verwies. Diese Umwertung hat sich in unseren Tagen unter dem Einfluss von Ch. Darwin, Wallace und ihren Vorgängern nicht ohne das heftigste Sträuben der Zeitgenossen vollzogen. Die dritte und empfindlichste Kränkung aber soll die menschliche Größensucht durch die heutige psychologische Forschung erfahren, welche dem Ich nachweisen will, dass es nicht einmal Herr ist im eigenen Hause, sondern auf kärgliche Nachrichten angewiesen bleibt von dem, was unbewusst in seinem Seelenleben vorgeht. Auch diese Mahnung zur Einkehr haben wir Psychoanalytiker nicht zuerst und nicht als die einzigen vorgetragen, aber es scheint uns beschieden, sie am eindringlichsten zu vertreten und durch Erfahrungsmaterial, das jedem Einzelnen nahegeht, zu erhärten. Daher die allgemeine Auflehnung gegen unsere Wissenschaft, die Versäumnis aller Rücksichten akademischer Urbanität[2] und die Entfesselung der Opposition von allen Zügeln unparteiischer Logik.

Aus: Sigmund Freud: Vorlesungen zur Einführung in die Psychoanalyse. Studienausgabe. Bd. 1. Frankfurt a. M.: Fischer 1969, S. 283 f.

[1] Alexandria: Stadt in Ägypten

[2] Urbanität: weltmännische Art, städtische Atmosphäre

- *Welche drei Kränkungen des Menschen nennt Freud?*
- *Was meint er damit, dass der Mensch „nicht einmal Herr ist im eigenen Hause"?*
- *Warum bedeutet diese Einsicht eine narzisstische Kränkung des Menschen?*

Timotheus Schwake: Drei psychische Instanzen

Zentrales Element der Theorie Freuds ist sein Strukturmodell der psychischen Persönlichkeit. Vereinfacht dargestellt geht Freud von drei wesentlichen Instanzen aus, welche die Persönlichkeit prägen. Es handelt sich dabei um Triebe (ES), die bewusste Persönlichkeit (ICH) sowie das Gewissen (ÜBER-ICH).
Das nach dem Lustprinzip funktionierende ES versteht Freud als angeboren, es ist das früheste psychische System. Vereinfacht gesagt ist es das menschliche Unbewusste, welches bei Freud v.a. aus Sexualtrieb sowie aus verdrängten Erlebnissen, Wahrnehmungen und Wünschen besteht. Insbesondere die triebhaften Wünsche werden aufgrund ihres anstößigen Charakters oder der von ihnen ausgehenden Bedrohung verdrängt. Neben dem Sexualtrieb (Eros) wird das ES von Todes- und Gewalttrieben (Thanatos) beherrscht. Wesentlich ist, dass das ES als Sitz des Trieblebens der unbewusste Teil der Seele ist.
Die vom unbewussten ES geäußerten Triebwünsche können in einer Kultur nicht realisiert, sondern müssen unterdrückt werden. Dieser Prozess wird durch das sog. ÜBER-ICH hervorgerufen, welches im Laufe der kindlichen Entwicklung als ein Gegenpart zum ES entsteht. Gesellschaftliche, anerzogene und verinnerlichte (meist elterliche) Normen und Forderungen führen zu einer Zensur der Triebwünsche durch das ÜBER-ICH. Als das Gewissen des Menschen spricht es Verbote, moralische Gesetze und Tabus aus, ohne die eine Kultur niemals dauerhaft existieren könnte, zu zerstörerisch wären die unzensierten Einflüsse des ES.
Mit der Kategorie des ICH meint Freud die bewusste Persönlichkeit, den Führer durch die Realität. Als Kontaktstelle zur Außenwelt, die nach dem Realitätsprinzip funktioniert, ist es Aufgabe des ICH, zwischen ES, ÜBER-ICH und der Außenwelt zu vermitteln. Dabei befindet es sich dauerhaft im Konflikt mit den Ansprüchen des ES, den Befehlen des ÜBER-ICHs als auch den Forderungen der Realität. Infolgedessen muss sich das ICH verändern bzw. anpassen. Anders, als es das Menschenbild der Aufklärung suggeriert, ist für Freud die Autonomie des ICH nur relativ, es gibt kaum eine Willensfreiheit. Denn indem es versucht, die triebhaften Wünsche des ES und die Ge- und Verbote des ÜBER-ICHs an die Außenwelt anzupassen und mit den tatsächlichen Lebensmöglichkeiten in Einklang zu bringen, ist es selbst stetig der Gefahr eines neurotischen Konflikts ausgesetzt. Ob man eine normale oder aber eine neurotisch-gestörte Persönlichkeit ausbildet, ist für Freud von der Art und Weise abhängig, wie erfolgreich das ICH diesen Kampf oder Balanceakt meistert.
Freud führt viele psychische Störungen auf eine sexualitätsfeindliche Erziehung in der frühen Kindheit zurück. Aufgrund der Macht des ÜBER-ICHs drücken sich diese Störungen häufig in Träumen aus. Tagsüber bei vollem Bewusstsein kann das ÜBER-ICH seine Aufsichtsrolle gut erfüllen. In der Nacht jedoch versuchen die triebhaften, aufgestauten Wünsche des ES ins Bewusstsein zu dringen. Dies geschieht über den Traum. Durch ihn erfüllen sich die bisher negierten Triebwünsche, allerdings findet auch hier noch eine Zensur durch das ÜBER-ICH statt. Durch Symbole, Verschiebung oder Entstellung achtet der Traum als „Hüter des Schlafs" darauf, dass der Schläfer nicht zu sehr erschreckt wird. Eine Heilung des neurotischen Menschen kann für Freud nur durch die Bewusstmachung der verdrängten Wünsche erzielt werden. Zugleich muss es durch kulturelle Ersatzleistungen möglich sein, die destruktiven Wünsche in produktives Gestalten umzuwandeln. Für Freud kann das z.B. die Kunst sein.

Aus: Timotheus Schwake: Unterrichtsmodell zu E.T.A. Hoffmann: Der Sandmann. EinFach Deutsch. Hg. von Johannes Diekhans. Paderborn: Schöningh Verlag 2006, S. 62

- *Erarbeiten Sie die Grundbegriffe des psychoanalytischen Persönlichkeitsmodells.*
- *Versuchen Sie, die drei Instanzen Ich, Über-Ich und Es in einer Grafik so anzuordnen, dass ihre gegenseitigen Abhängigkeiten deutlich werden.*

Die Sexualentwicklung des Kindes nach Sigmund Freud

Für Sigmund Freud ist die angebliche Asexualität des Kindes ein realitätsfernes Ideal und ein folgenschwerer Irrtum. Bereits in seinen 1905 erschienenen „Drei Abhandlungen zur Sexualtheorie" vertritt er die Auffassung von der sexuellen Triebhaftigkeit des Kleinkindes. Er geht davon aus, dass bereits Kinder eine sexuelle Entwicklung gemäß einer feststehenden Abfolge von einzelnen Phasen durchlaufen. Dieser Verlauf im ersten Lebensjahrzehnt des Menschen ist nach Freud entscheidend für seine spätere sexuelle Einstellung, aber auch generell für seine Persönlichkeitsstruktur im Erwachsenenalter.

Jede Phase der psychosexuellen Entwicklung ist nach Freud durch das Vorherrschen bestimmter erogener Zonen gekennzeichnet, die Freud als *Lustzentren* bezeichnete.

Die *orale Phase* (von lat. os, oris: der Mund) ist die erste Äußerung der kindlichen Sexualität. Sie findet im Säuglings- und Kleinkindsalter statt und dauert etwa bis zum zweiten Lebensjahr. Sie stellt die primitivste Stufe der psychosexuellen Entwicklung dar, in welcher der Mund als primäre Quelle der Befriedigung dient, z.B. durch Nuckeln und Saugen. Nach Ende der oralen Phase lösen andere erogene Zonen den Mund als vorherrschendes Lustzentrum ab; der Mensch behält aber die Fähigkeit zum oralen Lustgewinn, wie beispielsweise bei der Berührung seiner Lippen mit den Lippen des Partners als erotischer Reiz beim Kuss.

In der *analen Phase* (von lat. Anus), die sich etwa vom zweiten bis zum dritten Lebensjahr vollzieht, erlangt das Kind zuerst durch das Ausscheiden von Exkrementen (Defäkation) und anschließend durch deren Zurückhaltung Befriedigung. Abhängig von kulturellen Normen können äußere Anforderungen in Konflikt zu diesen Bedürfnissen stehen, wodurch die Freude, die das Kind an dieser Stimulationszone empfindet, reguliert und unterdrückt wird. Diese Phase trägt zur Reinlichkeitserziehung, zum Erlernen des sozialen Miteinanders, zur Konfliktfähigkeit und zur späteren Über-Ich-Entwicklung bei. Nach Freud kann das Kind in der *analen Phase* in Konflikte geraten, je nachdem, wie von den Erziehern mit der Sauberkeitserziehung umgegangen wird. Ungelöste Probleme können unter Umständen zur Herausbildung eines sogenannten „analen Charakters" führen, der durch Geiz, Pedanterie und übertriebenen Ordnungssinn gekennzeichnet sei.

In der *phallischen oder ödipalen Phase* (von. griech. phallos: das männliche Glied), die etwa vom dritten bis zum fünften Lebensjahr dauert, richtet sich der Großteil der Aufmerksamkeit auf die Erforschung des eigenen Körpers sowie das Anfassen und Stimulieren des Penis oder der Klitoris. Die Triebwünsche in dieser Phase äußern sich in der Regel im Begehren des gegengeschlechtlichen Elternteils. Aus diesem Begehren ergibt sich ein Konflikt, den Freud „Ödipuskonflikt" genannt hat – nach der Figur des Ödipus aus der gleichnamigen Tragödie von Sophokles. Das Kind identifiziert sich mit dem gleichgeschlechtlichen Elternteil, was zum Erwerb der jeweiligen Geschlechterrolle führt. Bei einem ungünstigen Verlauf der Entwicklung kann dieser Konflikt bestehen bleiben, was in der psychoanalytischen Literatur häufig Ödipus-Komplex genannt wird. Dies ist der Fall, wenn sich ein Kind bzw. der erwachsene Mensch von dem geliebten Elternteil nicht loslösen kann. Mögliche Folgen eines nicht überwundenen Ödipus-Konfliktes sind Nichtbejahung der eigenen Geschlechterrolle, Identifizierung mit dem anderen Geschlecht oder Liebesunfähigkeit.

Vom fünften bis zum elften Lebensjahr erfolgt in der *Latenzperiode* (von lat. latere: verborgen sein) die Befriedigung durch das Erlangen von Fähigkeiten und der Erkundung der Umwelt. Das Kind wird fähig, auf Lustbefriedigung zu verzichten, sie auf einen anderen Zeitpunkt zu verschieben oder in andere Energie, wie zum Beispiel in sachliches Interesse, umzusetzen (Sublimierung). Kulturelle Werte werden von Vorbildern übernommen (Lehrer, Nachbarn, Bekannte, Klubleiter, Trainer) und kognitive Fähigkeiten erworben. Die Schule und das Spielen mit Geschlechtsgenossen nehmen an Bedeutung zu, während die Sexualität verdrängt wird. Sexuelle Energie wird zwar produziert, jedoch in soziale Beziehungen und in den Aufbau einer Abwehr gegen die Sexualität kanalisiert.

Die *genitale Phase* (von lat. gens, gentis: das Geschlecht) tritt etwa ab dem zwölften Lebensjahr ein. Mit Beginn der Vorpubertät erwacht die Sexualität unter dem Einfluss der Sexualhormone zu neuer Macht. Allerdings tritt sie in eine weitere

Funktion: Sie dient nicht mehr nur der Lustbefriedigung, sondern auch der Fortpflanzung. War das Interesse des Kindes in den frühkindlichen Phasen noch mehr oder weniger selbstbezogen und das Sexualobjekt in der Familie zu suchen, so werden jetzt Sexualpartner außerhalb der Familie gewählt (Exogamie). Sexualität tritt in den Dienst der zwischenmenschlichen Partnerschaft. Damit ist sie nicht mehr nur eine Funktion, die man für etwas einsetzen kann – zur Lustbefriedigung oder Kinderzeugung –, sondern eine wichtige Form sozialer Interaktion und Kommunikation.

■ *Fassen Sie die einzelnen Phasen der Sexualentwicklung mit eigenen Worten knapp zusammen.*

Zusammenfassung: Sexualentwicklung des Kindes nach Freud

orale Phase (1.–2. Lebensjahr)	Primitivste Stufe der psychosexuellen Entwicklung; Mund ist primäre Quelle der Lustbefriedigung (Baby an der Mutterbrust); Entwicklung eines Urvertrauens in die Welt
anale Phase (ca. 2.–3. Lebensjahr)	Lustbefriedigung durch Ausscheiden und Zurückhalten der Exkremente; Phase der Reinlichkeitserziehung; Kind lernt soziales Miteinander.
phallische/ödipale Phase (ca. 3.–5. Lebensjahr)	Das eigene Geschlechtsteil wird als Quelle der sexuellen Lust entdeckt; die Triebwünsche richten sich nun auf den gegengeschlechtlichen Elternteil (Sohn begehrt Mutter; Tochter begehrt Vater); dieses Begehren bringt das Kind in den Konflikt mit dem anderen Elternteil; der Sohn hat Angst vor der Kastration durch den Vater; sein Begehren der Mutter wird ins Unbewusste verdrängt.
Latenzzeit (ca. 5.–11. Lebensjahr)	Weitgehender Verzicht auf sexuelle Lustbefriedigung; sexuelle Regungen werden verdrängt; Befriedigung der Lust nun durch Erlangen von Fähigkeiten und der Erkundung der Umwelt; Sexualtrieb kann nun umgeleitet und sublimiert werden; Spiel mit Geschlechtsgenossen nimmt an Bedeutung zu.
genitale Phase (ab ca. dem 12. Lebensjahr)	Mit Beginn der Vorpubertät erwacht die Sexualität unter dem Einfluss der Geschlechtshormone zu neuer Macht; das verinnerlichte Inzestverbot zwingt den Heranreifenden, Sexualobjekte außerhalb der eigenen Familie zu suchen; Neurotikern ist die Überwindung des Ödipuskonflikts in der Kindheit nicht gelungen, ihr unbewusstes Begehren ist noch immer auf das einstige Objekt ihrer Wahl, bei Jungen auf die Mutter, gerichtet; sie geraten erneut in einen Ödipuskomplex; da sie sich dieses Konflikts (der mit immensen Kastrationsängsten verbunden ist) nicht bewusst sind, entstehen neurotische Leiden, etwa Persönlichkeitsstörungen und Unsicherheiten über die eigene sexuelle Identität.

Sigmund Freud: Über die allgemeinste Erniedrigung des Liebeslebens

Wenn der psychoanalytische Praktiker sich fragt, wegen welches Leidens er am häufigsten um Hilfe angegangen wird, so muss er – absehend von der vielgestaltigen Angst – antworten: wegen psychischer Impotenz. Diese sonderbare Störung betrifft Männer von stark libidinösem[1] Wesen und äußert sich darin, dass die Exekutivorgane der Sexualität die Ausführung des geschlechtlichen Aktes verweigern, obwohl sie sich vorher und nachher als intakt und leistungsfähig erweisen können und obwohl eine starke psychische Geneigtheit zur Ausführung des Aktes besteht. [...]

Unterzieht man Fälle von greller psychischer Impotenz einem eindringlichen Studium mittels der Psychoanalyse, so gewinnt man folgende Auskunft über die dabei wirksamen psychosexuellen Vorgänge. Die Grundlage des Leidens ist hier wiederum – wie sehr wahrscheinlich bei allen neurotischen Störungen – eine Hemmung in der Entwicklungsgeschichte der Libido bis zu ihrer normal zu nennenden Endgestaltung. Es sind hier zwei Strömungen nicht zusammengetroffen, deren Vereinigung erst ein völlig normales Liebesverhalten sichert, zwei Strömungen, die wir als die *zärtliche* und die *sinnliche* voneinander unterscheiden können.

Von diesen beiden Strömungen ist die zärtliche die ältere. Sie stammt aus den frühesten Kinderjahren, hat sich aufgrund der Interessen des Selbsterhaltungstriebes gebildet und richtet sich auf die Personen der Familie und die Vollzieher der Kinderpflege. Sie hat von Anfang an Beiträge von den Sexualtrieben, Komponenten von erotischem Interesse mitgenommen, die schon in der Kindheit mehr oder minder deutlich sind, beim Neurotiker in allen Fällen durch die spätere Psychoanalyse aufgedeckt werden. Sie entspricht der *primären kindlichen Objektwahl.* [...]

Diese zärtlichen Fixierungen des Kindes setzen sich durch die Kindheit fort und nehmen immer wieder Erotik mit sich, welche dadurch von ihren sexuellen Zielen abgelenkt wird. Im Lebensalter der Pubertät tritt nun die mächtige Strömung hinzu, die ihre Ziele nicht mehr verkennt. Sie versäumt es anscheinend niemals, die früheren Wege zu gehen und nun mit weit stärkeren Libidobeträgen die Objekte der primären infantilen Wahl zu besetzen. Aber da sie dort auf die unterdessen aufgerichteten Hindernisse der Inzestschranke stößt, wird sie das Bestreben äußern, von diesen real ungeeigneten Objekten möglichst bald den Übergang zu anderen, fremden Objekten zu finden, mit denen sich ein reales Sexualleben durchführen lässt. Diese fremden Objekte werden immer noch nach dem Vorbild der infantilen gewählt werden, aber sie werden mit der Zeit die Zärtlichkeit an sich ziehen, die an die früheren gekettet war. Der Mann wird Vater und Mutter verlassen – nach der biblischen Vorschrift – und seinem Weibe nachgehen, Zärtlichkeit und Sinnlichkeit sind dann beisammen. Die höchsten Grade von sinnlicher Verliebtheit werden die höchste psychische Wertschätzung mit sich bringen. (Die normale Überschätzung des Sexualobjekts vonseiten des Mannes.)

Für das Misslingen dieses Fortschrittes im Entwicklungsgang der Libido werden zwei Momente maßgebend sein. Erstens das Maß von *realer Versagung,* welches sich der neuen Objektwahl entgegensetzen und sie für das Individuum entwerten wird. Es hat ja keinen Sinn, sich der Objektwahl zuzuwenden, wenn man überhaupt nicht wählen darf oder keine Aussicht hat, etwas Ordentliches wählen zu können. Zweitens das Maß der *Anziehung,* welches die zu verlassenden infantilen Objekte äußern können und das proportional ist der erotischen Besetzung, die ihnen noch in der Kindheit zuteilwurde. Sind diese beiden Faktoren stark genug, so tritt der allgemeine Mechanismus der Neurosenbildung in Wirksamkeit. Die Libido wendet sich von der Realität ab, wird von der Fantasietätigkeit aufgenommen (Introversion), verstärkt die Bilder der ersten Sexualobjekte, fixiert sich an dieselben. Das Inzesthindernis nötigt aber die diesen Objekten zugewendete Libido, im Unbewussten zu verbleiben. Die Betätigung der jetzt dem Unbewussten angehörigen sinnlichen Strömung in onanistischen[2] Akten tut das Ihrige dazu, um diese Fixierung zu verstärken. Es ändert nichts an diesem Sachverhalt, wenn der Fortschritt nun in der Fantasie vollzogen wird, der in der Realität missglückt ist, wenn in den zur onanistischen Befriedigung führenden Fantasiesituationen die ursprünglichen Sexualobjekte durch fremde ersetzt werden. Die Fantasien werden durch diesen Ersatz bewusstseinsfähig, an der realen Unterbringung der Libido wird ein Fortschritt nicht vollzogen.

Es kann auf diese Weise geschehen, dass die ganze Sinnlichkeit eines jungen Menschen im Unbewussten an inzestuöse Objekte gebunden oder, wie wir auch sagen können, an unbewusste inzestuöse Fantasien fixiert wird. Das Ergebnis ist dann eine absolute Impotenz, die etwa noch durch die gleichzeitig

1 libidinös: auf die Libido bezogen, die sexuelle Lust betreffend

2 onanistisch: die Onanie, sexuelle Selbstbefriedigung betreffend

erworbene wirkliche Schwächung der den Sexualakt ausführenden Organe versichert wird.

Für das Zustandekommen der eigentlich sogenannten psychischen Impotenz werden mildere Bedingungen erfordert. Die sinnliche Strömung darf nicht in ihrem ganzen Betrag dem Schicksal verfallen, sich hinter der zärtlichen verbergen zu müssen, sie muss stark oder ungehemmt genug geblieben sein, um sich zum Teil den Ausweg in die Realität zu erzwingen. Die Sexualbetätigung solcher Personen lässt aber an den deutlichsten Anzeichen erkennen, dass nicht die volle psychische Triebkraft hinter ihr steht. Sie ist launenhaft, leicht zu stören, oft in der Ausführung inkorrekt, wenig genussreich. Vor allem aber muss sie der zärtlichen Strömung ausweichen. Es ist also eine Beschränkung in der Objektwahl hergestellt worden. Die aktiv gebliebene sinnliche Strömung sucht nur nach Objekten, die nicht an die ihr verpönten inzestuösen Personen mahnen; wenn von einer Person ein Eindruck ausgeht, der zu hoher psychischer Wertschätzung führen könnte, so läuft er nicht in Erregung der Sinnlichkeit, sondern in erotisch unwirksame Zärtlichkeit aus. Das Liebesleben solcher Menschen bleibt in die zwei Richtungen gespalten, die von der Kunst als himmlische und irdische (oder tierische) Liebe personifiziert werden. Wo sie lieben, begehren sie nicht, und wo sie begehren, können sie nicht lieben. [...]

Das Hauptschutzmittel gegen solche Störung, dessen sich der Mensch in dieser Liebesspaltung bedient, besteht in der psychischen *Erniedrigung* des Sexualobjektes, während die dem Sexualobjekt normalerweise zustehende Überschätzung dem inzestuösen Objekt und dessen Vertretungen reserviert wird. Sowie die Bedingung der Erniedrigung erfüllt ist, kann sich die Sinnlichkeit frei äußern, bedeutende sexuelle Leistungen und hohe Lust entwickeln. [...]

Wenn wir aber nicht nach einer Erweiterung des Begriffes der psychischen Impotenz, sondern nach den Abschattungen ihrer Symptomatologie ausschauen, dann können wir uns der Einsicht nicht verschließen, dass das Liebesverhalten des Mannes in unserer heutigen Kulturwelt überhaupt den Typus der psychischen Impotenz an sich trägt. Die zärtliche und die sinnliche Strömung sind bei den wenigsten unter den Gebildeten gehörig miteinander verschmolzen; fast immer fühlt sich der Mann in seiner sexuellen Betätigung durch den Respekt vor dem Weibe beengt und entwickelt seine volle Potenz erst, wenn er ein erniedrigtes Sexualobjekt vor sich hat, was wiederum durch den Umstand mitbegründet ist, dass in seine Sexualziele perverse Komponenten eingehen, die er am geachteten Weibe zu befriedigen sich nicht getraut. Einen vollen sexuellen Genuss gewährt es ihm nur, wenn er sich ohne Rücksicht der Befriedigung hingeben darf, was er zum Beispiel bei seinem gesitteten Weibe nicht wagt. Daher rührt dann sein Bedürfnis nach einem erniedrigten Sexualobjekt, einem Weibe, das ethisch minderwertig ist, dem er ästhetische Bedenken nicht zuzutrauen braucht, das ihn nicht in seinen anderen Lebensbeziehungen kennt und beurteilen kann. [...]

Aus: Sigmund Freud: Über die allgemeinste Erniedrigung des Liebeslebens. In: ders.: Studienausgabe. Band 5. Sexualleben. 2., korrigierte Auflage, Frankfurt am Main: Fischer 1976, S. 197–209; hier: S. 199–205

- *Fassen Sie Freuds Argumentation in eigenen Worten zusammen.*
- *Von welchen zwei entgegengesetzten Strömungen spricht Freud in seinem Aufsatz? Stellen Sie dar, inwiefern das Aufeinandertreffen dieser beiden Strömungen während der sexuellen Entwicklung des Mannes eine psychisch bedingte Impotenz verursachen kann.*
- *Erklären Sie, warum nach Freud manche Männer ihr Sexualobjekt erniedrigen müssen, um sexuell leistungsfähig zu sein.*

Freud über die Dichter

Wertvolle Bundesgenossen sind aber die Dichter, und ihr Zeugnis ist hoch anzuschlagen, denn sie pflegen eine Menge von Dingen zwischen Himmel und Erde zu wissen, von denen sich unsere Schulweisheit noch nichts träumen lässt. In der Seelenkunde gar sind sie uns Alltagsmenschen weit voraus, weil sie da aus Quellen schöpfen, welche wir noch nicht für die Wissenschaft erschlossen haben. (S. 14)

Wir meinen, dass der Dichter von solchen Regeln und Absichten nichts zu wissen brauche, so dass er sie in gutem Glauben verleugnen könne, und dass wir doch in seiner Dichtung nichts gefunden haben, was nicht in ihr enthalten ist. Wir schöpfen wahrscheinlich aus der gleichen Quelle, bearbeiten das nämliche Objekt, ein jeder von uns mit einer anderen Methode, und die Übereinstimmung im Ergebnis scheint dafür zu bürgen, dass beide richtig gearbeitet haben. Unser Verfahren besteht in der bewussten Beobachtung der abnormen seelischen Vorgänge bei anderen, um deren Gesetze erraten und aussprechen zu können. Der Dichter geht wohl anders vor; er richtet seine Aufmerksamkeit auf das Unbewusste in seiner eigenen Seele, lauscht den Entwicklungsmöglichkeiten desselben und gestattet ihnen den künstlerischen Ausdruck, anstatt sie mit bewusster Kritik zu unterdrücken. So erfährt er aus sich, was wir bei anderen erlernen, welchen Gesetzen die Betätigung dieses Unbewussten folgen muss, aber er braucht diese Gesetze nicht auszusprechen, nicht einmal sie klar zu erkennen, sie sind infolge der Duldung seiner Intelligenz in seinen Schöpfungen verkörpert enthalten. Wir entwickeln diese Gesetze durch Analyse aus seinen Dichtungen, wie wir sie aus den Fällen realer Erkrankung herausfinden, aber der Schluss scheint unabweisbar, entweder haben beide, der Dichter wie der Arzt, das Unbewusste in gleicher Weise missverstanden, oder wir haben es beide richtig verstanden. (S. 82)

Aus: Sigmund Freud: Der Wahn und die Träume in W. Jensens Gradiva. In: Ders.: Studienausgabe. Bd. 10. Bildende Kunst und Literatur. Frankfurt a. M.: Fischer 1969, S. 9–85

■ *Lesen Sie Freuds Beschreibungen der Dichter. Was meint er hier wohl mit „Bundesgenossen"? Welche Eigenschaften der Dichter stellt er heraus? Inwiefern ließe sich dieses Zitat auch als Erklärung für die festgestellten Parallelen im Werk Freuds und Schnitzlers anführen?*

Hee-Ju Kim und Günter Saße: Über die Literatur der Wiener Moderne

„Ich erleb jetzt eine sonderbare Zeit: Mein inneres Leben macht aus Menschen, Empfindungen, Gedanken und Büchern eine wirre Einheit, die Wurzeln aller dieser Dinge wachsen durcheinander wie bei Moos und Pilzen und man spürt auf einmal, dass die Scheidung von Geist und Sinnen, Geist und Herz, Denken und Tuen eine äußerliche und willkürliche ist. *panta rhei* [griech. für ‚alles fließt'].“

So schreibt Hugo von Hofmannsthal im Februar 1894 an Leopold von Andrian. Er formuliert damit die Diagnose eines „wirren“ Zeitalters, das durch eine epochale Verunsicherung gekennzeichnet ist.

Die zeitgenössische Philosophie, Psychologie, Kunst und Literatur reflektieren diese Verunsicherung kritisch. Sie zeigen auf, wie die überlieferte Vorstellung vom Subjekt ihre Geltungskraft verliert. Das Ich wird als inkonsistentes[1] Gebilde bestimmt; die Grenze zwischen innen und außen gerät ins Fließen. In diesem Zusammenhang bezeichnet Ernst Mach[2] das Ich als „unrettbar“; seine Reflexionen sprechen dem Subjekt die Fähigkeit zu selbstbestimmtem, bewusstem Handeln ebenso ab wie das Vermögen, die wahren Antriebe seines Fühlens, Sprechens und Verhaltens rational[3] zu durchschauen. Um zu begründen, weshalb sich das Subjekt als Ordnungsinstanz von Erlebnissen und Empfindungen in einer derart existenziellen Krise befindet, wird auf den Umbruch der gesamten gesellschaftlichen Ordnung hingewiesen. So hat der großstädtische Zivilisationsprozess eine verwirrende Unübersichtlichkeit und extreme Beschleunigung aller lebensweltlichen Prozesse zur Folge. Immer stärker schwindet die deutende Kraft überkommener Weltbilder und tradierter Gewissheiten. Selbst der Sprache traut man nicht mehr zu, die ‚Welt' adäquat zu erfassen und zu vermitteln.

Während die damalige Philosophie und Psychologie das Wechselverhältnis zwischen den Fragmentarisierungen[4] der Außenwelt und den Dissoziationen[5] der Innenwelt begrifflich zu fassen suchen, gestaltet die Literatur des Fin de Siècle[6] die Auflösung kohärenter[7] Selbst- und Weltbilder auf vielfältige Weise im Medium innovativer[8] Darstellungsformen. Dabei fungiert sie allerdings nicht als bloßes Reproduktionsmedium vorgängiger theoretischer Diagnosen, sondern als hochsensibles Organ für das komplexe Wechselspiel sozialer und psychischer Vorgänge.

Hier ist insbesondere die Literatur der Wiener Moderne zu nennen. Programmatisch fordert ihr führender Literaturkritiker Hermann Bahr die Abkehr vom naturalistischen Interesse an der sozialen Außenwelt und die Hinwendung zur psychologischen Darstellung der „nervösen“ Innenwelt. Dieses Postulat verwirklicht Schnitzler in seinen literarischen Introspektionen[9], ohne jedoch auf die Vermittlung der gesellschaftlichen Probleme zu verzichten – ganz im Gegenteil: Er erklärt die Psyche zum Resonanzraum der sozialen Zustände und der aus ihnen resultierenden fragwürdigen Normen. Als herausragender Exponent[10] des Jungen Wien erkundet er in unterschiedlichen literarischen Formen Tiefendimensionen der menschlichen Seele; auch er untergräbt dabei herkömmliche Vorstellungen von einem integralen[11] Ich, dem sich die heterogenen[12] Eindrücke der Außenwelt zur homogenen[13] inneren Wahrnehmung verdichten.

So wie für den Philosophen Ernst Mach das Ich keine feste Größe ist, sondern nur einen relativ beständigen „Komplex von Erinnerungen, Stimmungen, Gefühlen“ bildet, und so wie es für den Essayisten Hermann Bahr lediglich „ein Behelf [ist], den wir praktisch brauchen, um unsere Vorstellungen zu ordnen“, so versteht auch Schnitzler personale Identität als ein bloß aus Erwartungen und Ansprüchen erwachsenes Phantasma[14]. Als Produkt von Täuschungen und Selbsttäuschungen suggeriere es dort Substanzialität[15], wo doch nur ein fluktuierendes[16] Gemenge psychophysischer Impulse auszumachen sei. In seinen Werken entlarvt Schnitzler entsprechende Inszenierungen kohärenter Subjektivität. Er schaut hinter die Oberfläche der von ihm so genannten „kernlosen Menschen“, deren Innenleben sich

---

1 unzusammenhängend
2 österreichischer Physiker und Philosoph (1838–1916)
3 vernünftig
4 Zergliederungen
5 Auflösungen
6 frz.: „Jahrhundertwende“; Zeit des ausgehenden 19. Jahrhunderts
7 zusammenhängend
8 neuer
9 Selbstbeobachtung
10 Vertreter
11 für sich bestehenden
12 uneinheitlichen
13 gleichartigen
14 Trugbild
15 Wesentlichkeit
16 schnell wechselnd, schwankend

lediglich als ein Ensemble[1] „flottierender[2] Elemente“ erweist, „die sich niemals um ein Zentrum zu gruppieren“ vermögen.
Auf diese Weise arbeitet Schnitzler als Diagnostiker menschlicher Seelendisposition des Fin de Siècle dem Konzept eines vernunftorientierten Subjekts entgegen, das weiß, was es will, und seine Ziele beharrlich verfolgt. Stattdessen entwirft er seine Gestalten als austauschbare ‚Dividuen‘[3], die Eigenes und Fremdes, Reales und Imaginäres[4] nicht klar zu unterscheiden vermögen. Sie erweisen sich als orientierungslose Existenzen, deren Eindrücke, Empfindungen, Gedanken und Erlebnisse um die leere Mitte ihrer personalen Kernlosigkeit kreisen.

Hee-Ju Kim und Günter Saße: Über die Literatur der Wiener Moderne. Aus: dies. (Hrg.): Arthur Schnitzler. Dramen und Erzählungen. Stuttgart: Reclam 2007, S. 9–17; hier: S. 9–11 (Vorwort)

---

1 Gesamtheit
2 schwebender, schwankender
3 „Teilbare“ (im Gegensatz zu Individuen, den „Unteilbaren“)
4 nicht Reales, nur Vorgestelltes

Klausurvorschläge und Facharbeiten

Klausuren

Thema 1:

Beschreiben und deuten Sie den Dialog zwischen der jungen Frau und dem Ehemann **(5. Dialog: S. 44, Z. 15 bis S. 50, Z. 25)**. Achten Sie dabei insbesondere auf die Moralvorstellungen der zwei Eheleute und führen Sie aus, inwiefern sie hier eine scheinheilige Doppelmoral zeigen.

Thema 2:

Beschreiben und deuten Sie den **7. Dialog** zwischen dem süßen Mädel und dem Dichter und erarbeiten Sie, inwiefern sich in den Äußerungen des Dichters eine tiefe Skepsis gegenüber der Sprache und dem eigenen Ich offenbart. Stellen Sie in einem zweiten Erarbeitungsschritt dar, inwiefern diese Skepsis symptomatisch für das geistige Klima um 1900 ist.

Thema 3:

Beschreiben und deuten Sie den **10. Dialog** zwischen dem Grafen und der Dirne und erläutern Sie, inwiefern sich dieser Dialog von allen anderen unterscheidet. Charakterisieren Sie anschließend anhand dieses Dialogs den Grafen. Verfassen Sie in einem dritten Erarbeitungsschritt einen kurzen inneren Monolog, der die Gedanken des Grafen nach dem Abschied von der Dirne widerspiegelt. Achten Sie darauf, dass in diesem Monolog die herausgearbeiteten Charakterzüge deutlich werden.

Thema 4:

Beschreiben Sie die Gesamtstruktur und die Personenkonstellation von Schnitzlers „Reigen" und erläutern Sie, wodurch die einzelnen Dialoge miteinander verbunden sind. Stellen Sie in einem zweiten Erarbeitungsschritt dar, wie ein einzelner Dialog des Stücks (meist) aufgebaut ist, und illustrieren Sie diese Struktur anhand eines geeigneten Beispiels.

Thema 5:

Analysieren Sie das Gedicht „Gewisse Ehepaare" von Erich Kästner. Vergleichen Sie anschließend das von Kästner beschriebene Ehepaar mit jenem in Schnitzlers „Reigen". Erläutern Sie in einem dritten Erarbeitungsschritt, inwiefern sich im Verhalten und Sprechen der Eheleute in Schnitzlers Stück Doppelmoral zeigt.

Erich Kästner (1899–1974)
Gewisse Ehepaare

Ob sie nun gehen, sitzen oder liegen,
sie sind zu zweit.
Man sprach sich aus. Man hat sich ausgeschwiegen.
Es ist so weit.

Das Haar wird dünner, und die Haut wird gelber,
von Jahr zu Jahr.
Man kennt den andern besser als sich selber.
Der Fall liegt klar.

Man spricht durch Schweigen und man schweigt mit Worten.
Der Mund läuft leer.
Die Schweigsamkeit besteht aus neunzehn Sorten
(wenn nicht aus mehr).

Vom Anblick ihrer Seelen und Krawatten
wurden sie bös.
Sie sind wie Grammophone mit drei Platten.
Das macht nervös.

Wie oft sah man einander beim Betrügen
voll ins Gesicht!
Man kann zur Not das eigne Herz belügen,
das andre nicht.

Sie lebten feig und wurden unansehnlich.
Jetzt sind sie echt.
Sie sind einander zum Erschrecken ähnlich.
Und das mit Recht.

Sie wurden stumpf wie Tiere hinterm Gitter.
Sie flohen nie.
Und manchmal steht vorm Käfige ein Dritter.
Der ärgert sie.

Nachts liegen sie gefangen in den Betten
und stöhnen sacht,
während ihr Traum aus Bett und Kissen Ketten
und Särge macht.

Sie mögen gehen, sitzen oder liegen,
sie sind zu zweit.
Man sprach sich aus. Man hat sich ausgeschwiegen.
Nun ist es Zeit ...

Thema 6:
Geben Sie die Grundgedanken des Textes von Hee-Ju Kim und Günter Saße (Zusatzmaterial 1) wieder. Erläutern Sie in einem zweiten Erarbeitungsschritt, inwiefern Schnitzlers „Reigen" ein repräsentatives Beispiel der Wiener Moderne ist. Erarbeiten Sie abschließend anhand des **7. Dialogs (S. 77, Z. 9 bis S. 81, Z. 32)** und des **9. Dialogs (S. 96, Z. 17 bis S. 100, Z. 7)**, inwiefern der Dichter und der Graf als typische Menschen der Moderne aufgefasst werden können.

Facharbeiten

Thema 1:
„Wie der Herr Bruder, also der Tod ..." – Arthur Schnitzlers „Reigen" als moderner Totentanz

Thema 2:
Konstruktion der Weiblichkeit – Die Frauenfiguren in Schnitzlers „Reigen"

Thema 3:
Alles nur wegen ein paar Gedankenstrichen – Der Skandal um Schnitzlers Theaterstück als Symptom der prüden Gesellschaft um 1920

Thema 4:
Skandalöse Literatur gestern und heute: Der Streit um Arthur Schnitzlers „Reigen" und um Urs Allemanns „Babyficker" im Vergleich

Thema 5:
„Ich nenne mich Biebitz" – Sprach- und Ich-Skepsis in Schnitzlers „Reigen" am Beispiel der Figur des Dichters

Thema 6:
„Man liebt nur, wo Reinheit und Wahrheit ist" – Prüderie und Doppelmoral der Eheleute in Schnitzlers Skandalstück „Reigen"

Thema 7:
„Ich habe dich offenbar zu lieb ..." – Das Liebesspiel in Schnitzlers „Reigen" aus psychoanalytischer Sicht